Saki Santorelli
Zerbrochen und doch ganz
Die heilende Kraft der Achtsamkeit

Saki Santorelli

Zerbrochen und doch ganz

Die heilende Kraft der Achtsamkeit

Übersetzt aus dem amerikanischen Englisch
von Ute Weber

arbor

Arbor Verlag
Freiamt im Schwarzwald

Originaltitel: Heal Thy Self –
Lessons on Mindfulness in Medicine

Titelbild: Klaus Ender

Bearbeitung: Lienhard Valentin
Druck und Verarbeitung: Clausen & Bosse, Leck

www.arbor-verlag.de

ISBN 3-924195-58-7

Für Rachmana, Chalice und Felice –
Mögen wir uns weiterhin im Kontakt miteinander entfalten.
Für meine Eltern Rose und Fred –
Mit Dank für die unglaublich große Liebe, die ihr mir
so freigebig geschenkt habt.

Draußen, jenseits der Vorstellungen von Fehlverhalten und Wohlverhalten,
liegt ein Feld. Dort werd' ich mit dir zusammentreffen.

Wenn die Seele sich in jenes Grasland niederlegt,
ist die Welt zu sehr erfüllt, um darüber zu reden.
Vorstellungen, Sprache, selbst der Ausdruck „der Andere",
ergeben keinerlei Sinn mehr.

RUMI
VIERZEILER D 158 AUS *Offenes Geheimnis*

Inhaltsverzeichnis

Danksagungen

In der Hektik des Alltags vergessen wir leicht, daß wir mit unseren Mitmenschen eng verbunden und auf sie angewiesen sind. In meinem Bemühen, die Existenz dieser gegenseitigen Verbundenheit anzuerkennen, ist das Verfassen dieser Danksagungen lehrreich für mich gewesen. Es hat mir mit Macht die vielen Menschen ins Bewußtsein gebracht, die direkt oder indirekt zur Entstehung dieses Buches beigetragen haben. Ich möchte mich vor dem Ausmaß ihrer Präsenz in meinem Leben verneigen.

Ich danke Dr. phil. Jon Kabat-Zinn, dem Gründer der *Stress-Reduction-Clinic* und geschäftsführenden Direktor des Zentrums für Achtsamkeit in der Medizin, Gesundheitspflege und Gesellschaft an der Medizinischen Fakultät der Universität von Massachusetts. Seit 1981 ist er mein Vorgesetzter, Mentor und Kollege gewesen, und ich habe auch mit ihm zusammen Kurse abgehalten. Im Vordergrund steht jedoch, daß er auf der inneren Reise, aus der heraus dieses Buch entstanden ist, mein Freund und Weggefährte ist. Er ist sowohl in der Grundlagenforschung als auch in der Wissenschaft der Kontemplation ausgebildet, und sein Engagement dafür, das Äußere und das Innere, Geist und Materie, Form und Formlosigkeit miteinander zu verbinden, hat tiefgreifende Auswirkungen in meinem Leben und in der Welt der Medizin und der Gesundheitsvorsorge gehabt. Für seine visionäre Kraft, seine Weisheit, seinen Humor und seine Freundschaft werde ich ihm auf ewig dankbar sein.

Ich möchte Dr. phil. Judith K. Ockene, der Leiterin der Abteilung für Präventivmedizin und verhaltensorientierte Medizin an der Medizinischen Fakultät der Universität von Massachusetts für ihre Unterstützung und ihre Aufgeschlossenheit danken. In den letzten fünfzehn Jahren habe ich viel von ihr gelernt und sie hat mir sehr viel Raum gelassen, um in meine Lebensaufgabe hineinzuwachsen.

Ich danke den 1.400 Ärzten in Zentral-Massachusetts und den angrenzenden Staaten Neuenglands dafür, daß sie ihre Patienten an die *Stress-Reduction-Clinic* überwiesen haben, und dem weitaus kleineren Kreis an Ärzten, mit denen ich im Rahmen der *UMass Memorial Health Care* enger zusammengearbeitet habe. Ich möchte den Ärzten Dr. med. John Moynahan, Dr. med. John Zawacki, Dr. med. Sarah Stone, Dr. med. David Clive, Dr. med. Ira Ockene, Dr. med. David Giansiracusa, Dr. med. David Hatem, Dr. med. Ed Landeau, Dr. med. Andy Cohen, Dr. med. Ilia Shlimak, Dr. med. Bill Damon, Dr. med. Lynn Manfred und Dr. med. Mai-Lan Rogoff danken. Ihr Einsatz beim Unterrichten der nächsten Generation von Ärzten, ihr Engagement in der patientenorientierten Pflege und ihre Bereitschaft, für diejenigen, denen sie dienen, mehr als das Notwendige zu tun, sind für mich eine ständige Quelle der Inspiration und der stillen Freude. Darüber hinaus möchte ich Dr. phil. Marty Young, Dr. phil. Marjorie Clay, Dr. med Michael Wertheimer und Dr. med. Brownell Wheeler für ihre Präsenz und ihre Unterstützung danken.

Meine Lehrkollegen in der Stress-Reduction-Clinic sind für mich eine unerschöpfliche Quelle der Inspiration und Ermutigung gewesen. Für die Zusammenarbeit kann ich mir keine bessere Gruppe vorstellen. Ich möchte Ferris Urbanowski, M.A., für ihr immerwährendes Strahlen, ihre Begeisterung und ihre Bereitschaft danken, die Entwürfe für dieses Buch immer wieder durchzulesen. Vor allem möchte ich ihr für ihre unablässige Aufmerksamkeit und ihre Einsichten in bezug auf die beziehungsrelevanten Aspekte der Achtsamkeit und der heilenden Begegnung danken. Ich danke Elana Rosenbaum, L.I.C.S.W., für ihr überaus großes Herz, ihren unverwüstlichen Mut und ihre Fähigkeit, die Wahrheit ihrer eigenen Erfahrung zu leben. Außerdem möchte ich Pamela Erdman, M.Ed., für ihre Aufrichtigkeit, Integrität und ihren Einsatz danken, Achtsamkeit in den Gefängnissen von Massachusetts zu lehren. Florence Meyer, M.A., M.S., danke ich für ihr offenes Ohr und ihre Verkörperung von Raum und Sicherheit, die in so wunderschöner Weise im Klassenzimmer sichtbar werden; darüber hinaus danke ich ihr für ihr detailliertes Feedback zu einem frühen Buchmanuskript. Melissa Blacker danke ich für die Tiefe ihrer Zenpraxis und den sensiblen und spielerischen Ausdruck, den diese in ihrer Arbeit gewinnt. Fernando de Torrijos gilt mein Dank für sein mitfühlendes Herz, sein zuvorkommendes Verhalten, sein breitgefächertes Wissens über verschiedene Traditionen der kontemplativen Praxis und noch mehr: für Melissas und sein gemeinsames Engagement dafür, den Bewohnern der Innenstadt von Worcester im Bundesstaat Massachusetts, die über ein geringes Einkommen verfügen und keinen Anspruch auf medizinische Versorgung haben, das weiterzugeben, was die Praxis der Achtsamkeit ausmacht.

Meine tiefempfundene Wertschätzung gilt auch Larry Horwitz, M.B.A., für seinen dharmisch orientierten, organisatorischen Scharfsinn und für unsere sich entwickelnde Freundschaft; Anne Skillings, M.S., für ihre schnelle Auffassungsgabe, ihren langen Atem bei unseren Forschungen und ihre Fähigkeit, spielerisch hundert verschiedene Rollen auszufüllen; Dr. phil. Michael Bratt für seine Begeisterung für die Achtsamkeitspraxis, seinen Einsatz bei den Forschungsvorhaben der Klinik und seine Fähigkeit, ein Forschungsteam einander näherzubringen. Ich möchte Carol Lewis, Sylvia Ciarlo, Roberta Lewis, Leslie Lynch, Norma Rosiello und schließlich auch noch Jean Baril und Carmen Torres dafür danken, daß sie die Verantwortung für den täglichen Betrieb der Klinik übernommen und gleichzeitig aktiv an der Gestaltung der sich entfaltenden Vision hinsichtlich des Platzes mitgewirkt haben, den das Zentrum für Achtsamkeit in der Medizin, Gesundheitspflege und Gesellschaft in der Medizin einnehmen soll.

Dieses Buch wäre nicht möglich gewesen ohne die zehntausend Patienten, die seit 1979 an den Programmen der Stress-Reduction-Clinic teilgenommen und sich entschieden haben, die Ärmel hochzukrempeln und die die Praxis der Achtsamkeit als einen Weg gewählt haben, um an Streß, Schmerz und Krankheit zu arbeiten. Ihre Gegenwart in meinem Leben hatte eine außerordentlich transformatorische Wirkung. Ich hoffe sehr, daß ich ihnen in meinem Bestreben, die Wirklichkeit ihres Lebens und ihrer Bemühungen zu begreifen, gerecht geworden bin.

Ich bin meiner Frau Rachmana und meinen beiden Töchtern Chalice und Felice zu Dank verpflichtet. Während ich dieses Buch geschrieben habe, haben sie mir in ihrer Großzügigkeit Zeit und Raum geschenkt, ebenso wie ihre scharfen Augen und eine geradezu unheimliche Fähigkeit, direkt und klar zu sein. Ihre Unterstützung und ihre Liebe sind ein Segen für mich. Ich danke meinen Eltern Rose und Fred Santorelli für alles, was sie mir im Laufe der Jahre gegeben haben, und meiner Schwester Rosanne für ihr ausdauerndes Bemühen, der Welt durch ihr Herz zu begegnen. Auf der anderen Seite der Familie haben mich auch meine angeheirateten Verwandten Doug und Pearl viel gelehrt. Pearls hartnäckige Absicht, ihr eigenes Leben in die Hand zu nehmen, hat mir geholfen, den starken Wunsch einiger Patienten, dasselbe zu tun, besser zu verstehen. Dougs ansteckendes Lachen, sein ruhiges Verständnis und sein angeborenes Talent, die richtige Geschichte zur richtigen Zeit zu erzählen, sind Qualitäten, nach denen ich strebe.

Ich danke Dr. med. Stephan Rechtschaffen für seine Freundschaft und dafür, daß er mir im Jahre 1980 eine Stelle in einer Klinik in dem damals gerade entstehenden Bereich der Körper-Geist-Medizin gegeben hat. Vielen Dank auch an Monica Faulkner für ihre frühe Ermutigung und ihre stete Unterstützung. Ich bin David Weinberg, einem ausgezeichneten Stress-Reduction-Lehrer aus Berkeley im Bundesstaat Kalifornien, der seine Arbeit auf Achtsamkeit gründet, für seine Freundschaft dankbar, ebenso wie seiner Frau Karen Elliot, die mir ein warmherziges und liebevolles Heim in einer besonders schwierigen Phase meines Lebens geboten hat, als ich dieses Buch schrieb. Vielen Dank auch an Dr. phil. Bob Stahl, Dr. phil. Patrick Thornton und Dr. med. Amy Saltzman dafür, daß sie mir mit ihrer Reife und Meisterschaft geholfen haben, in der Francisco Bay Area ein Netzwerk von Lehrern zu verankern, die Streßreduktion auf der Basis der Achtsamkeitspraxis lehren. Meine Dankbarkeit gilt Elizabeth Lesser für die überaus angenehme Freundschaft, die mich mit ihr verbindet, sowie für unseren Vorstoß als Lehrer in den Raum des ruhigen Geistes und offenen Herzens.

Ich möchte den Tausenden von Menschen danken, die im Gesundheitswesen tätig sind und die an unseren Programmen für berufliche Bildung und Fortbildung teilgenommen haben oder unsere Retreat- und Schulungsprogramme (mit Unterbringung im Hause) in verschiedenen Teilen des Landes besucht haben. Die Präsenz, die Energie und den Mut, die Sie dadurch bewiesen haben, daß Sie sich Ihre Verwundungen angeschaut und ein offenes Gespräch darüber gesucht haben sowie die Tatsache, daß Sie darüber hinaus über Ihre ursprüngliche Berufung, in der Medizin und Gesundheitspflege zu dienen und Ihre Sehnsucht nach authentischeren, weniger zeitlich gebundenen Beziehungen zu Ihren Patienten gesprochen haben, sind zu einem festen Bestandteil meines eigenen Lebens geworden. Die Spuren Ihrer Präsenz können Sie in diesem Buch wie den Lauf eines Flusses verfolgen.

Desgleichen möchte ich auch den Medizinstudenten im ersten und zweiten Jahr danken, mit denen ich in den letzten zwölf Jahren intensiv zusammengearbeitet habe. Ihre wache Aufmerksamkeit für das, was Sie ursprünglich zur Medizin gerufen hat, und die Sorgen, der Schmerz und die Entrüstung, die Sie zum Ausdruck gebracht haben, als Sie sich mit der Möglichkeit konfrontiert sahen, daß diese Berufung in der Hast der medizinischen Ausbildung verlorengehen könnte, sind Zeichen Ihrer Würde. Ich fühle mich dadurch ermutigt, daß Sie Ihre Berufung auf eine solche Weise achten; Ihre Hingabe erinnert mich immer wieder an meine eigene Berufung.

Mit tiefer Achtung und Wertschätzung möchte ich die Arbeit des Mythologen Karl Kerényi würdigen, der der heutigen Medizin die dem griechischen Mythos von Chiron, dem verwundeten Heiler, innewohnende Wahrheit zurückgegeben hat. Ich danke dem Jungschen Psychiater Adolph Guggenbühl-Craig für seine tiefen Einsichten in die heilende Beziehung, wenn man sie in die Polarität des *verwundeten Heilers* und des *gesunden Patienten* stellt, die in jedem von uns existiert. Zusammengenommen sind ihre fruchtbaren Einsichten und deren Umsetzung in der tagtäglichen Krankenpflege in der Klinik in Verbindung mit der Achtsamkeitspraxis einige der Samen, aus denen dieses Buch aufgeblüht ist.

Ich danke den Professoren Gerald Weinstein, Jack Wideman, Patricia Griffith und Alfred Alschuler dafür, daß sie ihrer Zeit voraus waren, als ich ein weiterführendes Studium an der Schule für Erziehungswissenschaften in Amherst absolvierte, die der Universität von Massachusetts angegliedert ist. Meine Wertschätzung gilt auch dem Dichter Robert Bly, von dem ich als erstem einige Zeilen aus dem Märchen *Des Teufels rußiger Bruder* von den Gebrüdern Grimm gehört habe.

Ich bin Swami Satchidananda und den Sufilehrern Hazrat Inayat Khan, Vilayat Inayat Khan und Taj Glantz zu großem Dank verpflichtet, ebenso wie den Achtsamkeitsmeditationslehrern Larry Rosenberg, Corrado Pensa, Sharon Salzberg, Christina Feldman, Kamala Masters, Vimalo Kulbarz und Thich Nhat Hanh. Das, was ich von jedem von ihnen gelernt habe, macht das Herzstück dieses Buches aus.

Meine Herausgeberin, Toinette Lippe, hat außergewöhnliche Qualitäten an den Tag gelegt. Sie hat dieses Buch von Anfang an verstanden und mich sowohl herausgefordert als auch unterstützt. Ihre Fähigkeiten als Herausgeberin ebenso wie ihre eigene Grundlage in der Praxis der Meditation haben eine anspruchsvolle Klarheit und großzügige Akzeptanz in den Prozeß hineingebracht, der uns die Fähigkeit zu einer guten Zusammenarbeit verliehen hat. Ich bin froh, daß ich zu ihr und der Random House/Bell Tower-Familie geführt worden bin. Mein besonderer Dank gilt Mary Schuck, der Künstlerin, die den Umschlag der amerikanischen Originalausgabe gestaltet hat; Lynne Amft, die die Buchseiten gestaltet hat; Andrea Peabbles, die Herausgeberin, die das Buch zur Vollendung geführt hat, und John Sharp, dem Herstellungsleiter, der die Herstellung der amerikanischen Originalausgabe überwacht hat.

Vorwort

Am Vorabend des zwanzigsten Jahrestages der Gründung der Stress-Reduction-Clinic bin ich zutiefst dankbar und erfreut, miterleben zu dürfen, daß das vorliegende Buch meines langjährigen Kollegen, Herzensfreundes und Dharmabruders Saki Santorelli veröffentlicht wird. Es gibt der Arbeit, die in der Klinik vollbracht wird, ebenso wie den ihr zugrunde liegenden tieferen Prinzipien und Praktiken, die sie ausmachen und tragen, eine neue, strahlende und machtvolle Stimme. Ich beziehe mich auf die Arbeit der Achtsamkeit in all ihrer vollkommenen Einfachheit, ihrer ungeheuren Komplexität und den unendlichen Verzweigungen von Struktur, Klang und Potential. Wie Sie auf diesen Seiten sehen werden, beinhaltet Achtsamkeit sowohl inneres als auch äußeres Engagement; etwas, das meiner Überzeugung nach für die Aufrechterhaltung und Weiterentwicklung des Kostbarsten in uns als Individuen und als Gesellschaft von entscheidender Bedeutung ist.

Wir haben wahrscheinlich alle schon einmal die Erfahrung gemacht, daß wir von Ärzten, denen wir ein Problem oder eine Sorge vorgetragen haben, nicht gesehen oder gehört wurden. Wir sind mit dem Gefühl weggegangen, nicht beachtet worden zu sein; es hat keine Begegnung stattgefunden und deshalb ist Unzufriedenheit zurückgeblieben, egal, ein wie großes Maß an technischen Fertigkeiten der Arzt besessen hat. Jetzt, zur Jahrhundert-, ja sogar Jahrtausendwende, ist die Medizin im Begriff zu lernen, daß ein solches Verhalten als Norm nicht länger akzeptabel ist. Viele Ärzte sehen immer deutlicher, daß ihre mangelnde Präsenz nicht nur schädliche Auswirkungen auf ihre Patienten hat, sondern langfristig sich auch nachteilig auf ihr eigenes Wohlergehen auswirken kann. Und wenn wir selbst Patienten sind, dann sind wir in der Regel weitaus weniger passiv, weitaus besser informiert und von dem wesentlich größeren Wunsch beseelt, als Partner am Heilungsprozeß teilzuhaben, als es in der Vergangenheit der Fall war. Die medizinischen Fakultäten in den USA haben diese Botschaft verstanden und sie bilden gegenwärtig Ärzte darin aus, wie sie im Gespräch mit ihren Patienten präsent sein können, wie sie ihnen zuhören und lernen können, ihre Emotionen nicht länger zu verstecken, sondern die inneren Ressourcen ihrer Patienten zu mobilisieren, damit diese lernen, wachsen und genesen können. Auch wenn in dieser Hinsicht beachtliche Fortschritte erzielt worden sind, so ist die Rehumanisierung der Medizin noch lange nicht erreicht. Meine Hoffnung ist, daß dieses Buch einen wesentlichen Beitrag dazu leisten wird, diesen Prozeß voranzutreiben und zu vertiefen. Dieses Buch verdient es, zu einer Standardlektüre für alle Medizinstudenten und andere Auszubildende im Gesundheitswesen zu werden. Saki ist durch seine Arbeit mit Medizinstudenten, die in diesem Buch in eindrucksvoller Weise Eingang gefunden hat, sehr persönlich in dieser Ausbildungsarbeit engagiert; außerdem natürlich auch durch seine Arbeit mit den von ihren Ärzten an diese Klinik überwiesenen Menschen, die hier die Gelegenheit erhalten, an ihrem eigenen Gesundungsprozeß und ihrer Heilung in außergewöhnlicher und für sie unvorstellbare Weise mitzuwirken.

In ihrer Gesamtheit haben die Geschichten in diesem Buch eine außerordentlich tiefgreifende Bedeutung für die Medizin und Gesundheitspflege im allgemeinen. Sie üben Einfluß auf die wechselseitige Beziehung von Ärzten und Pflegepersonal einerseits und Patienten andererseits aus und wirken sich fördernd auf deren Potential, ihre Lernprozesse, ihr Wachstum, ihre Heilung und Transformation in beide Richtungen aus. Die Geschichten wollen mit großer Sorgfalt und Aufmerksamkeit überdacht werden. Das sollte kein Problem darstellen, denn die auf diesen Seiten festgehaltene Gesinnung und Stimme Sakis erzeugen Begeisterung; manchmal sind sie mit den Aussagen eines alttestamentarischen Propheten vergleichbar, manchmal verkörpern sie eher das respektvolle Feingefühl des Geliebten oder den Schmerz und die Scham darüber, in den eigenen, unvermeidlichen Begrenzungen und Ängsten gefangen zu sein mit dem daraus resultierenden Impuls, sich verstecken zu wollen. Ich habe die emotionale Wucht des Buches als Leser am eigenen Leib erfahren und habe darüber hinaus die Auswirkungen von Sakis Werk auf Hunderte von Ärzten und anderen im Gesundheitswesen Tätigen erlebt, als er bei Workshops, die wir zusammen abgehalten haben, aus seinem Buch vorlas. Mindestens ein Viertel der Zuhörer war bald den Tränen nahe, die anderen saßen überwältigt und stumm da und ließen sich durch seine emotionale Kraft und seine Implikationen erschüttern.

Saki spricht in diesem Buch mit einzigartiger Stimme. Am treffendsten kann ich es damit beschreiben, daß sein Werk, auch wenn es sich um Prosa handelt, in seiner Sprachmelodie, seinen Bildern und seiner spirituellen und emotionalen Wirkung die Schriften Rumis, des Sufidichters und weisen aus dem dreizehnten Jahrhundert nachahmt, auf den sich Saki beim Verbinden der Themen, die dieses Buch bilden, so frei bezieht. Und dennoch sind der Inhalt und der dieses Buch begleitende Appell vollkommen aktuell. Es spricht auf direkte und vernünftige Weise das Tiefste, Wertvollste und Verborgenste an, das wir aufgrund unseres Menschseins in uns tragen. Es spricht das an, was trotz all unserer Ängste und unserer Neigung, eher in unseren Köpfen als in der Fülle unseres gesamten Wesens zu leben, am dringlichsten ans Tageslicht kommen möchte: Der Geist *und* der Körper, der Kopf *und* das Herz, der Körper *und* die Seele. Es spricht das an, was wir manchmal nur dann zu hören und zu sehen vermögen, wenn wir lernen, von Zeit zu Zeit in Stille und Schweigen zu verharren; das, was sich in und unterhalb der unaufhörlichen Aktivität des Geistes und des Körpers befindet.

Zerbrochen und doch ganz ist ein Buch, dessen Themen miteinander verknüpft sind und ein nahtloses Ganzes bilden, aus dem sich ein klares und faszinierendes Bild menschlicher Würde, menschlichen Leidens und menschlicher Größe herauskristallisiert. Anhand dieses Buches zeigt sich, was möglich sein könnte, wenn das Ganze im Bewußtsein gehalten wird und wir lernen, in der Realität dessen, was ist, zu stehen. Es geht um Meditation, der Leben eingehaucht wird und um ein Leben, dem Meditation eingehaucht wird. Es geht um die heilende Beziehung zwischen Menschen, die für jenen Zweck zusammengebracht worden sind, und es geht um Möglichkeiten, eine heilende Beziehung in sich selbst und innerhalb der eigenen Familie zu schaffen, unabhängig vom Alter, dem gesundheitlichen Zustand oder der jeweiligen Lebenssituation. Ohne in Prahlerei oder Romantik zu verfallen, verknüpft es in aufrichtiger Weise die Erfahrungen unserer Patienten, die das achtwöchige Programm der Stress-Reduction-Clinic durchlaufen, wobei sie Sakis persönliche Erfahrung als Lehrer, Führer, Meditierender, im Gesundheitswesen Tätiger und Familienvater spüren. Es läßt vollkommen authentisch und präzise den Kern dessen hervortreten, was in unseren Patienten und in uns selbst als Dozenten vor sich geht, wenn wir diesen Weg zusammen beschreiten. Das ist schon für sich genommen eine enorme Leistung und ein wesentlicher Beitrag zu dem sich ausweitenden Verständnis dessen, was mit integrativer Medizin, Geist-/Körper-Medizin, Medizin, die den Patienten einbezieht und letzten Endes einfach *guter* Medizin in Wirklichkeit gemeint ist und versprochen wird.

In der deutschen Fassung trägt dieses Buch den Titel *Zerbrochen und doch ganz*, und diese Worte verweisen auf einen die Seele anrührenden roten Faden, der das gesamte Buch durchzieht und es so faszinierend macht. Saki fragt immer wieder und auf sehr unterschiedliche Weise: Was ist zerbrochen? und er zeigt uns auf verschiedene Weise, daß das Zerbrochene immer unsere reduzierte Sicht von uns selbst als isoliertes, getrenntes und unzulängliches Wesen ist. Es ist diese reduzierte Sicht, die uns so oft voller Angst dazu bringt, die Fülle des Lebens im Zaum halten zu wollen, während wir gleichzeitig darüber verhandeln, wie wir unseren Weg in einen sicheren, dünnwandigen, grauen Käfig finden, um es mit seinen Worten auszudrücken. So ist diese Arbeit also nichts Geringeres als eine Einladung, uns selbst aus dem gewohnheitsmäßigen, einengenden Gefängnis zu befreien, das wir uns selbst geschaffen haben. Diese Arbeit lädt uns ein, unserer inneren Berufung und den Sehnsüchten unseres Herzens zu lauschen, und buchstäblich im Feuer der direkten Erfahrung zu garen und dadurch reif und lebendig und vollständig zu der Person zu werden, die wir eigentlich sind.

Die Praxis der Achtsamkeit reicht weit in die Tiefe unserer Psyche und unseres Herzens hinein. Als befreiende Praxis ruft sie uns auf, uns mit den Grundursachen unserer individuellen und kollektiven Qualen und Leiden auseinanderzusetzen, sie zu würdigen und sie sorgfältig dabei zu beobachten, wie sie an uns nagen. Zum einen fordert uns die Praxis auf, bereit zu sein, das wahrzunehmen, was uns tatsächlich *bewegt*, denn hieraus leitet sich die lateinische Grundbedeutung des Begriffs *Emotion* ab, und andererseits zu lernen, unsere Gefühle in einer Weise zu erleben, die es uns ermöglicht, ihre Kraft zu nutzen, um zu lehren, zu heilen und Wachstum zu fördern, anstatt einfach auf sie zu reagieren und uns chronisch überwältigt und in ihnen gefangen zu fühlen. Saki läßt diesen äußerst wichtigen Bereich mit großem Geschick und auf ganz subtile Weise lebendig werden. Daniel Goleman beschreibt Bewußtheit im gegenwärtigen Moment, also im Grunde genommen Achtsamkeit, als Grundpfeiler der emotionalen Intelligenz. Hier zeigen und erklären Sakis Geschichten, wie liebevolle Aufmerksamkeit, ein Begriff, der von dem Meditationslehrer und Gelehrten Corrado Pensa geprägt wurde, gepflegt und in beliebige Gefühlszustände hineingebracht werden kann, egal, wie aufrührend oder überwältigend diese auch sein mögen. Wenn man dies mit vollkommener Aufrichtigkeit und Mitgefühl für sich selbst durchführt, dann kann das zu einer tiefgreifenden Erfahrung von Freiheit beitragen, ebenso wie zu der Möglichkeit, alte und neue Wunden zu heilen.

Ich habe in den vergangenen fünfzehn Jahren die Freude gehabt, in der Stress-Reduction-Clinic eng mit Saki zusammenzuarbeiten. In der Zeit davor war er der erste Medizinstudent, der als Praktikant unser Programm durchlaufen hat. Im Jahre 1979, als die Klinik entstand, wurde sie zweifelsfrei als mein Baby bezeichnet. Heute, zwanzig Jahre später, ist sie kaum noch als Baby zu bezeichnen, und sie ist auch keineswegs mehr meine Klinik – und das ist wichtig. Denn im Laufe der Jahre haben Saki und unsere anderen, ihrer Arbeit zutiefst verpflichteten Lehrkollegen sie unter Sakis sorgsamer und liebevoller Führung als ihre eigene angenommen und gewissenhaft die Kunst verfeinert, die sie unerbittlich von uns allen fordert. Dieses Buch ist ein reichhaltiges und beredtes Testament bzw. Zeugnis für die Übernahme dieser Verantwortung und Kunstfertigkeit.

Wir haben immer gegenüber unseren Mitdozenten, also uns selbst gegenüber, betont, daß es für die Lehrtätigkeit in der Klinik wesentlich ist, aus der eigenen Meditationspraxis heraus zu lehren, was letzten Endes bedeutet, aus dem eigenen einzigartigen Wesen, der eigenen Intuition und Erfahrung heraus zu lehren. Hinzu kommen eine feine Wahrnehmungsfähigkeit für das Geschehen im gegenwärtigen Moment und ein Gespür für die in der einen oder anderen Unterrichtsstunde anstehende Entwicklungsrichtung. Wenn ein Musikstück von verschiedenen Orchestern gespielt oder ein großes Gedicht bei unterschiedlichen Anlässen vorgetragen wird, dann unterscheiden sich diese Interpretationen immer voneinander und so ist der Weg durch das achtwöchige Programm auch nie derselbe, selbst wenn der Lehrplan gleich bleibt. Diese Virtuosität der Wachsamkeit wird praktisch in jedem Kapitel und in jedem Wort von *Zerbrochen und doch ganz* spürbar.

Dieses Buch zeigt ganz deutlich, daß Saki ein meisterhafter Lehrer und Mentor ist. Sein Mut, seine Verletzlichkeit, seine Aufrichtigkeit, seine Leidenschaft und seine Intelligenz sind Ausdruck dieser Meisterschaft. In seiner gegenwärtigen Funktion als Leiter der Stress-Reduction-Clinic und Leiter sämtlicher klinischen und pädagogischen Programme im Zentrum für Achtsamkeit in der Medizin, Gesundheitspflege und Gesellschaft hat seine Arbeit tiefgreifende Auswirkungen auf Hunderte von Lehrern gehabt, die das ausüben, was wir jetzt MBSR = *Mindfulness-Based Stress Reduction* (auf Achtsamkeit basierende Streßreduktion) nennen. Zu dem Zeitpunkt, wo ich dieses Vorwort schreibe, führt diese Bewegung mehr als 240 Programme in Gesundheitszentren und Kliniken auf der ganzen Welt durch, und Hunderte von jungen Ärzten sind in der Medizinischen Fakultät der Universität von Massachusetts in MBSR ausgebildet worden. Ich persönlich bin durch die Arbeit mit Saki unermeßlich gewachsen und habe sehr viel von ihm gelernt, insbesondere ein tieferes Verständnis von dem Wert und dem heiligen Wesen der Verletzlichkeit. Außerdem habe ich gelernt, dem Weg des Herzens zu vertrauen und habe sein Bedürfnis, in Schlüsselmomenten zu verweilen und diese auszukosten, erfahren. Seine Kollegen, seine Patienten und seine Studenten und Schüler haben schon jahrelang von seiner Klarheit, seinem subtilen Sinn für Humor, seinem scharfen Auge und seinen Fähigkeiten als Geschichtenerzähler profitiert. Jetzt wird die ganze Welt die Gelegenheit haben, auf den vorliegenden Seiten diese Stimme, die so viele Facetten hat und sich durch emotionale Intelligenz, äußerste Sanftheit und Mitgefühl auszeichnet, in ihrer ganzen Fülle zu vernehmen. Hören Sie sorgfältig zu, egal, ob als Patient, als Arzt, als im Gesundheitswesen Tätiger oder als Mensch. Es könnte Ihnen das Leben retten.

Dr. Jon Kabat-Zinn
Gründer der Stress-Reduction-Clinic
und Direktor des Institutes für Achtsamkeit
in Medizin, Gesundheitsvorsorge
und Gesellschaft

Einführung

Der Schwerpunkt dieses Buches liegt auf der heilenden Beziehung. Es erforscht die Dynamik dieser archetypischen Verbindung im Zusammenhang mit der Praxis der Achtsamkeitsmeditation. Das Buch basiert auf den Methoden, die in der Stress-Reduction-Clinic des Gesundheitszentrums der Universität Massachusetts entwickelt wurden. Diese Methoden wurden von mehr als zehntausend Patienten erprobt, und sie sind darüber hinaus direkt von Tausenden von im Gesundheitswesen Tätigen bei Übungsretreats überall in den USA praktiziert worden. Häufig haben sie zu tiefgreifenden Veränderungen im Selbstverständnis dieser Menschen geführt sowie auch in ihrem Verständnis für die Menschen, um die sie sich kümmern, und der Möglichkeiten, die dieser heilenden Beziehung innewohnen.

Dieses Buch, das sich auf zwanzig Jahren klinischer Erfahrung gründet, erforscht die Arbeit der Achtsamkeit als *Weg* als eine innere Disziplin, um bewußt den Herausforderungen zu begegnen, die der Fürsorge für die eigene Person und dem Dienst an anderen Menschen innewohnen. Jeder Abschnitt ist eine Einladung ein offenes Erkunden des Bereichs der Achtsamkeit in Medizin und Gesundheitspflege. Zusammen bieten sie spezifische Methoden, um Achtsamkeit in Ihr Leben zu bringen, egal, ob Sie nun gesund oder der zusätzlichen Belastung einer Krankheit ausgesetzt sind, oder ob Sie im Gesundheitswesen tätig sind und sich dafür interessieren, wie Sie diese innere Disziplin in das Geflecht Ihres Lebens einbauen können. Bei vielen der Kapitel, die ich für dieses Buch geschrieben habe, könnte es so aussehen, als ob ich sie ausschließlich für Menschen in sozialen Berufen oder für Patienten geschrieben hätte. Das ist jedoch nicht der Fall. Vielmehr habe ich einen parallel stattfindenden alchemistischen Prozeß beschrieben, der sich in mir selbst als im Gesundheitswesen Tätiger wie auch in denjenigen abspielt, denen ich in der Klinik diene, wenn wir uns im Schmelztiegel der Achtsamkeit begegnen. Wie in jeder wertvollen Beziehung bringen wir auch in dieser Beziehung genau das im anderen zum Vorschein, was der größten Aufmerksamkeit bedarf, und was wir häufig in uns selbst am wenigsten würdigen oder anerkennen möchten bzw. können. Unser gemeinsames Engagement für die Achtsamkeit ist wie ein kraftvolles Brennglas, durch das wir genau die Dinge sehen können, die unserer Fürsorge bedürfen. Außerdem stellt es uns eine Methode zur Verfügung, mit deren Hilfe wir die Kunst und die Fertigkeiten für die Arbeit an uns selbst und die Beziehungen zu anderen erlernen können. Ich hoffe, daß dieses Buch Ihnen genauso wie den Menschen, denen Sie auf den folgenden Seiten begegnen werden ein tieferes Verständnis und mehr Vertrauen in Ihre eigene innere Stärke und Ihren Einfallsreichtum vermitteln wird, ebenso wie eine größere Wertschätzung des einzigartigen Potentials, das die heilende Beziehung in sich birgt.

Zusammen werden wir Möglichkeiten erforschen, wie wir lernen können, uns zu öffnen, wenn wir uns eigentlich lieber verschließen würden; wie wir mit Aufrichtigkeit und liebevoller Aufmerksamkeit dem begegnen können, was unerwünscht ist und was wir gewöhnlich in uns selbst und in anderen ablehnen; wie wir in Gegenwart anderer präsent sein und uns mit ihnen verbinden können, wo wir uns eigentlich lieber abwenden würden. Wenn man sich der Achtsamkeitspraxis auf diese Weise nähert, dann hat sie das Potential, die heilende Beziehung absichtlich in eine Sphäre lebhafter Zusammenarbeit und gegenseitiger Transformation zu verwandeln. Als Möglichkeit, um die universelle, von gegenseitiger Abhängigkeit geprägte Natur dieser Reise zu erforschen, habe ich mein eigenes Leben sowie das Leben derjenigen als Beispiel genommen, denen ich in unserem achtwöchigen Kurs in der Klinik begegnet bin (in manchen Fällen von gleichzeitig stattfindenden Kursen). Diese Geschichten haben sich aus dem gemeinsamen Schatz unserer Verbindung herauskristallisiert. Auch wenn die Namen und andere charakterisierende Merkmale von Personen geändert worden sind, um ihre Anonymität zu wahren (mit Ausnahme von zwei Fällen, in denen ich die Erlaubnis erhielt, die tatsächlichen Namen zu verwenden, nämlich bei Linda Putnam und bei Ted Cmarada), sind die beschriebenen Ereignisse genau festgehalten und frei von Heuchelei. Sowohl für Patienten als auch für Ärzte erfordert die Teilnahme an einer solchen Odyssee die Bereitschaft, wie Dante oder Persephone in das unbekannte Dunkel hinein und durch es hindurch zu reisen, um erst danach in eine vorher nicht gekannte Fülle aufzusteigen.

Bei der Verfassung dieses Buches habe ich mich des öfteren auf den Sufilehrer und Dichter Jelaluddin Rumi bezogen, der im dreizehnten Jahrhundert gelebt hat. Er ist die geistige Nahrung, an der ich mich schon sehr lange Zeit erquickt habe. Aber erst jetzt beginne ich, diese unsichtbare Nahrung wirklich zu genießen und in mich aufzunehmen. Ich verneige mich vor dem amerikanischen Dichter und Übersetzer Coleman Barks für seine brennenden, wenn auch Schwankungen unterworfenen Bemühungen, zu Rumis Ohr und Instrument zu werden, um uns auf diese Weise diese Nahrung leichter zugänglich zu machen.

Genau wie Sie, so bleibe auch ich ein Schüler, der beständig seinen Weg sucht. Ich bin bestürzt und immer wieder erstaunt über die Achtlosigkeit, die ich in mir selber vorfinde, voller Ehrfurcht angesichts des Genies im Ebenbild derjenigen, die meine Fürsorge suchen und mir soviel geben, und dankbar für die zahllosen Gelegenheiten, Wachsamkeit in der Gemeinschaft meiner Kollegen und derjenigen, denen ich in der Welt der Medizin und der Gesundheitspflege begegne, zu üben. Ich strecke meine Hand nach Ihnen aus und hoffe, daß wir Hand in Hand eine Weile zusammen in diesem riesigen Terrain ohne Begrenzungen herumspazieren können. Jedes Wort, das ich aufgeschrieben habe, ist Hunderte von Malen gesprochen oder geschrieben, gesungen oder geflüstert worden. Nehmen Sie sich bei diesen Worten Zeit. Flüstern und singen Sie sie selbst – wenn Sie möchten.

Teil Eins

Konvergenz

Wir alle hier auf der Erde sind in erheblichem Maße mit Fehlern behaftet, verwundet, wütend und verletzt. Aber dieser menschliche Zustand, der für uns so schmerzhaft und in so vielerlei Hinsicht beschämend ist, da wir das Gefühl haben, schwach zu sein, wenn unsere Realität bloßgelegt wird, wird wesentlich erträglicher, wenn er mit anderen geteilt wird, von Angesicht zu Angesicht, mit Worten, hinter denen ausdrucksvolle menschliche Augen stehen.

ALICE WALKER
ANYTHING WE LOVE CAN BE SAVED

Der Mythos von Chiron

Vor langer Zeit wurde im alten Griechenland der große Gottmensch Herakles in die Höhle des Kentauren Pholos eingeladen. Chiron, ein weiser, wohltätiger Kentaur und ein großer Meister des Heilens, war ebenfalls anwesend. Als Zeichen seiner Wertschätzung und Gastfreundschaft brachte Herakles eine Flasche mit berauschendem Wein zu der Zusammenkunft mit. Das schwere, wohlriechende Getränk zog noch andere Kentauren an, die, des Weines nicht gewöhnt, sich betranken und dann einen Kampf begannen. In dem sich daraus ergebenden Tumult wurde Chiron von einem Pfeil, den Herakles abschoß, ins Knie getroffen.

Dann unterwies Chiron Herakles in der Kunst der Wundbehandlung. Da der Pfeil jedoch mit dem Gift der Hydra eines vielköpfigen Ungeheuers, das nahezu unbesiegbar war getränkt war, wollte die Wunde nie vollständig heilen. Der größte aller Heiler, der sehr wohl in der Lage war, andere zu heilen, konnte sich selbst nicht vollkommen heilen, und da Chiron unsterblich ist, lebt er bis in alle Ewigkeit mit dieser Wunde als der archetypische *verwundete Heiler.*

Nach dieser Verwundung empfing Chiron Tausende von Schülern in seiner Höhle auf dem Berg Pelion und bildete sie aus. Man sagt, daß einer dieser Schüler Äskulap war, der sein Wissen über Pflanzen, die Kraft der Schlange und die Weisheit des verwundeten Heilers von Chiron erhielt. In der Nachfolge von Äskulap begann Hippokrates, die Kunst und Wissenschaft der Medizin auszuüben.

Lebendiger Mythos

Es ist Mittwoch abend, 18 Uhr, und ich sitze in einem Kreis von dreißig Menschen, die ihre erste Unterrichtsstunde in der Stress-Reduction-Clinic haben. Die erste halbe Stunde lang reden wir, bewegen uns an der Oberfläche, bleiben über der tiefen Öffnung einer noch unausgesprochenen, aber dennoch gemeinsamen menschlichen Erfahrung hängen. Und dann gleiten wir Schulter an Schulter in diese endlose Tiefe hinein.

Ich sage: Vielleicht können Sie sich mit Namen vorstellen ... etwas darüber sagen, warum Sie hier sind... welche Erwartungen Sie haben ... worauf Sie hoffen, während Sie heute abend hier sitzen. Der Mann zu meiner Linken fängt an: Mein Name ist Frank. Ich habe Darmkrebs. Ich bin operiert worden ... Ich habe Bestrahlungen und Chemotherapie hinter mir .... Aber etwas stimmt nicht mit mir. Ich fühle es. Ich habe das Gefühl festzustecken, fühle mich irgendwie taub ... jeder in meiner Familie fühlt das ebenfalls. Ich möchte mein Leben anders führen ... mit größerer Wertschätzung. Die Klasse wird still und wach, während er spricht. Jeder weiß, daß Frank so wie er für sich gesprochen hat für uns alle spricht. Der kaum hörbare, doch unverwechselbare kollektive Seufzer, der sich löst, als er fertig ist, bestätigt das. Frank schaut sich um und hört und fühlt vielleicht deutlicher denn je den Nachklang und kraftvollen Widerhall seiner Worte. Seine Augen leuchten voller Hoffnung, als er sich umdreht und in meine Richtung schaut. Wir nicken uns schweigend zu. Er schließt die Augen, gleitet tief in seinen Stuhl hinein und angesichts der Tiefe des Erlebnisses rinnen Tränen über seine Wangen.

Bill sitzt links von ihm. Er rückt auf seinem Stuhl hin und her, lehnt sich nach vorne, schaut nach unten und beginnt dann: Meine Kinder und ich streiten miteinander. Es gibt sehr häufig Spannungen zwischen uns. Sie liegen mir wirklich am Herzen. Ich liebe meine Arbeit ... sie ist wie ein Kochtopf, der mit Druck arbeitet. Jetzt habe ich Bluthochdruck. Ich weiß nicht, was für ein Mensch ich geworden bin. Er legt sein Gesicht zwischen seine Hände, beugt sich von der Taille aus vor und läßt seine Ellenbogen auf seinen Knien ruhen. Sein Körper scheint einen Moment lang in einer weiten, ursprünglichen Stille eingehüllt zu sein, um seine Augen legen sich die über Jahre angesammelten Erinnerungen. Als er mit seiner Aufmerksamkeit wieder in den Raum zurückkommt, verbindet er sich erneut mit dem Gesicht der Person, die ihm gegenübersitzt und sagt: Ich muß etwas dagegen tun.

Während Bill spricht, schlägt die Frau neben ihm die Beine übereinander und stellt sie dann wieder gerade hin. Unaufhörlich schlägt sie sie übereinander, mal rechts über links, mal links über rechts. Ihr Kopf bewegt sich im Rhythmus ihrer Beine auf und ab. Ihre Haare fallen ihr quer übers Gesicht. Sie nimmt sie drei- oder viermal hinter ihre Ohren zurück, dann bricht es in gehauchten, abgehackten Sätzen aus ihr heraus.

Ich bin Rachel. Sie zittert am ganzen Körper.

Ich mache gerade eine Entziehungskur. ... Ich war clean. Sie beginnt zu weinen.

Zehn Monate lang ... vor drei Monaten hab ich dann wieder was genommen ... Ich bin drei Monate lang clean gewesen. Jetzt weint sie leise vor sich hin.

Ich bin als HIV-positiv diagnostiziert worden.

Es geht ein Schaudern durch den Raum. Wir sitzen alle zusammen und hören etwas, das unsere Ohren vielleicht noch nie gehört haben zumindest nicht aus so großer Nähe und jetzt nicht hören wollen. Ich entscheide mich, Rachel weder mit Worten noch mit Taten zu trösten, sondern ihre Wahrheit zu ehren, indem ich inmitten des aufgewühlten Wassers, das gegen die Küstenlinie unserer Herzen peitscht, still bleibe. Es entsteht eine lange Pause. Augen schauen in ihre Richtung und wandern dann blitzschnell in meine. Sich verschließen – sich öffnen – schweigend sprechen – ausfüllen.

Es gibt noch weitere 27 Geschichten, mit denen wir heute abend präsent sein werden. Noch 27 weitere Menschen. Zum Teil wissen sie etwas darüber, warum sie hier sind. Und während wir miteinander sprechen und uns gegenseitig zuhören, vertieft sich ihr Wissen. Mein Wissen vertieft sich ebenfalls. Ich habe keinen Darmkrebs. Ich bin nicht HIV-positiv, habe keinen Bluthochdruck, erhole mich nicht von einem Herzanfall. Dennoch weiß ich, daß auch ich nach einer ganzen Reihe gewohnter emotionaler und geistiger Zustände süchtig bin, daß ich manchmal zwanghaft um meine Gesundheit besorgt bin und mit meinen Kindern Kämpfe austrage. Bisweilen schäme ich mich wegen der Schwächen und Unvollkommenheiten, die ich an mir wahrnehme. Ich verliere mich im Strudel meiner Konditionierungen und weiß im Grunde meines Herzens, daß es eigentlich keine Trennung zwischen ihnen und mir gibt. Im Moment unterscheidet sich der Zustand unserer Körper voneinander. Aber hinter dieser dünnen, vorläufigen Scheidewand sind wir alle Patienten. Patienten in dem Sinne, wie es der lateinische Begriff *patiens* andeutet, dessen Wurzel, *pati*, sowohl auf unseren Zustand als auch auf unsere Fähigkeit, Leiden zu erdulden, zu ertragen und zu tragen hinweist. Das ist unser gemeinsamer Ausgangspunkt, der ein enormes Potential in sich birgt. Wenn wir es weise nutzen, dann kann es zu einem Nährboden werden, der den Samen für das Erwachen in die Fülle unseres Lebens birgt.

Seltsamerweise bemerke ich inmitten all dieser sich entfaltenden Geschichten, daß Leichtigkeit entsteht. Es findet hier eine Befreiung von einer Last statt, die keine bloße Katharsis ist. Das ausgeprägteste Gefühl im Raum ist kein Gefühl der Schwere, sondern eines tiefster Anerkennung. Eine solche Würdigung ist nichts Geringeres als ein Ausdruck von Mut und Stärke, der sich ähnlich anfühlt wie ein kollektives „Ärmel hochkrempeln" und nicht wie das Brechen eines emotionalen Deiches, der uns mit Gefühlen von Hilflosigkeit und Verzweiflung überschwemmt. Sie ist der Beginn einer Beziehung.

Wir offenbaren einander unsere Wunden. Wir benennen sie, aber wir lassen uns nicht von ihnen unterkriegen. Ganz im Gegenteil. Die übliche Tendenz, mich mit meinem Schmerz und meinem Problem stark zu identifizieren oder ihnen einen höheren Stellenwert zu geben, löst sich langsam in das Anerkennen unseres kollektiven Zustandes und unsere Bereitschaft auf, miteinander in dieser geteilten Realität zu leben, und sei es nur für wenige Augenblicke. Dort taucht spontan Achtsamkeit auf; eine Bewußtheit, die durch unsere Bereitschaft genährt wird, einander zuzuhören; ohne Urteil zusammenzusitzen, ohne Ratschläge zu geben, ohne auf leichte Antworten auszuweichen oder seichte Affirmationen zu verteilen. Im wörtlichen und übertragenen Sinn sind wir alle auf unserem Platz, vielleicht sogar fester denn je, und wir kümmern uns um unsere Wunden und machen sie erträglicher, indem wir sie, wie Alice Walker es beschreibt, von Angesicht zu Angesicht, mit Worten, hinter denen ausdrucksvolle menschliche Augen stehen, miteinander teilen.

Auch wenn ich der Arzt und der Lehrer bin, so erinnern mich das Zuhören und die Tatsache, daß ich hier sitze daran, daß ich wieder einmal eingeladen worden bin, an der kollektiven Arbeit teilzuhaben. Für mich ist es etwas ganz Wesentliches, mich immer wieder daran zu erinnern. Wir werden acht Wochen Zeit haben, um dieses Gebiet zu erforschen. Acht Wochen, um in einen sich intensivierenden Zyklus unseres Lebens einzutreten, der durch unsere Bereitschaft in Gang gesetzt wurde, durch die Tür zu gehen und anzufangen. Es ist nicht nur *ihre* Arbeit, sondern es ist genausogut meine Arbeit. Jeder von uns ist ein lebendiger Mythos, der sowohl das Verwundetsein Chirons in sich trägt als auch die angeborene Fähigkeit, sich widrige Umstände zunutze zu machen und transformiert zu werden. Jenseits unserer Rollen befinden wir uns alle kraft unseres Menschseins auf der universellen, mythologischen Reise des Helden. Vielleicht besteht unsere wirkliche Arbeit, egal, ob wir nun medizinische Hilfe suchen oder sie anbieten, darin anzuerkennen, daß die heilende Beziehung das Feld, auf dem sich Patient und Arzt begegnen ein sich selbst spiegelndes Mysterium ist, um es in den Worten des Mythologen Joseph Campbell auszudrükken; die Verkörperung einer einzigartigen menschlichen Aktivität, die essentielle Fragen über das Selbst, den anderen und darüber, was es bedeutet, sich selbst zu heilen, aufwirft.

Der innere Heiler

Unabhängig davon, ob Sie, wenn Sie dies lesen, bei guter Gesundheit oder krank sind, ob sich Ihr Unbehagen im Körper ausdrückt oder in der Besorgnis Ihres Geistes, Sie halten eine wahre Geschichte in Ihren Händen. Sie handelt von einem verborgenen Schatz, einer Erinnerung an Ihren Reichtum, einen Aufruf, das Ihnen zustehende Erbe wieder für sich zu beanspruchen. Erinnern Sie sich an die Fülle, von der ich gesprochen habe? Das Juwel, das vor langer Zeit in Sie hineingelegt wurde. Unsichtbar, doch unwiderstehlich. Es ist Ihre Essenz, die Sie auf Schritt und Tritt begleitet, auch wenn Sie glauben, alleine zu sein.

Können Sie dieses Leben in sich spüren? Vielleicht spüren Sie sogar während des Lesens seine schwachen Regungen in einem weichen, wäßrigen Gefühl, das Ihren Mund ausfüllt, oder in dem Murmeln der alten Sprache tief in Ihrem Bauch. Sie kennen diese Töne, die aus der Öffnung an der Stelle hervorkommen, wo der Brustkorb sich teilt. Oder vielleicht sind es diejenigen, die Ihnen wie der Wind mitten in der Nacht etwas in die Ohren flüstern, wenn der Schlaf von Ihnen weicht und Sie zur Wachsamkeit gerufen werden. Es handelt sich um einen alten Freund, einen Verbündeten, der Sie schon Ihr ganzes Leben lang begleitet hat.

Vielleicht ist es an der Zeit, daß Sie beide sich wieder miteinander vertraut machen, daß sie sich zusammen mit neuer Präsenz in die Welt hineinbegeben. Sie und ich sind Wanderer auf der Suche nach diesem inneren Juwel. Auch wenn es PR-Kampagnen gibt, die das Gegenteil zu beweisen versuchen, trotz all unserer Projektionen und Vorstellungen, daß die anderen alles im Griff haben, tut doch jeder dieselbe Arbeit. Vielleicht können wir eine Weile als Weggefährten miteinander reisen. Welche andere Wahl hätten wir denn auch, wenn man das Ganze realistisch betrachtet?

Im Laufe des Prozesses, den man „Erwachsen werden" nennt, hat man den meisten von uns beigebracht, diese uns angeborene Präsenz zu vergessen. Sich an ein solches inneres Strahlen zu erinnern, ist ein radikaler Vorgang. Kontakt zu einer solchen Lebendigkeit zu bekommen, wird unser Leben völlig umkrempeln. Ist das eine so schlechte Sache? In der Zwischenzeit halten die in der Welt üblichen Konventionen unser gut geöltes Gefühl von Trennung aufrecht und sie bieten uns dünne Schleimsuppe anstelle von richtiger Nahrung. Meistens verbleiben wir in dieser zersplitternden Trance, bis wir durch Umstände, die das gewohnte Geflecht unseres Lebens zerreißen, auf uns selbst zurückgeworfen werden. Dieses Auseinanderbrechen des Gewohnten ist ein wesentlicher Bestandteil des Lebens. Manchmal meldet es sich in Gestalt einer Krankheit bei uns, manchmal im Scheitern einer langjährigen Beziehung, im Verlust von geliebten Menschen oder in jenen Ausbrüchen in der Mitte unseres Lebens, die uns vor die Wahl stellen, uns entweder in Isolation und Verzweiflung zu stürzen oder aber diese Chance zu nutzen, um allmählich unsere harten Schutzschalen aufzuweichen.

Glücklicherweise entkommt niemand dieser Erkenntnis. Auf die eine oder andere Art werden wir in die Tiefe gezogen, ohne daß es einen anderen Ausweg gäbe. Dort beginnen wir dann, wie es die Psychologen, die mit Archetypen arbeiten, ausdrücken, in unser Leben hineinzuwachsen. Hier haben wir die Möglichkeit, das in uns zu entdecken, was die größte Solidität und Stärke besitzt, während wir gleichzeitig allmählich lernen, eine ebensolche Präsenz im alltäglichen Leben zu verkörpern. Einige würden das *Seele* nennen. Nennen Sie es, wie Sie wollen. Was immer es ist, wir wissen intuitiv, ob es in unserem Leben vorhanden ist oder aber fehlt. Da jedoch diese Realität nicht sichtbar ist und sich nicht mit unseren üblichen Analysemethoden quantifizieren oder beschreiben läßt, ist man über sie hinweggegangen und hat sie in die schwarze Schachtel der Irrationalität verbannt.

Das ist ein blinder Fleck, ein tiefgreifender Mangel in unserem kulturellen Denken, der uns häufig in den kritischsten Augenblicken unseres Lebens ohne kulturellen Glauben und kulturelle Unterstützung zurückläßt und uns so des Kontaktes zu einem äußerst machtvollen Verbündeten beraubt. Durch dieses kulturelle Vorurteil abgelenkt, wenden wir uns nach außen und suchen diese von uns intuitiv gefühlte Quelle der Stärke im Außen. Wenn wir in das Antlitz von Krankheit und Tod bzw. das schnelle Verlöschen eines Lebens schauen, wie es häufig bei einer unerwarteten Diagnose der Fall ist, oder wenn, wie es am häufigsten geschieht, das volle Gewicht eines halb gelebten Lebens uns unerbittlich niederzudrücken beginnt und uns daran erinnert, daß etwas nicht stimmt, dann nehmen wir häufig Zuflucht zu äußerer Autorität und verleugnen unsere angeborene Stärke und Fähigkeit zur Heilung.

Ich möchte hier nicht sagen, daß wir, wenn unsere Gesundheit beeinträchtigt oder das Fortdauern unserer physischen Existenz gefährdet ist, auf den Rat von Experten und durch harte Arbeit erworbene medizinische Kenntnisse verzichten sollten. Es kommt mir eher darauf an herauszustellen, daß das Machtgefälle zwischen Patient und Arzt neu ausgehandelt werden muß, wenn wir die Untrennbarkeit der Bereiche Gesundheitspflege und menschliche Entfaltung erneut in den Vordergrund unserer Aktivitäten stellen wollen. Wie der Mythos des verwundeten Heilers andeutet, hat jede Geschichte zwei Seiten. Patient und Arzt sind aneinander gebunden; sie sind die beiden Pole einer archetypischen Beziehung. Wenn wir das Ganze oberflächlich betrachten, dann könnten wir meinen, daß diese Pole für den Gebenden und den Nehmenden, für den Helfer und denjenigen, dem geholfen wird, stünden. Das ist jedoch nicht der Fall. Sich das Verhältnis so vorzustellen, ist zu simplistisch, zu zweckbetont, und es würdigt die Seelendimension herab. Wir sind Spiegel füreinander. In jedem im Gesundheitswesen Tätigen lebt der bzw. die Verwundete; in jedem Patienten, in jedem kranken und leidenden Menschen wohnt ein machtvoller innerer Heiler. Das sind die Gaben, die wir mitbringen, wenn wir in diese Welt hineingeboren werden.

Das Maß, in dem wir unseren Vorrat an innerer Stärke im Angesicht von Krankheit, Schmerz oder schwerer Not wiederbeanspruchen, ist das Maß, in dem wir – unabhängig von der Schwere unserer Krankheit oder der Tatsache, ob wir leben oder sterben die Möglichkeit haben, unsere ungeteilte Ganzheit zu berühren. Vielleicht besteht die grundlegendste Arbeit, die Arzt und Patient tun, darin, die Einzigartigkeit ihrer Beziehung anzuerkennen. Meine eigene Erfahrung sagt mir, daß es so ist. Das bedeutet nicht, daß die Rollen dieselben wären, sondern vielmehr, daß Macht und das Gefühl von Begrenzung, Reizbarkeit und Aufregung, Angst und Meisterschaft über sich selbst, Verzweiflung und Mitgefühl, Traurigkeit und Freude sowie all die anderen Kennzeichen von Heilung in beide Richtungen fließen.

Wenn wir als Patient und als Arzt bereit sind, unsere Rollen zu überprüfen, dann haben wir die Chance, unsere Beziehung zu verändern. In dieser Vision liegt der Same für eine neue Medizin begründet, die auf Zusammenarbeit und Einbeziehung des Patienten beruht. In dem vorliegenden Buch geht es genau um diese Suche. Es geht um Menschen, die häufig mit dem guten Willen und der Ermutigung ihrer Ärzte beschlossen haben, die Praxis der Achtsamkeit aufzunehmen und sich wieder auf sich selbst zu beziehen, um von neuem ihren inneren Reichtum zu entdecken. Das ist auch meine Arbeit, und Sie werden mich und mein volles Engagement auf diesen Seiten wiederfinden. Am wichtigsten ist, und das ist meine Hoffnung für Sie, daß Sie sich selbst wiederfinden. Wie bei jeder Reise, so birgt auch diese Risiken; jedes Vertiefen des Charakters bedingt auch einen Verlust. Dennoch bleibt der Entschluß, sich auf eine solche Reise zu begeben, ein entscheidendes Ereignis, ein Ausströmen unverhoffter Gnade, eine unauslöschliche Gelegenheit, um aus dem tiefen Brunnen Ihres Lebens zu trinken.

Der weiche Körper Ihrer Berufung

Wenn Sie im Bereich der Heilkünste tätig sind – wollen nicht auch Sie geheilt werden? Haben Sie sich nicht ebenfalls eng zusammengerollt, um die alte innere Verwundung zu schützen, jene Sehnsucht nach einem Heilmittel, auf das Sie insgeheim hoffen, was Sie jedoch kaum zuzugeben wagen? Lassen Sie uns darüber sprechen! Wie sonst könnten Sie möglicherweise einem anderen helfen? Was könnte Sie zu dieser Berufung geführt haben, wenn nicht dieser Bezugspunkt, diese offene, innere Wunde, um die man sich kümmern muß?

Wir alle sind verwundet. Willkommen zu Hause! Kein Versteckspiel mehr! Zerbrochen und voller Sehnsucht suchen wir nicht alle nach dem Heilmittel, das uns unsere Ganzheit wiedergeben soll? Ist das Helfen nicht einfach nur ein Ausdruck unserer Sehnsucht, diese Vollständigkeit wiederzuerlangen? In seinem Kern ist der Heilberuf die Erfüllung unseres Wunsches zu dienen, zu geben *wiederhergestellt* zu werden. Von außen betrachtet, richten wir unsere Bemühungen darauf, andere wiederherzustellen, aber irgendwo wissen wir vielleicht auch, daß es in Wirklichkeit keinen *anderen* gibt.

Dennoch hängen wir alle ein anziehendes Firmenschild auf. Perfekt! Ein solches Wunder! Wir alle brauchen Gefährten. Schwestern und Brüder aller Größen, Formen und Zustände, um mit ihnen zu reisen. Weggefährten, die sich dieser Karawane anschließen, die diese Wüste durchqueren, die noch einmal durch die üppige Oase gehen, das saftige Grün unseres fast vergessenen Lebens. Warum sollten wir so tun, als ob es für uns irgendwie anders wäre als für die Menschen, die unsere medizinische Hilfe suchen? Was bewirkt das? Welchen Preis bezahlen wir für dieses Versteckspiel? Können Sie sehen, daß das Spiel, das So-tun-als-ob ein Zeichen für etwas Verborgenes, für etwas Wunderbares ist? Eine wunderbare Täuschung. Ein bezaubernder Tanz. Eine gut orchestrierte Verführung, die uns langsam zu einem kaum erinnerten Mysterium führt. Wir alle werden gesucht und dennoch meinen wir, daß wir führen. Eine solche Weisheit in der List. Wie eine Überraschungsparty, die von unseren Liebsten liebevoll geplant und gut vor uns verborgen wurde, damit sie uns Freude und Zufriedenheit bringen möge.

Wenn Sprache und Musik umfassende Hinweise auf eine tiefere Stille sind, dann sind unsere Wunden und Mängel sichere Anzeichen für unsere grundlegende Vollständigkeit. Wenn Sprache ein Finger ist, der auf das Unausgesprochene hinweist, auf unser Gefühl von Unvollständigkeit, dann ist unsere fragile, zarte Verletzlichkeit ein sicherer Hinweis auf unsere Stärke. Diese zarte Weichheit ist ein Tor. Wir verbergen sie. Wir nennen sie Mangel, und so wird uns nie bewußt, daß sie der Ausgangspunkt für wunderbare Möglichkeiten ist. Rumi erinnert uns an diesen Ausgangspunkt:

Überlaß deine Wunde getrost den chirurgischen Künsten eines Lehrers.
Auf einer Wunde sammeln sich Fliegen an. Sie decken sie zu,
jene Fliegen deiner Gefühle, mit denen du dich selbst zu schützen versuchst,
deiner Liebe zu dem, was deiner Meinung nach zu dir gehört.

Laß die Fliegen von einem Lehrer entfernen
und laß ihn die Wunde mit einem Pflaster versiegeln.

Wende Deinen Blick nicht ab.
Schau weiter auf die verbundene Stelle.
Dort kommt das Licht in Dich hinein.

Und glaube nicht einen einzigen Augenblick daran,
daß du dich selbst zu heilen vermagst.

RUMI
KINDHEITSFREUNDE

Ich habe meinen Anteil an Schnitten, Narben, Stichen und Injektionen abbekommen. Als Kind habe ich mir immer angeschaut, wie die Nadel in die Haut eindrang, wie die von der Spritze bewegte Flüssigkeit sich schnell in den Körper hinein oder aus ihm herausbewegte, wie die schwarze Brühe durch das Fleisch glitt. Ich wollte es sehen. Als ich klein war, faßte mich meiner Mutter immer an der Hand und rief aus: Schau nicht hin! Und als ich dann älter wurde: Warum schaust Du hin? Faszination! So einfach und so geheimnisvoll. Auf diese Weise fallen wir in Dinge hinein. So wird unser Bewußtsein geweckt.

Wende Deinen Blick nicht ab.
Schau weiter auf die verbundene Stelle.
Dort kommt das Licht in Dich hinein.

Ich vermute, daß Sie irgendwo tief in Ihrem Innern bereits die Wahrheit dieser drei Zeilen kennen. Dennoch wenden wir uns trotz dieses Wissens ständig von uns selbst und von der Fülle unser eigenen Erfahrungen ab. Wenn wir uns unsere eigenen Wunden, unsere ungewollten, abgelehnten Stellen nicht anschauen – sie anerkennen, sie würdigen und sie zurückfordern, als Teil unserer annehmenden Präsenz – wie können wir das dann bloß bei anderen tun? In den letzten zehn Jahren bin ich Tausenden von im Gesundheitswesen Tätigen begegnet, die der Abstand schmerzte, den sie zwischen sich selbst und denen, die ihre medizinische Hilfe in Anspruch nahmen, empfanden. Sie wollten, daß die Dinge anders wären und fragten sich, wo sie beginnen sollten. Und ich bin sogar noch mehr Patienten begegnet, die ihre eigene innere Stärke berührt haben, indem sie sich die verbundene Stelle mit neuen Augen angeschaut haben. Mit geöffneten Augen. Augen, die gewillt waren, unerschrocken auf das zu schauen, was am beunruhigendsten und schmerzvollsten ist, nur um gleichzeitig in der Tiefe das eindringende Licht zu entdecken. Genau hier, in diesem Engagement für Bewußtheit, können sich Patient und Ärzte bzw. Krankenschwestern oder Krankenpfleger begegnen.

Und wenn wir unsere Augen offenhalten, dann stellen wir bald fest, daß die heilende Beziehung selbst eine Tür ist, ein *Weg*, um mit uns selbst und anderen zu arbeiten und künstliche Grenzen verschwinden zu lassen, um für unser gegenseitiges, schockierendes Leuchten und das Wiedergewinnen einer tiefgehenden und anhaltenden Freude zu erwachen. Über einen zu langen Zeitraum stand entweder der Arzt bzw. Pfleger oder aber der Patient im Mittelpunkt der Krankenpflege. In Wirklichkeit ist jedoch die heilende Beziehung immer ein Schmelztiegel für gegenseitige Transformation gewesen. Die bloße Bereitschaft von Menschen, einander inmitten ihrer Schwächen und Stärken zu begegnen, ist das Transformationsmittel par excellence. Meine Erfahrung sagt mir jedoch, daß es fast unmöglich für uns ist, mit einem anderen Menschen auf diese Weise in Beziehung zu treten, wenn wir uns nicht zunächst auf uns selbst in derselben Art und Weise beziehen.

Einen solchen Weg zu gehen, erfordert eine Methode; einen disziplinierten Weg, um zu lernen, wie wir all dem, was von innen aufsteigt, Aufmerksamkeit widmen können. Das nennt sich *Achtsamkeit.* Achtsamkeit ist jedoch nicht einfach nur eine Technik. Sie ist ein Akt der Liebe. Unsere Bereitschaft zu sehen, uns voll und ganz anzunehmen, genau so, wie wir gerade sind, während wir uns auf die gleiche Weise einem anderen Menschen zuwenden, ist ein offenbarender und zutiefst heilender Ausdruck von Fürsorge. Es ist eine Verkörperung von Mitgefühl. Mitgefühl beginnt zu Hause, bei uns selbst. Egal, ob wir nun Hilfe anbieten oder Hilfe suchen, wir alle sind verwundet und wir alle sind ganz. Meistens haben wir jedoch diese Tatsache gegenseitiger Abhängigkeit aus den Augen verloren. Unsere Bereitschaft, eine solche Vision zu erkennen und zu halten, ist ein sich entfaltender Prozeß von Intimität und Heilung.

Der Verlust der Normalität, das Zerbrechen der wahrgenommenen Ganzheit sowie Gefühle von Isolation und Einschränkung sind Hauptursachen für die mißliche Lage, in der sich der Patient befindet. Dennoch sind diese Gefühle uns allen bekannt, egal, ob wir uns nun um andere kümmern oder selbst der Heilung bedürfen. Wenn Hilfe Heilung bringen soll, dann müssen diejenigen, die sie geben, sich in die Störungen, die Unsicherheit und das Identitätschaos hineinbegeben, dem sich diejenigen gegenübersehen, die ihre Hilfe in Anspruch nehmen, und sie müssen beginnen, es zu verstehen. Da ein solches Feingefühl Teil unseres gemeinsamen Reichtums ist, haben wir alle einen Polarstern, einen Chiron in uns, an dem wir uns orientieren können. Auf diese Weise zu navigieren, ist nur dann möglich, wenn diejenigen, die Hilfe geben, zumindest für den Moment den suchterzeugenden, berauschenden Trieb, etwas *zu tun*, hinter sich lassen können. Dazu müssen sie jedoch lernen, wie man sein Tempo reduzieren kann und sich ohne sein hart erworbenes Wissen, seine Fähigkeiten und seine klinische Erfahrung zu verleugnen, in das gefühlte Leben des Patienten, der Person vor uns, einfühlen kann.

Wenn im Gesundheitswesen Tätige im weitesten Sinne des Wortes helfen wollen, dann müssen sie sich auf diese Reise begeben. Eine solche Reise ist nicht schmerzfrei. Es läßt sich kein einfaches Resumé ziehen. Resumés deuten stets auf ein immer größeres Gefälle hin, auf eine klare Herkunft des Wissenserwerbs und eine gradlinige Überwindung von Schwierigkeiten, welche unweigerlich zum Erfolg führt. Ohne Zweifel liegt in diesem Lebenslauf ein gewisses Maß an Wahrheit. Wenn dies jedoch als einziger Maßstab für unsere sich entfaltende Berufung da steht, für die Berufung, ein wahrer Mensch zu werden, dann geht uns und denen, denen wir dienen, viel verloren.

Aus diesem Blickwinkel gesehen sind diejenigen, die sich um unsere Fürsorge bemühen, diejenigen, die wir Patienten nennen, unsere *Lehrer.* Ihre Unterweisungen sind subtil und tiefgründig. Sie bringen uns mit bemerkenswerter Geschicklichkeit und Genauigkeit immer wieder zu uns selbst zurück. Wenn ich bereit bin innezuhalten, still zu werden und mich direkt mit jeder Situation und jedem Menschen, dem ich begegne, zu verbinden, dann habe ich oft das Gefühl gehabt, daß die Fliegen des Selbstschutzes durch die bloße Kraft dieser Präsenz weggescheucht werden. Die Wunde der Trennung war nur mit einem Pflaster bedeckt gewesen, und an dessen Stelle ist ein beruhigender Balsam unverhoffter Verbundenheit getreten. Auf diese Weise sind wir füreinander Arzt und Patient, zwei Seiten derselben Münze.

Wende Deinen Blick nicht ab.
Schau weiter auf die verbundene Stelle.
Dort kommt das Licht in Dich hinein.

Diese drei Zeilen sind die Unterweisung, die wir für unseren Anfang brauchen.

Teil Zwei

Wende deinen Blick nicht ab

Nimm teil.
Sei aufmerksam.
Sage die Wahrheit, ohne zu urteilen oder Schuld zuzuweisen.
Sei nicht auf ein Ergebnis fixiert.

ANGELES ARRIEN
DER VIERFÄLTIGE WEG

Woche Eins

Unser Gruppenraum liegt der Abteilung für Kinderheilkunde gegenüber. Die Kinder sind allgegenwärtig. Wenn ich die Treppe hinauf zum Foyer im zweiten Stock gehe, dann macht sich ihre Präsenz durch einen siegreichen Schrei bemerkbar, der ausdrückt, daß sie vorläufig einer unerwünschten Beleidigung ihres Körpers entkommen sind. Danach ist das Geräusch kleiner, galoppierender Füße zu hören, die leidenschaftlich von größeren verfolgt werden. Morgens um zehn vor neun sind zehn bis zwölf Personen im Raum. Schuhe und Stiefel säumen den Gang. Wenn ich hier draußen im Gang meine Schuhe ausziehe, dann schaut eine der Krankenschwestern an den Schuhreihen entlang und lächelt. Die Schwestern sind an uns gewöhnt. Manchmal frage ich mich, ob sich ihre Füße nach derselben Einladung sehnen, nach derselben Ruhepause. Einen Moment lang tauschen wir einen Blick aus, dann trennen sich unsere Wege wieder und wir gehen unserem jeweiligen Tagewerk nach.

Im Gruppenraum sprechen einige Menschen miteinander, andere sind still. Nach einigen einführenden Worten sage ich, daß wir noch ein wenig warten werden, bevor wir beginnen. Dann mache ich die Runde, begrüße jeden einzelnen und schüttele Hände, während wir uns gegenseitig mit Namen vorstellen. Um neun Uhr sind mehr als zwanzig von uns da. Um 9.05 Uhr ist der Raum voll. Als ich eine Frau mit Sonnenbrille begrüße, die direkt neben der Tür sitzt, sehe ich, daß sie weint. Wahrscheinlich war es ein großer Schritt für sie, durch die Tür zu gehen. Manchmal glaube ich, daß am ersten Tag durch die Tür zu gehen, das Schwierigste ist, was jemand in der Klinik überhaupt tun wird. Ihre zitternden Hände und die Tränen, die hinter ihrer Sonnenbrille fließen, bestätigen das.

Mit diesen dreißig Menschen zusammenzusitzen, fühlt sich ein bißchen so an, wie am Flughafen in der Abflughalle zu warten. Also bitte ich die Leute zu Anfang, eine bequeme Position zu finden und sich der langen Fensterfront im Westen zuzuwenden. Einige drehen daraufhin ihren Stuhl, andere drehen ihren Oberkörper in Richtung der Fenster. Einige knien sich auch vor ihre Stühle und lassen ihre Arme auf den Sitzflächen ruhen. Viele sitzen auf dem Boden und benutzen die runden, farbenfrohen Meditationskissen, die sich unter jedem Stuhl befinden. Ich bitte sie, mit ihren Augen all das aufzunehmen, was sich in ihrem Gesichtsfeld befindet. Bald herrscht Schweigen im Raum. Die Menschen werden still. Ich schlage ihnen vor, damit zu beginnen, daß wir wahrnehmen, wie der Verstand alles, was wir sehen, benennt. Außerdem sollen sie jedesmal, wenn das geschieht, einfach weiter beobachten, ohne zu urteilen oder sich anzustrengen, und gleichzeitig ihre Aufmerksamkeit sanft zum Sehen zurückbringen. Das Schweigen, das von einer wachsenden Stille begleitet wird, lädt uns ein, ohne weitere Worte fortzufahren. Das ist unsere erste Meditation.

Wenn dieser Exkurs in das aufmerksame Sehen beendet ist, verlassen die Teilnehmer die Welt jenseits der Fenster und wenden sich erneut der Mitte des Raumes zu. Dann lege ich jedem drei Rosinen in die Hand. Normalerweise mache ich das nicht zu einem so frühen Zeitpunkt des Kurses, aber heute ist ihre Aufmerksamkeit so präsent und durchdringend, daß ich diese Gelegenheit nicht verpassen möchte. Unter Verwendung des Geruchs-, Tast-, Seh- und Hörsinns erforschen wir eine Zeitlang diese Rosinen. Wenn Menschen einfach gebeten werden, über ihre „unmittelbaren" Erfahrungen zu berichten, dann formulieren sie ihre Wahrnehmungen knapp und präzise. Ich bitte sie zu versuchen, auf diese Weise zu sprechen und einfach nur genau das zu benennen, was sie wahrnehmen, ohne irgend etwas hinzuzufügen. Es werden viele Kommentare dazu abgegeben. Einige sind ernster Natur, andere komisch. Wir bewegen uns vor und zurück.

Unsere Diskussion fühlt sich an wie ein Mittelding zwischen Spiel und Wissenschaft. Eine angeborene Neugier und Wißbegierde, die für die wissenschaftliche Forschung so essentiell ist, entsteht aus der Einfachheit der sorgfältigen Beschäftigung mit diesen gewöhnlichen Gegenständen. Unsere angeborene Fähigkeit, im jetzigen Moment präsent zu sein, entfaltet sich wie eine Fahne im Wind und führt zu einem genauen Erkennen der „Rosinenhaftigkeit", das wir normalerweise verpassen, wenn wir uns kopfüber in die Zukunft stürzen oder der Vergangenheit nachhängen. Eine solche beabsichtigte Aufmerksamkeit ist der Nährboden für unsere Arbeit und wird es auch in den nächsten zwei Monaten sein.

Dann verzehren wir langsam die Rosinen, eine nach der anderen. Wir nehmen Berührung und Geschmack wahr – die subtilen und die weniger subtilen Körperempfindungen, die durch diese einfache Handlung ausgelöst werden; die sie begleitende Flut von Gedanken und Gefühlen, die Gefühle von Lust und Unlust. Im Laufe dieses Prozesses verwandeln sich die Rosinen von „äußeren" Objekten, die wir in der Hand gehalten haben, in intime „innere" Bestandteile unseres Körpers. Selbst diejenigen, die Rosinen nicht mögen, haben zumindest eine probiert. Dreißig Minuten später haben sie die Gelegenheit ergriffen, um mit dem Thema Widerwillen in bezug auf diese Rosinen zu arbeiten. So drükken sie es aus. Einige sprechen offen darüber und fragen, ob sie diejenigen, die sie noch nicht gegessen haben, wegwerfen können. Andere sprechen über ihren Genuß, darüber, daß sie weitere Rosinen verzehren möchten und bekümmert waren, als die letzte Rosine verschwunden war. Diesen Geisteszuständen werden wir in den nächsten zwei Monaten noch häufiger begegnen.

Trotz allem, was heute morgen an die Oberfläche gekommen ist, sind wir immer noch Fremde, die zusammensitzen und irgendwie steif an den vier Wänden des Raumes aufgereiht sind. Ich möchte sichergehen, daß wir etwas darüber erfahren, wohin wir gehen, so daß ich mich dafür entscheide, noch einmal unsere Marschroute durchzugehen, auch wenn jeder hier im Raum bereits zu einem früheren Zeitpunkt ein persönliches Gespräch mit mir oder einem Kollegen geführt hat, bei dem das Programm im Detail erläutert wurde. Jetzt möchte ich nicht so sehr auf die Details eingehen, sondern vielmehr auf die Art, wie wir unsere Reise durchführen werden, und auf das dafür erforderliche Engagement. Häufig bitte ich, wenn ich das tue, jeden, die Entscheidung zu treffen, ob er wirklich hier sein möchte, und sage auch, daß, wenn das nicht der Fall ist, er oder sie gehen kann. Manchmal hat jemand dieses Angebot in Anspruch genommen. Heute sitzen wir schweigend da und das Lächeln auf den Gesichtern, das Kopfnicken und die Stille sagen: „Laßt uns beginnen." Wir beginnen, indem wir die Runde machen, so daß jeder Gelegenheit hat, seinen Namen zu sagen und uns ein wenig oder viel darüber zu sagen, warum er oder sie hier ist, und was er oder sie sich hier erhofft. Ich frage, ob jemand das Gefühl hat, als erster sprechen zu müssen, weil es die Hölle für ihn wäre, bis zuletzt zu warten. Einige lachen, weil sie genau wissen, was ich meine; eine Frau, die sagt, daß sie anfangen muß, beginnt zu sprechen.

Ich könnte Ihnen etwas über John erzählen, einen Chirurgen, bei dem vor einem halben Jahr eine Operation am offenen Herzen durchgeführt wurde, bei der eine defekte Herzklappe wieder in Ordnung gebracht wurde, und der sich jetzt damit auseinandersetzen muß, in seine Praxis zurückzukehren und gleichzeitig sein gewohntes, arbeitssüchtiges Verhalten, das ihn ein Leben lang begleitet hat, zu ändern. Oder über Dorothy, die Musiklehrerin an der High School ist und unter chronischer Halsentzündung leidet. Sie sagt von sich, daß sie immer nett ist, sich nie durchsetzt und sich die meiste Zeit über „ausgeblutet" fühlt. Aber heute möchte ich Ihnen lieber etwas über Marie erzählen, der Frau, die neben der Tür sitzt und geweint hat. Sie beginnt ihre Einführung mit einem Dementi und sagt, daß die Person, die wir vor uns sehen, nicht diejenige ist, die sie in Wirklichkeit ist. Ihre Worte bestätigen, wie sehr wir unser Leben verleugnen – wenn ich so und so werde; wenn ich nur wie sie wäre; als ich jung war; bevor das passiert ist – und wie wenig wir die Tatsachen unseres Lebens wahrhaben wollen und wie sehr wir uns von uns selbst abschneiden.

Marie sagt uns, daß ihr größter Wunsch darin bestünde, ihr Leben wieder in die Hand zu nehmen. Sie ist lange Zeit mit Leib und Seele Geschäftsfrau gewesen – sie war daran gewöhnt, Erfolg zu haben, die Dinge unter Kontrolle zu haben und sich um alles zu kümmern. Jetzt macht sie sich fast ständig große

Sorgen und leidet zudem häufiger unter akuten Panikanfällen. Überall wo sie hingeht, nimmt sie eine große Tasche mit, eine Art Überlebensausrüstung, in der sich Wasserflaschen, Schlüssel, Adreßbücher, eine Reihe von Arzneien, inspirative Lektüre und andere Dinge befinden. Die Tasche steht auf dem Fußboden ganz in ihrer Nähe. Sie erzählt uns halb weinend, halb lachend von dieser Tasche als einem nachvollziehbaren Weg, um ihre mißliche Lage zu beschreiben. Ich höre ihr zu, schaue in ihre Richtung und wünschte mir, ich könnte ihre Augen sehen. Aber wir kennen uns noch nicht lange genug, als daß ich sie darum bitten könnte. Ihre letzte Aussage trifft mich am stärksten: „Ich möchte mein Leben wieder in die Hand nehmen."

Dann herrscht eine Weile Stille zwischen uns und schließlich unterhalten wir uns kurz miteinander:

S.: Kannst du etwas darüber sagen, was es für dich bedeutet, „dein Leben wieder in die Hand zu nehmen"?

M.: Ich möchte so sein, wie ich war, bevor all das passiert ist. Ich möchte wieder so sein, wie ich früher war.

S. Glaubst du, daß du jemals wieder so sein kannst, wie du früher warst? Ich bin mir nicht sicher, ob das möglich ist. Ich bin mir nicht sicher, daß du das wirklich willst, selbst wenn du es könntest.

M.: Aber ich war früher so stark, so energiegeladen. Ich konnte mit jeder Art von Situation umgehen, und jetzt schau mich an. Ich bin in einem fürchterlichen Zustand. Ich brauche diese Tasche. Ich bin nicht hierhergefahren, sondern jemand hat mich gefahren. Ich mache Therapie. Ich weine viel – meine Augen sind ständig gerötet. Ich möchte, daß es mir besser geht.

S.: Als ich gesagt habe, daß ich mir nicht sicher bin, ob du jemals wieder so sein kannst, wie du früher warst, da habe ich nicht gemeint, daß es dir nicht, wie man so sagt, „wieder besser gehen kann" oder du wachsen kannst, sondern einfach, daß du dich verändert hast. Du hast uns gerade gesagt, daß du durch etwas hindurchgegangen bist, das dich verändert hat. Man kann nicht sagen, wie du in Zukunft sein wirst, aber wenn du die Erinnerung daran, wie du früher warst, über das stellst, zu dem du wirst, dann könnte es sein, daß du viele Möglichkeiten ausschließt. Kannst du spüren, was ich meine?

M.: Ich glaube ja.

Maries „ich glaube ja" ist sowohl von Erleichterung als auch von Bestürzung gekennzeichnet. Erleichterung, die aus Möglichkeiten und Hoffnung entsteht, Bestürzung, die sich aus der beunruhigenden Erkenntnis ergibt, daß sie sich tatsächlich auf einer Reise befindet, deren Bestimmung nicht länger offensichtlich bzw. gut ausgeschildert ist.

An diesem ersten Tag des Kurses scheint Marie für viele von uns im Raum zu sprechen. Jeder von uns möchte „Leben zurückgewinnen". Aber was meinen wir damit? Wie können wir überhaupt etwas anderes tun, als unser eigenes Leben zu leben? Vielleicht wollte uns Marie eigentlich sagen, daß sie wacher und lebendiger für die Art und Weise sein möchte, wie sie ihr Leben führt. Vielleicht hat sie dazu ‚ja' gesagt, als sie gefragt wurde, ob sie bereit sei, das Flugzeug zu besteigen und die Reise zu beginnen. Man kann nicht sagen, wohin dieses Bejahen für Marie oder uns andere führen wird. Nur die Zeit wird es an den Tag bringen. Im wesentlichen ist das einzige, was wir im jetzigen Moment tun können, uns in die Möglichkeit hineinzubegeben, mit der fortlaufenden Herausforderung zu arbeiten, die in Angeles Arriens Einladung enthalten ist:

Nimm teil.
Sei aufmerksam.
Sage die Wahrheit, ohne zu urteilen oder Schuld zuzuweisen.
Sei nicht auf ein Ergebnis fixiert.

Präsent sein

Wende Deinen Blick nicht ab.

In diesem einen Satz wird ein wesentlicher Bestandteil der Achtsamkeitspraxis vermittelt. Die Worte bitten uns einfach, präsent zu sein. Tief in das hineinzuschauen, was auch immer sich vor uns befindet; auch auf das zu schauen, auf das wir lieber nicht schauen würden. Sonst nichts. Für die Gesundheit des Einzelnen und den Heilberuf – zwei eng miteinander verbundene Bereiche – ist die Achtsamkeit, das heißt, unsere Fähigkeit, in jedem Moment aufmerksam zu sein, ein Verbündeter, der uns jederzeit zur Verfügung steht. Für diejenigen, die unter Schmerzen leiden, gehört eine solch bedachtsame Aufmerksamkeit ebenso zu einem der lebendigsten Elemente des Heilungsprozesses, wie für diejenigen, deren Aufgabe darin besteht, sie zu lindern. Wer im Gesundheitswesen tätig ist, sieht sich täglich sozusagen von Angesicht zu Angesicht mit der „verbundenen Stelle" konfrontiert. Normalerweise tarnt sie sich in der Gestalt eines anderen Menschen. Dennoch scheint es häufig so, als ob all diejenigen, die wir Patienten nennen, einen leeren Spiegel mitgebracht hätten und ihn vor uns verborgen hielten, nur um ihn uns dann vor die Nase zu halten. Wenn wir dann einen Blick auf „ihre" zerrissenen und verwundeten Stellen werfen, dann blicken wir, ohne daß wir dies im geringsten erwartet hätten, unserem eigenen Spiegelbild ins Gesicht. Wenn wir uns als Patienten mit Krankheit und dem Unerwarteten konfrontiert sehen und ohne gefragt zu werden, als letztes Glied einer Kette bedeutsame Vorschläge für die Gestaltung unseres zukünftigen Lebens von Ärzten oder Angehörigen anderer Heilberufe passiv entgegennehmen, dann passiert es leicht, daß wir uns von uns selbst abwenden, jegliches Gefühl für unsere Richtung verlieren und nicht länger auf unsere angeborene Weisheit und unsere Intuition hinsichtlich des vor uns liegenden Weges vertrauen.

Wenn wir jedoch in solchen Momenten lernen, innezuhalten und präsent zu sein, dann haben wir die Chance, viel zu lernen. Egal, welche Rolle wir ausfüllen, in jenen Momenten scheint so viel auf dem Spiel zu stehen; ein so großer Teil unserer Identität fällt dem Verlust, der Unsicherheit oder Verdrängung anheim. Und so wenden wir uns häufig ohne großen Aufhebens ab. Das ist für uns zu einer normalen Gewohnheit geworden. Sie ist auch verständlich, denn niemand von uns möchte sich verletzen lassen. Da jedoch diese Neigung so allgegenwärtig ist, ist unsere Intention, unser ständig sich erneuerndes Gelübde, in unserem sich entfaltenden Leben Präsenz in vollstem Umfang zu üben, eine überaus große Ressource. Meine eigene Erfahrung hat mir gezeigt, daß die

Bereitschaft, innezuhalten und präsent zu sein, dazu führt, daß wir mit größerer Klarheit und Direktheit Umstände und Vorfälle sehen und uns auf sie beziehen können. Aus dieser Direktheit heraus scheint sich ein tieferes Verständnis bzw. eine tiefere Einsicht in das Leben zu ergeben, das sich in uns und vor uns auftut. Eine solche Einsicht gibt uns die Möglichkeit, Verhaltensweisen zu wählen, die hauptsächlich durch die Situation und nicht durch Angst, Gewohnheiten oder langes Training geprägt sind.

Kraft seines Menschseins weiß jeder von uns sehr genau, was es bedeutet, nicht präsent zu sein. Aus diesem Grunde gewinnen wir einen kraftvollen Verbündeten, wenn wir diese Abwesenheit spüren und uns tiefer auf sie einlassen. Darum geht es bei der Achtsamkeitspraxis. Jeder Moment, in dem uns bewußt wir, daß wir für uns selbst oder einen anderen Menschen nicht mehr präsent sind, ist paradoxerweise ein Moment der Präsenz. Wenn wir bereit sind, die Gesamtheit unseres Lebens als Praxis anzusehen, dann bringen uns unsere Bewußtheit für die Momente, in denen wir nicht präsent sind und unsere Intention aufzuwachen, in die Gegenwart zurück. Da wir einen starken Hang zur Abwesenheit haben, bieten sich uns reichlich Gelegenheiten, um Präsenz zu üben.

Praxis

Sich dem Atem zuwenden

Experimentieren Sie im Laufe der Woche damit, Ihren Atemfluß wahrzunehmen. Nehmen Sie wahr, daß es möglich ist, mit diesem ständig vorhandenen Rhythmus bei Ihren alltäglichen Aktivitäten in Kontakt zu kommen – beim Duschen, Wäschefalten, Geschirrspülen, wenn Sie mit Ihren Kindern spielen oder einen Bericht schreiben, wenn Sie zum Arzt gehen oder Patienten behandeln, wenn Sie mit Freunden und Kollegen sprechen oder vor Ihrem Computer sitzen – all das sind Gelegenheiten, um Achtsamkeit zu üben. In ähnlicher Weise bieten sich auch Gelegenheiten innezuhalten, hinzuschauen und mit Ihrem Leben eng verbunden zu bleiben, wenn Sie den Müll nach draußen tragen, in Ihr Auto steigen oder es verlassen, oder wenn Sie Ihr Mittagessen verzehren.

Sich nach innen wenden

In unserer modernen Welt ist immer angenommen worden ..., daß für die Selbstwahrnehmung nichts anderes notwendig ist, als daß der Mensch „nach innen schaut". Niemand stellt sich je vor, daß die Selbstwahrnehmung eine Fertigkeit sein könnte, die sehr viel Disziplin und ein längeres Training erfordert als jede andere uns bekannte Fertigkeit ... Im Gegensatz dazu könnte man sehr wohl sagen, daß das Herzstück der psychologischen Disziplinen des Osten und der antiken westlichen Welt darin besteht, das Selbststudium zu üben.

JACOB NEEDLEMAN
MODERNE WISSENSCHAFTEN UND ALTE WAHRHEITEN

In den sozialen Berufen ist der Begriff Praxis ein übergeordneter Begriff, um die eigene Tätigkeit zu beschreiben, wenn man zum Beispiel davon spricht, daß jemand als Rechtsanwalt oder Mediziner praktiziert. Häufig wird damit auch eine Aussage über das spezifische Wesen eines Berufes gemacht und über die Beziehung, die diese Menschen zu denjenigen haben, denen sie dienen. Psychotherapeuten sagen häufig, daß sie eine „Privatpraxis" haben. Damit meinen sie, daß sie mit Psychotherapie ihren Lebensunterhalt verdienen. Ärzte sprechen in derselben Weise von ihrer Praxis und beziehen in diese Definition noch ihr jeweiliges Fachgebiet, wie zum Beispiel Rheumatologie, Allgemeinmedizin oder Neurologie ein.

Seltsamerweise bezeichnet der Begriff Praxis, wenn wir unsere modernen Tätigkeiten beschreiben, fast immer eine nach außen gerichtete Aktivität, die von einem Menschen für einen anderen oder im Namen eines anderen durchgeführt wird. Fast nirgendwo in unserem modernen Sprachgebrauch weist die Verwendung des Begriffes Praxis darauf hin, daß wir für unseren Beruf nicht nur Wissen erwerben müssen, sondern außerdem noch aufgerufen sind, uns aktiv und fortwährend darum zu bemühen, innere Arbeit zu leisten, wenn wir uns unserem Beruf hingebungsvoll widmen möchten. Liegt das einfach daran, daß wir die Untrennbarkeit dieser miteinander verbundenen Aspekte als selbstverständlich hinnehmen, oder ist in unserem Gebrauch des Begriffes Praxis etwas verlorengegangen? Eine der Kursteilnehmerinnen in der Klinik hat die Abwesenheit dieser inneren Dimension von Praxis beobachtet, als sie über ihren Arzt sagte: „Er ist ein sehr guter Arzt. Er versteht seinen Beruf, aber sein Verhalten bei den Visiten ist furchtbar." Angehörige der Heilberufe könnten darauf hinweisen, daß sie dieselbe Abwesenheit von Praxis spüren, wenn sie nach besten Kräften im Dienste derjenigen arbeiten, die ihrer Hilfe bedürfen, aber dann feststellen müssen, daß diese Menschen nur eine sehr geringe Motivation mitbringen, aktiv an der Wiederherstellung ihrer Gesundheit mitzuarbeiten; daß sie nicht bereit sind, sich mit ganzem Herzen für die „Praxis“ zu engagieren, Patient zu sein.

Erst neulich habe ich sowohl diese Abwesenheit von Engagement als auch ihre Entstehung beobachtet. Ich leitete gerade eine Diskussion mit einer Gruppe von Medizinstudenten im ersten Semester und diese sprachen über ihre ersten Erfahrungen damit, eine Leiche zu sezieren und ihre Vorgefühle, wenn sie das sie vor ihren Emotionen schützende Leichentuch entfernen müssen, welches das Gesicht von jemandem bedeckte, der in den letzten Wochen im Anatomielabor im wesentlichen ein Bein, ein Brustkorb oder ein Unterbauch gewesen war.

Die meiste Zeit sprachen sie über ihre Erfahrungen mit klarer, fester Stimme – mit der kühlen, sich langsam herausbildenden Stimme ihres zukünftigen Berufes. Ihre Kommentare und sorgenvollen Erwartungen angesichts der Tatsache, daß sie in diese Augen schauen und den Schädel würden öffnen müssen – diese nähere Begegnung mit dem Tod, selbst wenn er sich in Form von noch erhaltenem Fleisch zeigte – begann, ihr Verhalten zu verändern. Die Flut von Assoziationen über älter werdende Eltern und Großeltern; Patienten, die sie auf der Intensivstation gesehen hatten und die wie Leichen aussahen, deren Brustkorb sich jedoch noch bewegte und lebendig war, oder das überwältigende Gefühl von Ehrfurcht und Mysterium, das durch die nahe Konfrontation mit dem geöffneten Körper hervorgerufen wurde, veränderte den Klang ihrer Stimme. Derartige Erlebnisse ließen den Atem schneller oder langsamer gehen und brachten vorher nie dagewesene Klänge hervor, ließen ihre Augen feucht und ruhelos werden und führten uns alle in die Praxis hinein – wir begannen, uns nach innen zu wenden, hin zu der kaum ausgesprochenen Realität unserer eigenen Sterblichkeit und erlaubten es uns, mit anderen Ohren dem Zittern und den Schockwellen zu lauschen, die tief in unserem Körper als Reaktion auf das zu spüren waren, was außerhalb der persönlichen Hülle unserer Haut zu passieren schien.

Niemand, der an jenem Nachmittag den Raum verließ, fühlte sich durch seine emotionalen Schmerzen gelähmt. Natürlich würden die Studenten ins Labor zurückgehen, um mit ihrer Suche fortzufahren. Und vielleicht, aber nur vielleicht, würden sie sich in den unendlichen Raum hineinbegeben, in dem die Beschäftigung mit biomedizinischen Geheimnissen zu Hause ist, ohne sich vorzeitig vom Puls und dem überbordenden Geheimnis ihrer Seele abzuschneiden. Sich aus nächster Nähe mit diesem sich offenbarenden Bereich der Praxis zu beschäftigen, würde sie als Menschen erfüllen – und sie auch zu guten Ärzten machen. Egal, worin unsere Arbeit oder unsere Rolle besteht, das gilt für jeden in gleichem Maße.

Praxis

Meditation zur Bewußtwerdung des Atems

Die Meditationspraxis erfordert ein diszipliniertes, ausdauerndes Bemühen. Dennoch geht es bei der Achtsamkeitsmeditation im wesentlichen um Fürsorge, um die Bereitschaft, unserem Unbehagen und unserem Schmerz aus nächster Nähe zu begegnen, ohne zu urteilen, Ehrgeiz zu entwickeln, zu manipulieren oder etwas vorzuspiegeln. Diese sanfte, offene, von Vorurteilslosigkeit geprägte Herangehensweise ist sowohl unerbittlich als auch gnädig und sie verlangt mehr von uns, als wir je gedacht hätten. Damit wir auf solche Weise praktizieren können, dient uns die Bewußtwerdung des Atems als wirksames und ständig verfügbares Mittel, um Präsenz zu üben.

Finden Sie einen bequemen Platz zum Sitzen. Setzen Sie sich entweder auf den Boden oder auf einen Stuhl mit gerader Lehne. Wenn Sie sich entscheiden, auf einem Stuhl zu sitzen, dann schauen Sie, ob Sie sich aus eigener Kraft gerade halten können, ohne sich anzulehnen (es sei denn, Sie haben Rückenschmerzen); setzen Sie sich aufrecht, aber dennoch bequem hin, stellen Sie Ihre Füße fest auf den Boden, und halten Sie Knie und Füße etwa hüftweit auseinander. Finden Sie auch eine bequeme Position für Ihre Hände. Lassen Sie sie bequem in Ihrem Schoß ruhen und versuchen Sie, die Hände entweder zu falten oder die Handflächen nach oben oder nach unten zu drehen. Wenn Sie auf dem Boden sitzen, dann kann es hilfreich sein, sich ein oder zwei Kissen unter das Gesäß zu schieben. Dadurch wird Ihr Becken nach vorne gekippt, und Ihre Knie können leichter den Boden berühren und Ihnen eine starke und solide Basis zum Sitzen bieten. Finden Sie in ähnlicher Weise auch einen bequemen Platz für Ihre Hände.

Nun haben Sie Ihre Position gefunden.

Erlauben Sie es sich jetzt einfach, mit dem Gefühl des aufrechten, soliden und würdevollen Sitzens zu sein, ohne irgendwelchen falschen Ehrgeiz ... richten Sie sich in Ihrer Position ein, werden Sie sich Ihres Atemflusses bewußt, spüren Sie den Rhythmus des Ein- und Ausatmens und das Gefühl, wie der Atem in den Körper hineinkommt und ihn wieder verläßt. Werden Sie sich des Hebens und Senkens der Bauchdecke bewußt oder des Gefühls Ihres Atems in den Nasenflügeln bzw. des Gefühls für Ihren gesamten Atem, wie er ein- und ausströmt. Anstatt über den Atem nachzudenken, erlauben Sie es sich, den Atem zu fühlen – die tatsächlichen physischen Empfindungen des Atems – wie er ein- und ausströmt. Es gibt nichts, wo Sie hingelangen müßten, es gibt nichts zu verändern. Seien Sie sich einfach des Atems in Ihrem Körper bewußt, des Kommens und Gehens, des Ein und Aus. Jedesmal, wenn Sie bemerken, daß Ihr Geist sich vom Bewußtsein des Atems entfernt hat, kehren Sie sanft und entschieden zum Gefühl des Atems und zu der Welle von Ein- und Ausatmung zurück.

Es kann sein, daß Sie in den nächsten fünf Minuten fünfzigmal mit Ihrem Geist weggehen werden. Das ist normal. Kehren Sie trotzdem jedesmal, wenn Sie bemerken, daß Ihr Geist gewandert ist, sanft und entschieden zum Gefühl des Atems zurück. Es besteht keine Notwendigkeit, daß Sie sich dafür tadeln oder an dem festhalten, was den Geist beschäftigt hat. Atmen Sie. Auf den Wellen von Ein- und Ausatmung surfen... Nur dieser Atemzug ... und dieser Atemzug ... und dieser Atemzug. Einfach im Fluß des Atems ruhen. Durch das Bewußtsein für den Atem nach Hause kommen, zu Ihrer Ganzheit, Ihrer Vollständigkeit zurückkehren. Genau jetzt, genau jetzt.

Versuchen Sie, im Laufe der nächsten Woche mehrmals fünf bis dreißig Minuten lang mit dieser Praxis zu arbeiten. Wenn Sie möchten, dann versuchen Sie allmählich die Zeit auszudehnen, die Sie der „formellen" Achtsamkeitspraxis widmen.

Spiegel

Er saß zu meiner Linken und sprach als Neunter. Auf der Kante seines Stuhls sitzend und seinen Platz unter uns dreißig Teilnehmern einnehmend, sagte er uns, daß er vor drei Monaten durch einen Herzanfall gestoppt worden war. Er hatte im Baugewerbe gearbeitet und war gezwungen gewesen, sich mit fünfundfünfzig Jahren pensionieren zu lassen. Er war etwa 1,67 m groß und wog ca. 77 Kilo. Stark und hager. Ein großer Block von einem Mann.

„Mein Name ist Chuck". Seine Stimme wurde lauter. „Ich weiß nicht, warum ich hier bin! Meine Frau hat mich hierher geschickt! Mein Arzt hat mich hierher geschickt! Meine Kinder haben mich hierher geschickt!"

Noch lauter. Er lehnt sich nach vorne und schreit fast: „Und außerdem, ich möchte nur mit den Frauen hier im Raum sprechen!"

Die Atmosphäre im Raum veränderte sich. Fast unmerklich rückten die Männer weit hinten auf ihren Stuhl zurück; im Einklang damit rückten die Frauen nach vorne, sie setzten sich aufrecht hin und wurden sehr wach. Mit einem unfehlbaren Gefühl für den richtigen Zeitpunkt fuhr Chuck mit seiner Geschichte fort und wurde dabei immer lauter. „Also, meine Frau und ich waren in der Stadt mit dem Auto unterwegs, und irgend so ein Typ stellte sich mit seinem Auto vor uns und fing an, sie zu beschimpfen. Also stieg ich aus meinem Auto aus, um ihm eins in die Fresse zu hauen und sie schrie: „Komm zurück in den Wagen." Also ging ich wieder zurück ins Auto und fühlte mich etwa so klein." (Er zeigte uns einen winzigen Abstand zwischen Daumen und Zeigefinger.) Er endete mit einem Ausbruch: „Also, was ist verkehrt daran, wenn ich mich ein bißchen darüber aufrege?"

Im Raum herrschte eine Stille, die eine Ewigkeit anzudauern schien. Vielleicht vergingen zehn oder fünfzehn Sekunden, dann sagte eine sehr mutige Frau rechts von mir: „Und Sie wissen nicht, warum Sie hier sind?" Befangenes Gelächter durchschnitt die zunehmende Dichte im Raum, gefolgt von einem ungemütlichen Schweigen.

Wenn die Geschichte hier geendet hätte, dann wäre sie einfach eine komische und ironische Geschichte gewesen. Aber das tat sie nicht. In jenem Moment, als Chuck immer noch auf der Kante seines Stuhls saß – mit tiefrotem Kopf, geballten Fäusten, angespanntem Nacken und einem heftigen Zittern, das an dasjenige einer angeschlagenen Violinenseite erinnerte, nicht lächelnd, sondern einfach irgendwo ins Nichts schauend – da stand ich von meinem Stuhl auf, ging langsam auf ihn zu und fragte: „Chuck, vor wie langer Zeit ist das passiert?" Von dem Ort zurückgeholt, wohin er abgedriftet war, schaute er vorübergehend in meine Richtung, hob den Zeigefinger seiner rechten Hand, beschrieb einen langen, lässigen Bogen, den jeder sehen sollte und sagte: „Vor einem Jahr." Einigen Leuten verschlug es den Atem. Die meisten blieben still.

Ich hätte daraufhin vom „Festhalten" sprechen können oder über unsere Fähigkeit „loszulassen". Das wäre ein schwerer Fehler gewesen. Chuck sagte alles mit weitaus mehr Gewandtheit, als ich es vermocht hätte. Nach der Gruppe sprachen wir miteinander und er machte ohne jede Spur von Groll oder Kritik deutlich, daß er nichts mit Meditation oder der Stress-Reduction-Clinic zu tun haben wollte. Einige Leute standen um uns herum und hörten unserer Unterhaltung zu. Chuck sprach offen und ihm schien das nichts auszumachen. Mein Gefühl war, daß die anderen dadurch, daß sie in den Spiegel seiner Entscheidung, aus dem Programm auszusteigen, schauten, gezwungen waren, über ihre eigene Entscheidung nachzudenken. Das sind Spiegel – sie spiegeln uns genau das wider, was ist, ohne eine Gegenleistung zu erbitten.

Praxis

Sich der Qualität des Atems zuwenden

Wenn Sie eine größere Vertrautheit mit dem Atem bekommen haben, dann versuchen Sie, Ihre Aufmerksamkeit auf die Qualität des Atems zu lenken, wenn Sie einen Gang entlanggehen, mit einem Kollegen, Patienten oder Arzt sprechen, wenn Sie Notizen diktieren oder in Ihrem Garten sitzen. Nehmen Sie wahr, zu welchen Zeiten der Atem lang bzw. kurz ist, wann er rauh, ungleichmäßig, fein, leicht oder fast nicht spürbar ist. Richten Sie Ihre Aufmerksamkeit insbesondere auf körperliche Empfindungen, während Sie gleichzeitig weiterhin den Fluß und die Qualität des Atems beobachten, denn daraus können Sie viel lernen. Nehmen Sie körperliche Empfindungen wie Angespanntheit, Schwere, Müdigkeit, Leichtigkeit, Schmerz, Durchlässigkeit, Temperatur einfach wahr, ohne sie zu analysieren, während Sie in den Spiegel Ihres eigenen Lebens hineinschauen.

Herz

In unserer Zeit erleben wir auf tausend und einerlei Weise, wie das menschliche Herz ausgehungert wird und unter Mangel leidet. Mit Herz meine ich jenen Teil von uns, der tiefe Gefühle hat, der Verbindung über die Grenzen von Zeit, Raum und linearem Denken hinaus erfährt. Jener Teil von uns, der sich – bevor das Denken einsetzt – von Schönheit bewegen läßt. Jener Begleiter, der unter der Einsamkeit der Trennung leidet, die wir in unserem täglichen Leben so häufig empfinden. Jene Süße, die sich nach wortloser Stille und Schweigen sehnt und diese vollkommen versteht. Jene Lebendigkeit, die sich spontan in der universellen Sprache ausdrückt, die wir Liebe nennen.

Das menschliche Herz hat zwei Pole. Es ist ein großes, ungeheuer sensibles Gefäß, ein Organ zum Zuhören, mit dem wir weitaus mehr wahrnehmen können als mit dem Ohr. Und darüber hinaus ist es eine Quelle unbegrenzten Strahlens, die fähig ist, alles Gefühlte in warmherzige Tränen, Sonnenlicht und Lachen zu verwandeln.

Allzu lange haben wir uns von dieser Wahrheit entfernt. Die inneren Ratgeber haben wir in die Wüste geschickt. Der lineare, ständig abschweifende Geist ist aus seiner Verankerung – seinem rechtmäßigen Platz – gerissen worden. Wir haben ein Boot gebaut und es mit dem Meer verwechselt. Trotzdem sitzen wir alle im gleichen Boot, egal ob wir nun das Etikett Patient oder Arzt tragen. Wir dürsten nach demselben lebendigen Wasser. Vielleicht besteht unsere wirkliche Arbeit darin, dieses Erwachen in uns bewußt zu pflegen. Wenn das der Fall ist, dann wird uns diese Arbeit alles kosten. Sie ist heftig und kompromißlos. Mit Sicherheit geschieht das nicht dadurch, daß wir irgend jemandem etwas aufzwingen – uns selbst eingeschlossen –, sondern vielmehr dadurch, daß wir es uns selbst erlauben, uns so tief berühren zu lassen, daß unsere Herzen aufgebrochen werden und uns so stark verändern, daß wir nicht mehr wiederzuerkennen sind.

Der kleine Rubin, den jeder will, ist auf die Straße gefallen.
Einige glauben, er befindet sich im Osten, andere im Westen.

Einige sagen, „unter frühgeschichtlichen Felsbrocken“, andere „im tiefen Wasser“.

Kabirs Instinkt sagte ihm, er befinde sich im Inneren
und sei von großem Wert,
und so wickelte er ihn vorsichtig in sein Herztuch ein.

KABIR
THE KABIR BOOK

Praxis

Sich um den kleinen Rubin kümmern

Viele Menschen können sich leichter mit diesem inneren Juwel verbinden, wenn sie an ein Wesen denken, das ihnen sehr am Herzen liegt. Das kann ein Mensch oder ein Tier sein. Manchmal kann die Erinnerung an einen Vorfall, bei dem jemand, den man liebt, verletzt wurde oder Schmerzen erlitten hat, Wellen von Mitgefühl und Sorge auslösen. Manchmal ist es so, daß wir uns mit dem Leben des Herzens verbinden, wenn wir mit dem Gefühl Kontakt aufnehmen, daß man sich um uns sorgt und uns liebt. Auf diese Weise wird das Leben des Herzens offenbar. Sich ganz bewußt solche Vorfälle von Zeit zu Zeit ins Gedächtnis zu rufen, kann Ihnen – wenn sich Rationalität und Unglauben in Ihnen ausbreiten – dabei helfen, die Wahrheit Ihres eigenen zarten, offenen Herzens zu spüren. Wenn Sie sich selbst die Chance geben, damit zu arbeiten, dann wird sich Ihr innerer Rubin in dieser Arbeit widerspiegeln. Was haben Sie zu verlieren? Was könnten Sie lernen, wenn Sie sich einfach für diese Möglichkeit öffnen?

Sich in das Leben des Herzens hineinbegeben

Geben Sie sich jetzt und im Laufe der nächsten Tage die Gelegenheit, innezuhalten und sich mit dem „kleinen Rubin“ in Ihnen zu verbinden. Besonders in Momenten von Traurigkeit, Trennung, Intimität oder Freude können Sie beginnen, dem Gewebe Ihres „Herztuches“ Aufmerksamkeit zu schenken, das in den Empfindungen in Ihrem Brustbereich zum Ausdruck kommt. Geben Sie sich selbst, ohne zu urteilen, den Raum, die Präsenz dieses inneren Juwels zu fühlen. Haben Sie Geduld. Dieser Rubin kann abgeschirmt oder vorübergehend verdunkelt sein; dennoch ist er unnachgiebig, unzerstörbar und immer verfügbar.

Erinnern Sie sich daran, daß wir lernen, ohne Selbstverurteilung und abschweifende Analysen aufmerksam zu sein. Sie könnten es auch so ausdrücken, daß wir „den roten Teppich ausrollen“ und das, was immer uns im Feld unseres Herzens begegnet, willkommen heißen, unabhängig davon, ob wir es mögen oder nicht. Uns selbst solch nahe und fürsorgliche Aufmerksamkeit zukommen zu lassen, ist schon für sich genommen befreiend.

Medizin-Sangha

Nachdem am ersten Tag des Kurses jeder Einzelne darüber gesprochen hatte, was ihn oder sie in die Klinik gebracht hatte und allen anderen ihren Geschichten zugehört hatten, nahm auch ich mir die Freiheit zu sprechen. Meistens tue ich das nicht, denn in meiner Rolle als Leiter spreche ich genug. Manchmal werde ich es leid, meine eigene Stimme zu hören. Meistens möchte ich die Neigung von Menschen, mich auf ein Podest zu stellen oder mich zur Autorität ihrer Erfahrung zu machen, möglichst wenig unterstützen – besonders dann, wenn ich meine Rolle als Arzt ausübe. Jeder von uns muß zu der Erkenntnis gelangen, daß er Autor seines eigenen Lebens ist und auf dem soliden Boden seiner eigenen Erfahrungen stehen muß. Diese Arbeit findet gewöhnlich alleine statt.

Aber heute ist es anders. Heute fühle ich mich dazu bewegt, persönlich und intim mit diesen Menschen zu sprechen, die ich noch nicht kenne, ihnen etwas über meinen momentanen Kummer zu erzählen. Im Moment liegt meine Mutter im Sterben. Sie hat sich schon mehrere Wochen lang auf den Tod zubewegt. Sie weiß das und hat beschlossen, mit voller Absicht diesen unbekannten Weg zu beschreiten.

Meine Schwester und ich waren bei ihr, als sie ihre Entscheidung abgewägt hat. Sie hat ihrem Arzt harte, rasiermesserscharfe Fragen gestellt, genau beobachtet und mit großem Interesse seinen Antworten zugehört. „Wieviel Zeit werde ich mit noch mehr Bestrahlung und Chemotherapie noch haben? Wie wird meine Lebensqualität dann aussehen? Wie lange werde ich ohne weitere Behandlungen noch leben? Wie wird mein Leben aussehen, wenn ich die Behandlung nicht fortsetze?“ Das war vor drei Tagen.

In jenen Momenten saß ihr Arzt nah bei ihr, er sprach zögerlich, zunächst ausweichend und dann ganz direkt. Er war, wie wir übrigen auch, am Kämpfen, leistete zunächst seinem inneren Wissen hinsichtlich der Entscheidung, die sie treffen würde, Widerstand und sprach immer wieder von der Möglichkeit weiterer Behandlungen. Er bat sie, ihm noch detaillierter zu erklären, wo sie stand und warum, und dann schließlich... schließlich fügte er sich in ein kaum hörbares, geflüstertes: „Rose, ich verstehe.“ Und damit schaute meine Mutter jeden von uns an und erklärte, aufrecht im Bett sitzend, sich selbst, uns anderen und der Welt: „Ich will keine Behandlung mehr. Ich möchte wenigstens für kurze Zeit wie ein normaler Mensch leben. Nach Hause gehen, mit meiner Familie und meinen Freunden zusammen sein, ausgehen und spazierengehen, eine schöne Mahlzeit genießen und noch einmal nach Massachusetts fahren.“

Jetzt ist dieser ganze Moment, mein schrittweises Anerkennen ihrer Wahrheit, in mir lebendig. Es kommt in Wellen, bewegt sich in mir und formt die Umrisse meines Herzens neu. Und ich sehe, daß alles, was aus meinem Munde kommt, durch die Brust geht – durch diese pulsierende Wirklichkeit hindurch. So ist das. Weil wir in den nächsten acht Wochen zusammen sein werden und ich vielleicht jeden Moment den Unterricht verlassen muß, entscheide ich, daß es richtig ist, daß alle dies wissen, ganz offen.

In der Mitteilung liegt nichts Melodramatisches. Im Zuhören nichts Mitleidiges. Die Leute sagen sehr viel mit ihren Augen. Einige bringen zum Ausdruck, daß es ihnen leid tut; andere äußern ihre Dankbarkeit. Ich habe nicht das Gefühl, daß ich irgendein berufliches Tabu breche, daß ich kraft meiner Position implizit die Bühne für mich beanspruche, mich unangemessen „offenbare" oder impliziere, daß die Dinge, durch die sie hindurchgehen, egal, was sie sind, im Lichte meiner Situation verblassen. Im Gegenteil, ich bemerke, daß die Unmittelbarkeit von Leben und herannahendem Tod uns rasch über den Bereich des Persönlichen hinaus zu einem gemeinsamen, universellen Wissen hintragen. Das ist spürbar. Es äußert sich in einer Art unerträglicher Erleichterung, einer Erleichterung, die aus dem Benennen und nicht aus dem Verleugnen entstanden ist.

Ein kraftvoll gebauter Mann, ein Sicherheitsbeamter, der jetzt von diesem Bereich angezogen worden ist, reflektiert noch einmal die Gründe, warum er hier ist und sagt noch viel mehr. Sein Gesicht ist gerötet und von Schweißperlen bedeckt. Er trägt seine Uniform nicht, aber wenn er es täte, wäre sie durchnäßt. Sein Gewehr würde rosten, denn so wie ich befindet er sich in einem Meer von Trauer. Vor kurzem hat er uns gesagt, er sei hier, um „Streß und Sorgen zu reduzieren". Jetzt sagt er uns, daß er sich um seine Mutter kümmert, die gerade an Krebs stirbt; daß ihre zunehmende Schwäche, ihre Phasen akuten Schmerzes und sein Gefühl von Hilflosigkeit und Nichtwissen die Hauptursache für seine sich verstärkenden, scheinbar unkontrollierbaren Ängste seien. Er steckt bis zum Hals darin, taucht nach unten ab und stellt fest, daß er, während er darüber spricht, beginnen kann, in diesem dunklen, unbekannten Gewässer zu leben.

In der darauffolgenden Stille werden wir alle an einen unendlich weiten, grenzenlosen Ort mitgerissen, der mit dunklen Wäldern, tiefen Tümpeln, offenen Feldern und Mondlicht angefüllt ist. Hier an diesem Ort enthüllt sich die Arbeit, die wir zusammen tun. Einige Menschen sprechen voller Dankbarkeit darüber, wie sie in der Lage waren, in irgendeiner Form am Leben und Sterben ihrer Eltern teilzuhaben. Andere sagen, daß sie nie zuvor in einem Krankenhaus so mit einem Arzt gesprochen hätten. Nach ein paar Minuten machen wir weiter. Wir verzehren zusammen Rosinen, fühlen den allgegenwärtigen, ständig wechselnden Atem im Bauch und beginnen, genau auf unseren Körper zu hören, der in der Stille des Lichts mitten am Morgen auf dem Boden liegt.

Dreißig Fremde. Dreißig verschiedene Gründe, um hier zu sein. Dennoch fühlen wir uns bei all unseren Unterschieden durch eine gemeinsame Intention voneinander angezogen. Die Intention besteht darin zu lernen, uns um uns selbst zu kümmern und Lebendigkeit in unserem Leben zuzulassen; tief in unser Leben hineinzuschauen und das gemeinsam zu tun. Auf diesem Weg werden wir tatsächlich zu Gefährten. Im Osten nennt man diese bewußte Kameradschaft *sangha.* In der Medizin stellt dieser Weg eine Neuerung dar.

Als wir heute auseinandergehen, haben wir uns nicht darauf beschränkt, gegenseitig unseren Geschichten zuzuhören. Ich habe keine Ratschläge gegeben und darum gebeten, daß sich jeder des Impulses enthalten solle, offensichtliches Leiden zu glätten oder zu versuchen, es direkt wieder in Ordnung zu bringen. Statt dessen haben wir begonnen, etwas über die Praxis zu lernen, darüber, wie wir uns langsam und dennoch voller Absicht in die Welt, so wie sie ist, hineinbegeben können. In den nächsten sechs Tagen werden wir keine gemeinsame Gruppe haben. Jeder von uns wird für sich sein, sich um Kinder, Eltern oder Großeltern kümmern, kochen, saubermachen, zur Arbeit gehen, zum Arzt gehen, Lebensmittel einkaufen. Einfach nur unser Leben leben mit der zusätzlichen Verpflichtung, fünfundvierzig Minuten unseres ohnehin schon geschäftigen Tages zum Meditieren zu reservieren. Wir bezeichnen das als die formelle Praxis. Sie ist nicht leicht und soll es auch nicht sein.

Auf diese Weise verwirklichen wir den Geist der *sangha.* Jeder von uns verpflichtet sich in seinem eigenen Ausmaß dazu, sein eigenes Gewicht zu tragen, mit Würde zu gehen, unsere gegenseitige Abhängigkeit zu erkennen und dennoch zu wissen, daß jeder von uns auch seine individuelle Arbeit tun muß. Es ist nicht die Arbeit von jemand anderem. Wenn wir unsere Arbeit tun, dann geben wir einer starken inneren Quelle Nahrung, die uns alle unterstützen kann, die sich auf diesen Weg begeben haben.

Meine Mutter ist in der vierten Kurswoche gestorben. Ich habe mich durch die Warmherzigkeit, die mir die Patienten oft schweigend entgegengebracht haben, tief genährt gefühlt, so als ob ich ihr Patient wäre. Wir waren Ärzte füreinander, jeder auf seine eigene ihm vorgegebene Weise. Zwei Wochen bevor meine Mutter starb, hat mir eine Teilnehmerin namens Lauren dieses Gedicht von Mary Oliver gegeben. Es hat mir geholfen.

IN DEN WÄLDERN VON BLACKWATER

Schau, die Bäume
verwandeln
ihre Körper
in Säulen

des Lichts,
sie versprühen den reichen
Duft von Zimt
und Erfüllung,

die langen Spitzen
der Katzenschwänze
zerbrechen und schweben hinweg über
die blauen Schultern

der Teiche,
und jeder Teich,
egal, wie er
heißt, ist

jetzt namenlos.
Jedes Jahr
führt alles,
was ich je gelernt habe

in meinem Leben,
auf folgendes zurück: Das Feuer
und der schwarze Fluß des Verlustes,
dessen andere Seite

die Rettung ist,
deren Bedeutung
niemand von uns je kennen wird.
Um in dieser Welt zu leben,

mußt du in der Lage sein,
drei Dinge zu tun:
Das zu lieben, was sterblich ist;
es zu halten

entgegen deiner innersten Überzeugung, wissend,
daß dein eigenes Leben davon abhängt;
und, wenn die Zeit gekommen ist, es loszulassen,
es loslassen.

Ich habe dieses Gedicht beim Begräbnis meiner Mutter vorgelesen.
Zwei Wochen später, als ich zum Kurs zurückkehrte, fragte der Sicherheitsbeamte, nachdem er mir sein Beileid ausgesprochen hatte: „Spüren Sie jetzt ein Gefühl von Erleichterung?" Ich erinnere mich daran, daß er sich vorlehnte. Seine Augen waren voller Hoffnung und Erwartung; in ihnen war ein so großer Wunsch nach Erleichterung abzulesen. „Nein, ich verspüre keine Erleichterung", war meine Antwort. Er war am Boden zerstört. Ich hatte einfach die Wahrheit gesprochen. Die Wahrheit zerriß ihm das Herz. Er stellte noch mehr Fragen in dem Versuch, die ausgefransten Ränder zu nähen; dann hörte er auf. Er nickte einfach nur. Ich erfuhr nie, was das bedeutete. Ich hoffe, er wußte es.

Haben Sie ein Gefühl von *sangha*, von Kameradschaft, in Ihrem Leben? Können Sie dieses Potential für Heilung fühlen? Können Sie seine Implikationen für die Medizin, die inhärente Kraft und Einfachheit einer Beziehung zwischen Patient und Arzt, die auf gegenseitiger Selbsterforschung, geteiltem Verständnis und Zusammenarbeit beruht, spüren? Können Sie sich für sich selbst die tiefe Freude und die Möglichkeiten für Gesundheit und die heilende Beziehung vorstellen, die mit der Bereitschaft gleichgesetzt werden kann, aufzuwachen und uns einander zu offenbaren, egal auf welcher Seite der Beziehung wir stehen?

Ruhiger Geist, offenes Herz

Der Geist ist die Oberfläche des Herzens, das Herz die Tiefe des Geistes.

HAZRAT INAYAT KHAN

Manchmal mißverstehen Leute den Begriff mind (Geist) in dem Wort mind-fulness (Achtsamkeit), in der Form, daß sie meinen, es ginge darum, die Aufmerksamkeit auf den kognitiven Aspekt zu beschränken. Sie stellen sich vor, daß wir aufgefordert sind, uns mit irgendeiner Art von Innenschau, diskursiver Selbstanalyse oder geistiger Gymnastik zu beschäftigen. Einfach ausgedrückt, Achtsamkeit bedeutet, allem, was geschieht, die volle Aufmerksamkeit zu schenken und Aufmerksamkeit ist nicht dasselbe wie Denken.

Wie es in dem Zitat des Sufilehrers Inayat Khan zum Ausdruck kommt, geht die Sprache vieler kontemplativer Traditionen davon aus, daß die Begriffe für „Geist" und „Herz" sich nicht voneinander unterscheiden. In ähnlicher Weise beschreibt auch der Künstler und Kalligraph Kazuaki Tanahashi das japanische Schriftzeichen für mindfulness (Achtsamkeit) als aus zwei interaktiven Zeichen bestehend. Das eine steht für den Geist, das andere für das Herz. Herz und Geist werden nicht als etwas voneinander Getrenntes angesehen. Aus dieser Sicht übersetzt Tanahashi Achtsamkeit als „den Herz-Geist in den gegenwärtigen Augenblick hineinbringen".

Unabhängig davon, ob wir nun Hilfe anbieten oder sie in Anspruch nehmen, dieses Herz-Geist-Gleichgewicht aufrechtzuerhalten, ist nicht leicht. Nur allzu oft bewegen wir uns in Extremen – entweder wir verlieren uns in dem Mitempfinden mit dem Leiden eines anderen oder wir erleben, daß wir kühle Beobachter sind und das Geschehen aus der Distanz heraus beobachten, unnahbar und unbeteiligt. Die Qualitäten des ruhigen Geistes sind Weite und Klarheit; sie stellen die Quelle unserer Fähigkeit dar, weise Unterscheidungen zu treffen. Das offene Herz ist zärtlich, warmherzig und im Fluß. Zusammen erlauben es uns diese Eigenschaften, tief zu fühlen und weise zu handeln, selbst dann, wenn handeln bedeutet, nichts zu tun. Vielleicht ist Mitgefühl in seinem umfassendsten Sinne dieses empfindliche Gleichgewicht zwischen einem ruhigen Geist und einem offenen Herzen. In der heilenden Beziehung finden sich reichlich Gelegenheiten, um eine solche Qualität von Präsenz zu üben. Aber was bedeutet das genau: Einen ruhigen Geist und ein offenes Herz zu haben? Wie fühlt sich das eigentlich an? Auch wenn ich nicht wissen kann, wie sich das für Sie anfühlt, so ist doch mein Gefühl, daß wir alle schon einmal einen Geschmack von dieser Art zu sein bekommen haben. Sie ist flüchtig und dennoch ist sie nichts, das wir uns erwerben müßten, sondern eher etwas, das uns offenbart wird. Etwas, das wir dadurch pflegen können, daß wir aufmerksam sind. Etwas, für das wir wachsam sein müssen, und zwar nicht nur, wenn es anwesend, sondern gerade auch dann, wenn es abwesend ist.

Gerade heute erst bin ich, als ich durch die große blaue Tür des Notausgangs um die Ecke gegangen bin, unerwartet dem wechselhaften Spiel des Herz-Geistes begegnet. Ich sah mich einem Mann gegenüber, der vor einem Jahr in meinem Kurs gewesen war. Ich erinnerte mich gut an ihn, insbesondere deshalb, weil er zwei Jahre lang unter unaufhörlichen, chronischen Rückenschmerzen und Schmerzen im Bein gelitten hatte. Aus diesem Grunde konnte er nur drei bis vier Stunden pro Tag stehen und umhergehen. Er hatte kleine Kinder, für die er nicht der Vater sein konnte, der er gerne gewesen wäre. Er sprach mit mir häufig über die enorme Trauer, die er darüber empfand, daß er nicht in der Lage war, frei mit seinen Kindern zu spielen; darüber, wie er aufgrund seiner Schmerzen reizbar wurde; über die Belastung, die das für seine Ehe und sein Gefühl von Männlichkeit darstellte, sowie über die ständig präsente, prekäre finanzielle Situation seiner Familie.

Vor dem Hintergrund all dessen hatte ich mich schrecklich gefühlt, als er sagte, daß es hinsichtlich seiner Schmerzen keine Verbesserung gäbe. Ich erinnere mich daran, wie ich ihm bei dem abschließenden Gespräch im Anschluß an den Kurs in die Augen schaute, seine Resignation und seine Frustration darin sah und gleichzeitig spürte, wie ich mich allmählich auf die Wahrheit seiner Erfahrung einließ. Das geschieht häufig. Wenn man für solche Momente wach sein kann, dann ist das sehr nutzbringend. Der Wunsch, sich in die Gleichgültigkeit klinischer Distanz zu flüchten, um das Leiden eines anderen Menschen nicht spüren zu müssen, und sich umgekehrt in seinem eigenen Pathos, seinem eigenen Schamgefühl und seiner eigenen Unvollkommenheit zu verlieren, sind gleichermaßen verführerisch.

Es war offensichtlich, daß wir beide uns mehr erhofft hatten, und daß keiner von uns den anderen verantwortlich machte oder sich aufgrund seines gegenwärtigen Zustandes wie ein Versager fühlte. Dennoch blieb Unzufriedenheit zurück, und wir waren nicht bereit, es dabei zu belassen. Wir sprachen über andere Möglichkeiten, mit seiner Krankheit zu arbeiten und kamen zu dem Entschluß, einen Termin mit der Schmerzklinik auszumachen. Als das Gespräch beendet war, gingen wir zusammen den Gang hinunter und gaben uns die Hand. Ein paar Wochen später sprachen wir noch einmal am Telefon miteinander. Das war das letzte Mal, daß ich bis zum jetzigen Zeitpunkt von ihm gehört hatte.

Sein Oberkörper ist nach links geneigt, seine rechte Hand hält sich an dem breiten Geländer fest, das an der Wand angebracht ist. Wir schütteln uns wieder einmal die Hand und ich frage ihn, wie er sich fühlt und ob sich seine Schmerzen gebessert haben. Ich frage ihn, wie es seiner Familie geht. Er sagt, daß die Schmerzen immer noch groß seien, daß sie ihn immer noch fast unaufhörlich begleiten würden. Schmerzbehandlungen, die in letzter Zeit durchgeführt wurden, hätten ihm etwas Erleichterung im Rücken verschafft, aber nicht in den Beinen. Er ist immer noch kaum in der Lage zu gehen. Als er spricht, fühle ich, wie ich mich als Reaktion auf sein offensichtliches Leiden öffne. Aber meine Augen schweifen ab – sie entfernen sich von seinem Gesicht, von diesen Augen, die so viel sagen. Ich fühle das Blinzeln, das Weggehen. Ich vermute, daß er diese winzigen Bewegungen kaum wahrnimmt. Für mich sind sie von innen heraus nur allzu offensichtlich. Sie sind mit der inneren Flut von Erinnerungen verbunden, die mich in das Gefühl hineinziehen, nicht genug getan zu haben, oder auf mehr zu hoffen. Wenn diese Wellen nicht bemerkt werden oder man nicht mit ihnen arbeitet, dann haben sie die Tendenz, einen zu vereinnahmen, das Terrain auszuhöhlen, den Boden auszuwaschen, auf dem wir – in diesem geschäftigen Gang – im Moment zusammen stehen.

Den Sog zu spüren, versetzt mich in die Lage innezuhalten, zu sehen, daß ich, obwohl ich hier vor ihm stehe, ihn auf eine andere Weise vollkommen allein lasse. Dennoch habe ich die feste Absicht, nicht wegzugehen. Die nahtlose Schleife des Atems ist mein Verbündeter, die Empfindungen meines Körpers sind Präzisionsinstrumente, die die unsichtbaren Dimensionen unserer Begegnung messen. Die Bereitschaft, sich um das vorübergehende Unbehagen zu kümmern, ist ein geringer Preis für diese Verbindung. Inmitten all dessen ist es ausreichend, einfach zu seinen Augen zurückkehren. Er bittet um nichts. Indem wir hier verweilen, wird das Herz weich und der Geist wird ruhig und taucht in eine Stille und Weite ein, die weder um etwas bittet noch etwas zurückweist. Hier im Gang richten wir uns einfach miteinander ein und verabschieden uns dann, als die Zeit gekommen ist.

Namaste

Wenn man durch Indien und andere Länder des Ostens reist, dann begrüßen Menschen einander dort mit dem Wort *Namaste.* Normalerweise wird diese Begrüßungsformel von einer Verbeugung und dem Zusammenführen der Hände in der Mitte der Brust als einer Geste tiefen Respekts begleitet. Namaste bedeutet „Ich erkenne das Göttliche in Dir an und verneige mich davor." Jeder, den man trifft, ob es sich nun um einen Freund, ein Familienmitglied oder einen Fremden handelt, wird auf diese Weise begrüßt. Und obwohl diese Geste, wie jede andere auch, mechanisch und bedeutungsleer werden kann, ist sie dennoch eine erstaunlich kraftvolle und gleichzeitig einfache Erinnerung an unseren Ursprung. Wenn man diese Erinnerung aufrichtig vorbringt und sie des öfteren hört, dann hat sie eine transformative Wirkung für Sender und Empfänger. Recht bald beginnt man, das Göttliche im anderen zu erkennen und sich gewahr zu werden, daß es nichts anderes ist als der Funke von Göttlichkeit in einem selbst, der die Göttlichkeit in einem anderen sieht und von ihr gesehen wird.

Wie unterschiedlich dies auch durch jeden von uns ausgedrückt werden mag – ich glaube, daß die aktive Erinnerung an diese Realität für unser Leben, unsere Arbeit und unser Wohlbefinden von ganz entscheidender Bedeutung ist. Da gibt es keine falschen Vorspiegelungen, kein Bedürfnis nach kompliziertem Theaterspiel, keine spezielle Kleidung oder falsche Frömmigkeit, keine komische Sprache – einfach nur ein direktes Würdigen dieser Wahrheit. Wir und die Person vor uns sind immer mehr als das, was an der Oberfläche sichtbar ist. Etwas weitaus Direkteres und Erstaunlicheres deutet sich hinter dieser Oberfläche an. Vielleicht besteht unsere Aufgabe darin, diese Erinnerung angesichts überwältigender Beweise des Gegenteils aufrechtzuerhalten. Trotz des offensichtlichen Vorhandenseins von Streß, Krankheit, Schmerz oder Leiden im anderen, und ohne diese Realität im geringsten zu leugnen, könnte unsere essentielle Arbeit vielleicht darin bestehen, daß wir einander innerhalb dieses Schmelztiegels zeitlicher Bedingungen begegnen, während wir gleichzeitig unsere Mitmenschen als nichts Geringeres ansehen als eine örtlich begrenzte Verkörperung des Göttlichen. Sofern ich das sagen kann, hat das wenig damit zu tun, ob man die Person mag; es hat nichts mit predigen oder Vorträge halten zu tun, sondern es scheint weitaus mehr damit zu tun zu haben, daß wir anerkennen, daß die anderen ebenso wie wir einfach ein vorübergehender Ausdruck von etwas Größerem und wesentlich Umfassenderem sind.

Unsere Bereitschaft, uns mit einem anderen in dieser Weise zu verbinden, führt zu grundlegender Heilung. Dennoch hebt unsere Kultur, die aus einer sehr stark individuell orientierten Ethik erwachsen ist und von ihr beherrscht wird, weiterhin auf relativ unbewußte Weise den Mythos von Dominanz und Autorität hervor. Diese Weltsicht, die von Angst und Unsicherheit getrieben ist, bringt ein enormes Ungleichgewicht zum Ausdruck. Wenn eine solche Machtdynamik im Bereich des Gesundheitswesens die Oberhand gewinnt, dann sehen sich diejenigen, die in Pflegeberufen arbeiten, unter Umständen als die Autoritäten an – als mehr als jemand anderes. Patienten bzw. Klienten, die im Schatten dieser Sichtweise stehen, können sich dann leicht als hilflos, schwächer – weniger als – ansehen. Dieses Modell ist grundlegend falsch. Und obwohl Ärzte und Pflegepersonal vielleicht das Wissen und die Fertigkeiten besitzen, die diejenigen in Not benötigen, ist es doch häufig der Fall, daß der Mensch, der Hilfe sucht, dem Helfer genauso viel zu bieten hat.

Namaste! Die Erinnerung an unseren kollektiven Ursprung. Etwas ganz anderes als: „Wie geht es Dir?" Keine Frage. Schmerzhaft kompromißlos. Direkt aus dem Herzen des einen zu dem des anderen.

Praxis

Dem Raum zwischen uns Aufmerksamkeit schenken

Wenn Sie irgendwann in dieser Woche mit einem Freund, einem Familienmitglied, Kollegen oder Patienten zusammensitzen, dann unternehmen Sie in diesen Momenten geteilten Raumes eine bewußte Anstrengung, um auf Ihre Atmung zu achten, und achten Sie insbesondere auf das Gefühl und den Rhythmus Ihres Atems und die Empfindungen in Ihrem Körper. Erlauben Sie es Ihrer Neugierde, sich auf jene Elemente der Interaktion zu konzentrieren, die Sie eher von einem Gefühl von Verbindung wegbringen bzw. eher dort hinbringen. Nehmen Sie in jedem Moment die Qualität des Atems wahr und erlauben Sie es sich, Neugier hinsichtlich des Wesens dieser persönlichen Erforschung zu entwickeln.

Schauen Sie, ob Sie solchen Dingen wie dem Tonfall Ihrer Stimme und der Neigung, den Faden der Unterhaltung zu verlieren oder zu behalten, Aufmerksamkeit schenken können, in Abhängigkeit von dem, was sich in Ihrem Geist und Ihrem Körper abspielt. Achten Sie außerdem auf körperliche Empfindungen wie Angespanntheit und Durchlässigkeit, und auf geistige Zustände wie Ungeduld, Langeweile oder Neugier. Schauen Sie, ob es irgendeine Verbindung zwischen körperlichen Empfindungen, dem Geisteszustand, der Qualität des Atems und Ihren Handlungs- und Verhaltensweisen gibt. Geben Sie sich selbst den Raum, um – ohne zu urteilen – die zwischenmenschlichen Dynamiken beobachten können, die sich abspielen, während sich der Atem durch den Zyklus von Ein- und Ausatmung hindurchbewegt. Nehmen Sie wahr, ob es Zeiten gibt, in denen Sie nicht länger frei atmen können, und was in diesen Momenten in Ihnen und zwischen Ihnen und dem oder den anderen geschieht. Seien Sie sanft mit sich und lassen Sie sich von Ihrer Neugier leiten.

Sich erinnern

Wie wäre es, wenn Sie, bevor Sie diese Seite zuende gelesen haben und sich automatisch dem nächsten Wort auf der nächsten Seite zuwenden, Ihr Tempo verlangsamen und einige Minuten innehalten würden, und zwar genau jetzt? Hier verweilen, das Gewicht des Buches in Ihren Händen wahrnehmen, die Struktur der Seite, die Geräusche um Sie herum. Fühlen Sie den Rhythmus des Atems, das Leben, das in den Körper ein- und wieder ausströmt, die anhaltende Präsenz innerhalb des Atems. Sprechen Sie sich jetzt, wenn Sie möchten, das folgende Gedicht laut zwei- oder dreimal vor. Versuchen Sie, es langsam in sich aufzunehmen.

Es gibt zwei Arten von Intelligenz: Eine erworbene, die sichtbar wird,
wenn ein Kind in der Schule aus Büchern und Vorträgen des Lehrers
Fakten und Konzepte memoriert,
und Informationen aus den traditionellen
wie auch den neuen Wissenschaften zusammenträgt.

Mit einer solchen Intelligenz steigst du auf in der Welt.
Du wirst vor oder hinter anderen eingestuft,
je nach deiner Fähigkeit, Informationen zu behalten. Mit dieser Intelligenz
wanderst du in den Feldern des Wissens herum und sammelst immer mehr
Punkte auf deinen Tableaus der Erinnerung an.

Es gibt jedoch noch eine andere Art von Tableaus, eine,
die bereits vollständig in dir enthalten ist.
Eine Quelle, die übersprudelnd ihre Begrenzung sprengt. Ein Gefühl von Frische
in der Mitte der Brust. Diese andere Intelligenz vergilbt weder, noch rostet sie.
Sie ist im Fluß und muß sich nicht erst
durch die Leitungen des technischen Lernens
einen Weg von außen nach innen bahnen.

Diese zweite Art von Wissen ist eine Quelle,
die in deinem Innern entspringt und sich von dort aus nach außen verströmt.

RUMI
Zwei Arten von Intelligenz

Jetzt versuchen Sie, sich das Gedicht vorzuflüstern, ... es so oft zu flüstern, wie Sie möchten.

Dieses Gedicht ist für Sie bestimmt. Lassen Sie sich von dem Widerhall Ihrer Stimme – dem Gefühl innerhalb der geformten Laute – dabei helfen, sich an die Wahrheit Ihres eigenen Lebens zu erinnern. Gehen Sie dorthin, wohin die Worte Sie weisen, in die Fülle, die Sie unmittelbar jetzt, in diesem Moment, in sich tragen. Verweilen Sie, wenn Sie möchten, und bringen Sie Ihre Aufmerksamkeit zum Atem – zu dem tatsächlichen Gefühl, das Ihr Atem innerhalb Ihres Körpers erzeugt. Es ist nicht notwendig, daß Sie den Atem forcieren oder beeinflussen. Es ist nicht notwendig, daß Sie den Geist leer machen, daß Sie irgendwo hinkommen, daß irgend etwas geschieht. Einfach nur sitzen und atmen. Sich des Gefühls für den Atem bewußt sein. Lassen Sie Gedanken kommen und gehen, ohne mit ihnen zu kämpfen, und kehren Sie jedesmal, wenn sich Ihr Geist von dem Rhythmus von Ein- und Ausatmung entfernt hat, zu Ihrem Atem zurück. Sitzen. Atmen. Sich erinnern.

Praxis

Sich erinnern

Versuchen Sie, irgendwann am heutigen Tage und zu anderen Zeiten im Laufe dieser Woche innezuhalten und einige Momente – oder Minuten – zu sitzen. Fühlen Sie dabei ruhig die Pendelbewegung des Atems, der in den Körper ein- und wieder hinausströmt. Lassen Sie, während Sie sitzen, die Möglichkeit zu, daß „diese andere Intelligenz, die nicht gelb oder abgestanden wird", sich in Ihnen niederläßt. Nehmen Sie sich viel Zeit dazu und erinnern Sie sich daran, daß das nichts ist, was erworben werden müßte, sondern etwas, das „bereits vollendet und in Ihnen vorhanden ist." Wessen bedarf es, damit Sie diese Möglichkeit in Betracht ziehen?

Nehmen Sie das Gefühl von Ungläubigkeit wahr, das Gefühl von Trennung, das Gewirr von Gedankenwellen sowie die Lebendigkeit der Möglichkeit und der Offenheit, die in Ihnen vorhanden sind. Erinnern Sie sich daran, daß weder das Gedicht noch die Achtsamkeitspraxis dazu anregen, daß Sie darauf aus sein sollten, etwas zu bekommen. Vielmehr besteht die Arbeit darin, daß Sie lange genug still sind, um das berühren zu können, was Ihr eigentliches Erbe ist.

Grenzen setzen

Die normale Bedeutung des Begriffes Grenze ist „Trennungslinie" – eine Trennung zwischen zwei Dingen. Aber ist eine Grenze nicht auch ein Platz der Begegnung und des Zusammentreffens? Wenn wir barfuß eine Küstenlinie entlanggehen, befinden wir uns dann nur an Land? Was ist mit dem Wasser unter unseren Füßen? Wo beginnt das Land und wo endet es? Wo genau ist die Wassergrenze? Die Realität der Küstenlinie offenbart uns diese scheinbar soliden und klar erkennbaren Kanten als etwas, das sich ständig in Bewegung befindet. Sie sind im Fluß. Nicht fixiert. Ineinander verschlungen.

Diese ineinandergreifenden Bewegungen stellen sich für uns als Patienten und als Ärzte ähnlich dar. Dennoch werden allzu häufig die harten, undurchdringlichen Grenzen dieser Beziehung aus einem Prozeß der Identifikation heraus errichtet, der das Selbst und das Nicht-Selbst in zwei sich gegenseitig ausschließende Pole trennt. Unbewußt führt dieser Prozeß dazu, daß er die gesamte Interaktion bestimmt. Ich möchte hier nicht den Eindruck vermitteln, als ob beide Rollen dieselben wären. Sie sind es nicht. Aber sie sind nicht mehr als das – Rollen. Und hinter diesen Rollen steht ein viel größeres Feld, das Menschsein, das wir miteinander teilen. Das wird nur allzu leicht und viel zu häufig vergessen. Dennoch ist es der gemeinsame Grund für die gesamte Beziehung. Können Sie diesen Platz fühlen? Wie viel von dem, was wir Ich nennen, wird darein investiert und in seiner Existenz bestätigt, daß wir diese Rollenunterscheidungen aufrechterhalten? Sind Sie sich bewußt, wie Sie sich jetzt in diesem Moment fühlen, wo Sie diese Worte lesen? Können wir dort ein wenig genauer hinschauen?

Jack war ein großer, 48 Jahre alter Mann mit hohlen Wangen – er hatte AIDS. Am ersten Tag des Seminars rief er: „Ich bin so verdammt wütend. Ich bin wütend darüber, daß ich AIDS habe. Ich bin wütend, daß niemand mir besonders viel hilft. Ich bin wütend, daß ich nicht sehr gut behandelt werde." Seine Wut war heftig. Er drohte mit den Fäusten, schlug auf den Sitz seines Stuhles ein und jagte einigen der Teilnehmer, die in seiner Nähe saßen, sichtbar Angst ein. Bevor ich auch nur ein einziges Wort gesagt hatte, sah er mich direkt an und sagte in einer Lautstärke, in der es alle hören konnten: „Ich frage mich, ob in diesem Zimmer Raum für meine Wut vorhanden ist." Ich entgegnete darauf einfach nur, daß hier Raum für seine Wut sei, wenn wir beide bereit wären, langfristig damit zu arbeiten. Er nickte, lehnte sich in seinen Stuhl zurück und beschloß zu bleiben. In jenem Moment wußte ich noch nicht, was die Aussage „wenn wir beide bereit sind, damit zu arbeiten" wirklich bedeutete. Ich sollte es bald herausfinden.

Jede Woche schuf Jack einen besonderen Raum für sich selbst. Er drehte seinen Stuhl zur Seite, lehnte sich mit dem Rücken gegen die Wand und streckte seine Beine über zwei weitere Stühle aus. Dann legte er ein Klemmbrett und einen Block Papier auf seinen Schoß, holte einen Bleistift hinter seinem Ohr hervor und machte sich – manchmal fieberhaft – Notizen. Nach dem Seminar bombardierte er mich dann mit mehreren Seiten von Fragen und bat mich oder verlangte von mir, daß ich sie nacheinander behandelte. Wir besprachen seine Fragen, sprachen am Telefon über sein Leben und trafen uns manchmal. Jack rang darum, sich selbst zu verstehen. Er versuchte, mit seiner Vergangenheit ebenso ins Reine zu kommen wie mit der Angst vor der unbekannten Zukunft sowie der Schmerzlichkeit der Gegenwart, die ihm eine lange Karriere, Geld, Beweglichkeit und sein Selbstwertgefühl geraubt hatten. Mit der Zeit begann ich ein aufrichtiges Gefühl von Warmherzigkeit für Jack zu entwickeln. Dennoch konnte ich genauso wenig leugnen, daß ich in seiner Nähe immer wieder ein Gefühl von Bedrohung hatte, deren Ursprung ich weder verstand noch wegrationalisieren konnte, und daß mich immer wieder dazu brachte, mich zusammenzuziehen.

Eines Morgens um etwa 7.15 Uhr nahm ich meinen Schlüssel heraus, um die Tür zu unserem Gruppenraum zu öffnen. Die Tür war unverschlossen, und Jack saß bereits an seinem üblichen Platz und schrieb etwas auf. Ich fühlte mich augenblicklich bedroht. Jack indessen sprühte geradezu. „Hallo, Doc. Ich hoffe, Sie haben nichts dagegen, daß ich hier bin, aber ich habe jemanden überredet, den Raum für mich zu öffnen, weil ich über einige Dinge mit Ihnen sprechen wollte." Er stand auf, trat in den weiten, offenen Raum hinein, der durch den Kreis aus Stühlen gebildet wurde und ging mit seinem Block in der Hand auf mich zu. Wir standen uns von Angesicht zu Angesicht gegenüber, nur befand er sich auf der einen Seite der Stühle, und ich blieb bewußt auf der anderen.

Ich hatte eine Grenze gezogen.

Er begann, über seine Meditationspraxis zu sprechen. Ich war am Kämpfen und trat innerlich auf die Bremse. In Jack gab es etwas so Unvorhersehbares. Mein Geist produzierte wilde Gedanken wie: „Warum hält er sich in meinem Raum auf?" „Was will er jetzt von mir?" „Warum ist er so verdammt fordernd?" Das, was ich sagte, wurde zu einer Reihe knapper, kühler Äußerungen. Ich begann, den Faden zu verlieren. Ich zog mich zusammen, spannte mich an und war sicher, daß Jack all das sah und spürte. Was jedoch noch kraftvoller wirkte, war, daß mir in jenem Moment schmerzhaft bewußt wurde, daß ich Jack tatsächlich im Stich ließ. Ich hatte die Grenze verhärtet, mich auf scheinbar solides Terrain zurückgezogen und mir selbst eine gut befestigte Grenze geschaffen. Die Qualen unseres Dilemmas schmerzten mich – ich fühlte mich zusammengepreßt und ohnmächtig, er fühlte sich isoliert und nicht gehört, und jeder von uns fühlte sich in jenem Moment in einer von ihm selbst geschaffenen Realität gefangen, die für uns beide die Hölle war.

Jacks Stimme brach und wurde flach. Er schaute mich an, und seine Augen brachten Bestürzung und Verzweiflung zum Ausdruck. Zusammen standen wir konfus da – ein Begriff, der von seinem lateinischen Ursprung her „zusammengerührt" bedeutet. Und in jenem Moment des Stammelns und der miteinander geteilten Schwierigkeiten fiel etwas von uns ab. Als ich auf „meiner Seite" der Stühle stand, verband ich mich mit Jacks Augen und trat dann in den offenen Kreis hinein. Wir standen einfach eine Weile lang dort und fühlten uns gut miteinander. Es wurde nicht viel gesprochen, aber wenn wir sprachen, dann wie Brüder. Ich hatte Angst, daß Jack etwas von mir wollte, daß ich ihm auf keinen Fall geben konnte, deswegen hatte ich mich zurückgezogen. Jack befürchtete, daß ich ihn zurückweisen und im Stich lassen würde, so wie es alle anderen getan hatten, also übte er viel Druck aus und blieb beharrlich. Eine Zeitlang hatten wir gegenseitig die unausgesprochenen Erwartungen, die wir voneinander hatten, erfüllt.

Bald danach wurde Jack so krank, daß er zu Hause bleiben mußte und schließlich wurden die Zeiträume, in denen er bettlägrig war, immer länger. Einmal, als ich ihn anrief, einfach nur, um zu sehen, wie es ihm ging, sagte er: „Danke, daß Sie angerufen haben, Saki. Niemand behandelt mich so anständig." Ich erinnere mich, daß ich, als unsere Unterhaltung vorbei war, gedacht hatte: „Es war nur ein Telefonanruf. Er hat vielleicht ein oder zwei Minuten gedauert. Etwas so Einfaches." Ich war wieder einmal erstaunt über die Kraft und die Erfüllung, die in der Verbindung liegt. Die Sehnsucht danach ist auf der ganzen Welt verbreitet.

Dennoch wird sie denjenigen, die eine Ausbildung als Ärzte, Schwestern, Pfleger oder ähnliches machen, häufig aus dem Herzen herausgehämmert. Nach Beendigung eines kombinierten Schulungsprogramms für berufliche Helfer und Laien, das mein Kollege Jon Kabat-Zinn und ich anleiteten, wurden einige der beruflichen Helfer wütend und sagten: „Sie haben sie besser behandelt als uns. Wir wollten das haben, was Sie ihnen gegeben haben." Unsere anfängliche Reaktion war, in die Defensive zu gehen. Wir stimmten ihnen zu. Wir hatten den „Patienten" mehr gegeben. Das war von Anfang an unsere Absicht gewesen, und wir hatten bereits vorher entschieden, daß ihre Aufgabe als berufliche Helfer darin bestand, sich um sich selbst zu kümmern.

Als wir tiefer darüber nachdachten, hörten wir die Wahrheit ihrer Gefühle heraus. Viele Menschen, die in Pflegeberufen arbeiten, haben über die Isolation geweint, die sie empfinden und über die kulturellen Barrieren ihres Berufes, die es ihnen nahezu unmöglich machen, ihre Bedürfnisse anzuerkennen, ohne sich inkompetent und schwach zu fühlen oder so zu wirken. Dann begannen sie, offen über den Schmerz zu sprechen, der mit einer akademischen Ausbildung verbunden ist, die allzu häufig darauf insistiert, einen klinischen Abstand bzw. eine Objektivität zu entwickeln, die langsam Eingang in die Struktur ihres Lebens gefunden und sie abgeschnitten und taub zurückgelassen hatte. Für viele derjenigen, die jetzt ihren Beruf ausübten, fühlte sich das wie eine Zwangsjacke an, und sie fragten sich, warum sie sich je auf eine akademische Ausbildung eingelassen hatten. Jeder erlebte auf seine eigene Weise die Beengung und Isolation, die durch künstliche Grenzen hervorgerufen wird.

Unabhängig davon, ob wir nun Patient oder Arzt bzw. Pfleger oder Krankenschwester sind, wir stehen immer miteinander in Beziehung. Wir sind miteinander verbunden. Können Sie spüren, wie entscheidend für uns alle das Bedürfnis ist, die Bereitschaft zu pflegen, den Grenzen schaffenden Geist genau zu beobachten und ein äußerst feines Instrument zu entwickeln, um diesen Prozeß und den Abstand, den er erzeugt, aufs Genaueste zu verstehen? Ich glaube, daß eine solch absichtliche, sorgfältige Aufmerksamkeit die Grundlage für die gesamte heilende Beziehung bildet. Das fängt mit unserer individuellen Bereitschaft an, uns für einen disziplinierten Weg, die Natur des Geistes und seiner Auswirkungen auf menschliche Interaktionen zu verpflichten. Wie sollen wir ohne diese Art von Aufmerksamkeit je ein Gesundheitswesen schaffen, das auf mehr Zusammenarbeit und gegenseitiger Verantwortung beruht?

Gerade jetzt, in dem Moment, wo ich das schreibe, wird mir bewußt, wie präsent Jack in jedem Wort dieses Textes ist. Wie hätte ich das ohne ihn schreiben können? Es gibt keine Grenzen.

Praxis

Mit dem Grenzen schaffenden Geist arbeiten

Natürlich gibt es ein getrenntes „Ich“ und ein getrenntes „Du“, die in unseren Alltagsbeziehungen mit der Welt wirksam werden. Jeder von uns bringt ein einzigartiges Bündel von Qualitäten und Bedingungen mit, die von unzähligen Faktoren bestimmt werden. Wir nennen das „mein Selbst“. Wenn wir jedoch genau in unser Leben hineinschauen, dann sehen wir, daß wir aus Tausenden von Elementen bestehen, die der vietnamesische Zenmeister Thich Nhat Hanh „Nicht-Selbst“-Elemente nennt, solche Dinge wie Erde, Wasser, Feuer,

Luft, Kohlenstoff, Sauerstoff, Eltern und Gene aus dem gesamten planetarischen Genpool. Dieselben Bestandteile, aus denen die Sonne, die Sterne am Nachthimmel und die salzigen Meere bestehen, sind Teil unseres gemeinsamen, von uns verkörperten Erbes. Wie die eben erzählte Geschichte deutlich macht, ist es leicht, all das im Eifer des Gefechts zu vergessen.

Als ein Mittel, um die Intensität dieser Gewohnheit der Trennung zu verringern, habe ich es als nützlich empfunden, mich bewußt um zwei Dinge zu kümmern. Zum ersten versuche ich mich um das Gefühl von Anderssein und Unterscheidung zu kümmern, wenn es bei der Begegnung mit einem anderen Menschen in mir auftaucht, und dann dieses Bewußtsein in jene subtilen oder nicht so subtilen Empfindungen hineinzubringen, die solche Momente begleiten. Wenn ich in diesen Momenten wach bin, dann schenke ich dem Gefühl des Atems Aufmerksamkeit, ohne zu versuchen, den impulsiven Wunsch danach, besser oder anders zu sein, zu unterdrücken. Wenn ich auf diese Weise mit mir arbeiten kann, dann gelingt es mir gewöhnlich besser, bewußt nach dem zu suchen, was „wir" gemeinsam haben. Vielleicht ist es zunächst so etwas wie die Tatsache, daß wir beide Blau tragen oder ungefähr gleich groß sind. Ziemlich bald kommt dann die gemeinsame Natur des Menschseins jenseits von jeglichen Theorien oder Vorstellungen über Ähnlichkeiten sehr spürbar ins Spiel.

Letztendlich ist es dieses Anerkennen unseres geteilten Menschseins, welches hinter den endlos unterschiedlichen Verpackungen wirksam wird, das uns zurück in die Verbundenheit bringt. Auf diese Weise ist es eine Heimkehr, und das, was ich als mein „Ich" bezeichne, wird größer, anstatt herabgesetzt zu werden. Die Absicht besteht nicht darin, alle Unterschiede und jegliche Vielfalt auszulöschen oder uns alle zu einer farblosen Masse zusammenzupressen. Vielmehr geht es darum, hinter allen Unterschieden zu entdecken, daß wir miteinander verbunden und nicht so sehr durch die Vorstellung von Individualität begrenzt sind, die nur allzu häufig als eine undurchdringliche Barriere gegenüber unserem Zugehörigkeitsgefühl fungiert.

Wenn das nächste Mal das Gefühl von Trennung oder Anderssein in Ihnen auftaucht, dann versuchen Sie, sich über die verbale Dimension Ihrer Begegnung mit einem anderen Menschen hinauszubewegen. Achten Sie auf den Ausdruck in seinen Augen, die winzigen Falten in den Mundwinkeln, die Steifheit oder Weichheit des Körpers, die Art, wie Sie „seinen" bzw. „ihren" Atem spüren, die Art, wie er oder sie den Kopf und die Schultern hält, die Tonqualität hinter dem gesprochenen Wort, die Gefühle in Ihrem Solarplexus, den Tonfall Ihrer eigenen Stimme und die Gefühle, die von Ihrem Körper-Geist-Herz ausgehen – all das und auch die Worte, die Sie sprechen, können die langsame Auflösung des Grenzen schaffenden Geistes fördern.

Woche Zwei

Heute morgen ist die Atmosphäre im Raum aufgeladen, und es werden angeregte Unterhaltungen geführt. Wir haben uns seit letzter Woche nicht mehr gesehen und im Laufe dieser Woche haben wir – jeder bei sich zu Hause – begonnen, täglich die Achtsamkeitsmeditation zu praktizieren. Die Teilnehmer scheinen sich wohler miteinander zu fühlen. Spontane Unterhaltungsfetzen fliegen im Raum umher. Als ich den Gesprächen im Raum zuhöre, bekomme ich mit, daß die Hausaufgaben, und zwar insbesondere die formelle Meditation, nämlich eine spezifische Zeit, die jeden Tag reserviert wird, um Achtsamkeit zu praktizieren, in den meisten Fällen das Thema ist, über das die Leute sprechen.

Agnes und John sitzen in ihren Rollstühlen. Gerrys Krücken sind gegen das Nordfenster gelehnt und Millie hat ihren Stock auf ihren Stuhl gehängt. Der weite Himmel jenseits der Fenster ist wolkenlos und tiefblau. Von diesem Raum aus haben wir einen Blick auf die Route Nr. 9, den großen Boulevard der Plantation Street sowie die Hügel in der Umgebung und die Silhouette der Stadt.

Um 9.05 Uhr beginnen wir, und ich bitte die Teilnehmer noch einmal, ihren Blick in Richtung Fenster zu wenden. Der Übergang dauert nicht lange, und Stille tritt an die Stelle der Geräusche von rückenden Stühlen und sich zurechtrückenden Körpern. Wir üben noch einmal das einfache „Sehen." Wir sehen uns dieselbe Szenerie an, aber innerhalb einer Woche hat sich viel verändert – sowohl hinter dem Glas als auch innerhalb des Raumes. Die Teilnehmer sind still, empfänglich, sie drehen sich nicht mehr so häufig in meine Richtung, um Anleitung zu bekommen. Wir sitzen zehn bis zwölf Minuten lang mit geöffneten Augen, und während der in der Luft hängenden Stille führe ich die „formelle" Sitzmeditationspraxis ein. Ich ermutige alle, bei der Stille zu bleiben, und nachdem ich die verschiedenen Möglichkeiten für Sitzhaltungen bei der Sitzmeditation auf einem Stuhl und auf einem Kissen auf dem Boden demonstriert habe, schließen wir sanft unsere Augen, folgen der Welle unseres Atems und sitzen einfach nur.

Durch das Üben der Meditation in der vergangenen Woche, bei dem wir unseren gesamten Körper spüren (*Bodyscan*), haben die Teilnehmer begonnen, Bewußtheit zu üben, während sie auf dem Rücken liegen und systematisch ihre Aufmerksamkeit in jeden Teil ihres Körpers hineinbringen. Anstatt zu „versuchen", entspannt zu sein oder in einen meditativen „Zustand" zu gehen, fördert das Körperspüren die Entwicklung eines feineren Körperbewußtseins sowie einer größeren Nähe zum Körper, die es uns ihrerseits erlaubt, mehr in

Kontakt mit uns selbst und unserer Umgebung zu sein. Jetzt bringen wir die Schwungkraft dieser Woche anhaltenden Übens in die Sitzmeditation ein. Wir „sitzen" fünfzehn Minuten lang, richten unsere Aufmerksamkeit auf die physischen Empfindungen des Atems und beobachten, wie er in den Körper eintritt und ihn wieder verläßt. Als wir fertig sind, bitte ich die Teilnehmer, mit dieser Praxis in den nächsten sieben Tagen fortzufahren und sie etwa fünf bis zehn Minuten pro Tag zu üben. Dann frage ich, ob es noch Fragen oder Kommentare gibt. Die Kommentare sind spärlich. Es ist 9.35 Uhr, und wir sind eine halbe Stunde lang in Stille zusammen gewesen. Allmählich werden wir mit diesem Gebiet vertraut.

Dann gehen wir auf den Boden und kommen erneut zum Körperspüren zurück. Wir liegen dort auf dem Rücken und praktizieren noch einmal vierzig Minuten lang in Stille. Danach wendet sich unsere Unterhaltung dem Thema der Hausaufgaben zu. Ich bitte die Teilnehmer, über ihre Erfahrungen beim tatsächlichen Praktizieren des Körperspürens zu sprechen. Sie haben viel dazu zu sagen. Es gibt viele Kommentare zu der Schwierigkeit, die Zeit zum Üben zu „finden". Ich erinnere sie daran, daß sie sie nicht „finden" werden, sondern, daß sie sich die Zeit „nehmen" müssen. In dieser ersten Woche der Praxis werden wir damit konfrontiert, daß unser Leben so voll, so geschäftig und so zusammengepreßt ist, daß der Versuch zu üben, zu einem Spiegel unseres schwindelerregenden Tempos wird.

Es gibt Fragen dazu, was geschieht, wenn man beim Praktizieren einschläft; außerdem Kommentare über die Schwierigkeit, eine regelmäßige Disziplin aufrechtzuerhalten. Beobachtungen darüber, ein wie großer Teil des Geistes wandert und mit Gedanken und Annahmen darüber angefüllt ist, daß sie keine „Fortschritte erzielt haben" bzw. „nicht erfolgreich" waren. Außerdem Angst und Verwirrung darüber, daß sie jetzt ihre Schmerzen stärker spüren als vorher anstatt weniger. Sorgen, die durch die Angst verursacht werden, „zu entspannt" und daher „unproduktiv" zu werden. Erstaunen und Ehrfurcht in denjenigen, die berichten, daß sie sich sowohl spontan als auch absichtlich inmitten schwierigster Alltagssituationen ihres Atems bewußt geworden sind, und daß sie das als nützlich empfunden haben. Eine gewisse Dynamik beginnt sich aufzubauen und der Verlauf und das Tempo der Unterhaltung fühlen sich ähnlich an wie ein starker, schnell fließender Fluß. Gleichzeitig wächst die Offenheit und die Bereitschaft, daß jeder das sagen kann, was ihm in bezug auf die Erfahrung der Praxis in den Sinn kommt, ohne dafür beurteilt zu werden.

Noreen wird sich äußerst stark der Verletzlichkeit ihres Körpers bewußt, als wir die Körperspürübung praktizieren. Sie sagt, daß sie „sehr viel Weichheit in dieser Praxis spüre, die mit Wellen von Traurigkeit vermischt sei", und daß sie auf der Ebene, die sich für sie wie „eine zelluläre Ebene" anfühlt, erkenne, an wie vieles sich ihr Körper erinnert. Sie bringt zum Ausdruck, wie sehr ihr das Körperspüren hilft, diese alten Wunden zu umarmen und sich um sie zu kümmern.

Nachdem verschiedene Leute gesprochen haben, steht George, ein kleiner, solide gebauter Mann, in der Art eines Predigers auf und sagt, daß er in dieser Woche einen Geschmack davon bekommen habe, was es bedeute, „Barmherzigkeit meinem Körper gegenüber zu haben". Kathleen sagt zu uns allen, daß sie hoffe, daß das Üben des Körperspürens sie mit „etwas" füllen würde, aber statt sich voll zu fühlen, fühle sie sich „leer". Sie ist deswegen beunruhigt und fragt, was sie dagegen tun kann. Nachdem ich mit ihr einen Dialog über ihre Erfahrung des sich „leer" Fühlens geführt habe, schlage ich für den Moment vor, daß sie versuchen soll, mit diesem Gefühl zu leben und daß sie es dem Gefühl selbst in Verbindung mit dem sich vertiefenden Bewußtsein erlauben solle, ihr allmählich die Antwort auf ihre Frage zu enthüllen. Sie scheint vorübergehend befriedigt zu sein. Aber ich bin nicht zufrieden mit der Antwort, die ich ihr gegeben habe. Sie hat eine wesentliche Frage gestellt, aber in diesem Moment werden weitere Worte wenig bewirken. Also sitze ich genau wie sie und hoffe auf eine andere Gelegenheit, auch wenn mir bewußt wird, daß der richtige Moment schon an mir vorübergezogen ist und ich ihn nicht zurückholen kann. Für den Moment ist es besser, daß ich zu mir selbst und zur Gruppe zurückkehre und beobachte und genau hinhöre.

Schließlich fragt Drew: „Wie kann ich die Tatsache, daß ich etwas erreichen möchte, mit der Vorstellung des Nicht-Tuns vereinbaren, damit, nicht zu versuchen, etwas zu bekommen oder irgendwo hinzukommen, wenn ich aus einem bestimmten Grunde hier bin und Erleichterung möchte?" Drews Frage löst eine Reihe von nickenden Köpfen aus, wie Weizenähren, die sich gemeinsam im Takt des Windes bewegen, außerdem fragende Augen, die zu sagen scheinen: „Ja, da ist auch meine Frage!"

Das Gefühl „festzustecken" und der Wunsch, etwas dagegen zu tun, steigt wie Sahne an die Oberfläche unserer Diskussion auf. Irgendwie sind all diese Fragen über die Höhen und Tiefen der Praxis Ausdruck davon, daß wir kollektiv feststecken. Das Gefühl, gefangen zu sein, ist stark. Das Ausmaß, in dem wir in Gewohnheiten, Annahmen and lange gepflegten Wahrnehmungen gefangen sind, beginnt, stärker in unser Gesichtsfeld zu rücken. Indem die Teilnehmer ihr Tempo verlangsamen und mit dem sind, was ist, beginnen sie für das beunruhigende Gefühl zu erwachen, daß sie unerbittlich und mit dem Kopf voran durch das Leben geschoben und katapultiert werden. Die Praxis selbst zeigt uns etwas über diese Realität, während sie uns gleichzeitig eine Methode anbietet, um mit dem, was gesehen wird, zu arbeiten. Dieses Wissen ist schmerzhaft. Wir wenden uns nicht länger ab, sondern beginnen, unser Leben zu sehen, genau wie es ist. Das ist sowohl offenbarend als auch unbequem – der unvermeidliche Preis der Wachsamkeit.

Ich spüre, daß sich die Leute jetzt fragen: Will ich an diesem Kurs teilnehmen? Kann ich mein Leben auf diese Weise leben? Was wird es mich kosten? Wo bin ich bereit, meinen Griff zu lockern? Habe ich die Fähigkeit, das zu tun, selbst wenn ich es will? Das sind entscheidende, lebensspendende Fragen, die wir in unserem normalen Erwachsenenleben nicht erwarten. Frisch und lebendig, sind sie gleichzeitig eine Einladung und erzeugen Angst in jedem, der hier im Raum sitzt. In diesem Moment beginnt jeder von uns, sowohl die Herausforderung anzuerkennen, die darin liegt, „das eigene Leben zurückzuerobern", als auch die Anstrengung anzuerkennen, derer es bedarf, um für die Fülle dieses einen Lebens, das wir führen, zu erwachen.

Gerade jetzt im Moment fühlt es sich so an, als ob jeder von uns am Rande eines tiefen Brunnens stünde, in das glänzende Unbekannte schaute und mit der unausgesprochenen Frage ränge: „Sage ich nein zu diesem Moment und bleibe ausgedörrt und spröde? Oder sage ich ja und trinke aus diesem unsicheren Wasser, das die Möglichkeit eines erneuerten Lebens in sich birgt?" Wenn Teilnehmer sich entscheiden, aus dem Kurs auszusteigen, dann passiert das jetzt. Als die Teilnehmer heute nach Hause gehen, spüre ich, wie sich eine energetische Nüchternheit breitmacht. Die Flitterwochen gehen zu Ende. Wie die meisten Flitterwochen, so enden auch diese schnell, und sie stellen uns weiterhin vor die Entscheidung. Wir sind an den Punkt gebracht worden zu entscheiden, ob wir in dieser geteilten Gemeinschaft der Praxis an uns selbst arbeiten möchten oder nicht. Für uns alle ist diese Entscheidung fast so etwas, wie ein Gelübde abzulegen. Wir stehen vor der Entscheidung, uns für eine Richtung – für einen Weg – zu verpflichten, mit dem häufig das Gefühl verbunden ist, daß er tiefgreifende Auswirkungen auf unser Leben hat.

Wir sind mit einem Wendepunkt konfrontiert; mit einem, der nicht von mir als Lehrer produziert worden ist, sondern einem, der aus unserer individuellen und kollektiven Bereitschaft heraus entstanden ist, mit Hilfe des Mediums der Achtsamkeit tief in unser Leben hineinzuschauen. Das ist eine Angelegenheit auf Leben oder Tod. Nicht des physischen Todes, sondern der wachsenden Erkenntnis, daß wir etwas dazu zu sagen haben, ob wir voll leben oder halb schlafen und in stiller Verzweiflung dahinsiechen wollen.

Das ist auch Ihre Entscheidung.

Freundschaft

Es ist möglich, daß die gesamte heilende Beziehung im Grunde genommen auf Freundschaft basiert. Vielleicht klingt das radikal. Ähnlich wie die meisten radikalen Ideen, beispielsweise diejenige, daß alle Menschen gleich sind ... daß sie von ihrem Schöpfer mit unveräußerlichen Rechten ausgestattet worden sind ... daß zu diesen Rechten das Recht auf Leben und Freiheit und das Streben nach Glück gehören, macht uns das zunächst betroffen und weckt später in uns ein Gefühl für Möglichkeiten und für Freiheit, das selbstverständlich ist, dem jedoch häufig zu wenig Aufmerksamkeit geschenkt wird.

Verständlicherweise behalten wir das Wort Freund bzw. Freundin normalerweise den wenigen Menschen in unserem Leben vor, denen wir eng vertrauen. Wenn wir jedoch das Gefühl von Freundschaft eingehender betrachten, dann hat das, was wir gewöhnlich damit meinen, mit Ausdauer, Verständnis, einer Bereitschaft, offen zu sein und unseren Platz in Beziehung zu einem anderen einzunehmen zu tun. In der Freundschaft liegt eine Gleichheit, die nicht durch eine bestimmte Rolle, durch Wissen, Bildung oder Status bestimmt wird. Was Freundschaft bedeutet, hat häufig viel mit unserer Bereitschaft zu tun, uns offen und direkt auf Menschen und Situationen genau so zu beziehen, wie sie sind.

Zur Freundschaft gehört ein starkes Element von Treue. Nicht Treue einem Land oder einer Kultur gegenüber, sondern vielmehr Treue gegenüber der Aktivität des Lebendigseins. So spielt das Mögen oder Nicht-Mögen nur eine geringe Rolle in der Realität der Freundschaft, die in der Beziehung zwischen Patient und Arzt entsteht. Häufig entstehen Gefühle des Besitzergreifens und der Abneigung in Situationen, wenn wir mit anderen Menschen zusammen sind. Natürlich sind diese unterschiedlichen emotionalen Färbungen grundlegendes Material für die Arbeit an uns selbst, aber die Gefühle für sich genommen zeigen weder die Abwesenheit von Freundschaft an, noch behindern sie notwendigerweise unsere Fähigkeit, unsere Hilfe anzubieten.

Vielleicht streben wir alle nach Freundschaft. Wir alle möchten uns in einer solchen Weise beziehen und möchten, daß man uns in ebensolcher Weise begegnet. Vor kurzem wurde mir das Vorhandensein dieser Sehnsucht während eines Retreat-Trainings für im Gesundheitswesen Tätige deutlich. Zum Abschluß eines Morgens, an dem wir uns die meiste Zeit stiller Meditationspraxis gewidmet hatten, entstand zwischen uns spontan eine anschauliche und faszinierende Unterhaltung über einige der grundlegenden Aspekte der heilenden

Beziehung. Ohne vorher erwähnt oder formell eingeführt worden zu sein, kam die Qualität von Verbundenheit, die wir häufig mit Freundschaft assoziieren, auf.

Die Teilnehmer sprachen über das Gefühl, daß die nicht-urteilenden, nichtstrebenden, auf Großzügigkeit ausgerichteten Aspekte der Achtsamkeitspraxis ihnen halfen, sich mit sich selbst „anzufreunden". Als wir begannen, genauer und tiefer zu erforschen, wie sich das von innen heraus anfühlte, und wie sich dieses Gefühl von Freundschaft im Laufe des Morgens ausgedrückt hatte, sprachen viele dieser zweihundert Teilnehmer darüber, daß sie ein neues Gefühl von Wohlbehagen mit sich selbst gefunden hatten, das unabhängig davon war, welche Gedanken oder Gefühle im Geist auftauchten. Sie sprachen über ein spürbares Nachlassen der Beengung, ein spürbares Gefühl von Freundlichkeit sich selbst gegenüber, über neu entdeckte Gefühle von Sicherheit und über eine allmähliche Befreiung aus dem endlosen Zyklus von Verurteilung, Verleugnung, Rechtfertigung, Schuldgefühlen und versuchter Reue.

Das Gefühl, langsam in der Lage zu sein, all das willkommen zu heißen – jenseits von Zu- oder Abneigung –, was in das Feld des Bewußtseins trat, verschaffte den Menschen große Erleichterung und gab ihnen ein Gefühl von Hoffnung und stiller Umarmung. Dieses Gefühl von sich Anfreunden war im Raum sehr lebendig. Spontan begannen viele der Ärzte, Krankenschwestern, Psychiater, Psychologinnen und Verwaltungsangestellten ruhig über die Möglichkeit zu sprechen, „miteinander zu sitzen", genauso, wie sie den ganzen Morgen lang mit sich selbst gesessen hatten.

Praxis

Sich mit dem Selbst anfreunden

Achtsamkeit ist ein Akt der Gastfreundschaft. Sie ist eine Chance, um zu lernen, sich selbst freundlich und fürsorglich zu behandeln. Diese Art des Umgangs mit uns selbst beginnt langsam in die tiefsten Winkel unseres Wesens einzudringen und bietet uns so allmählich die Möglichkeit, uns in der gleichen Weise auf andere zu beziehen. Mit dem zu arbeiten, was immer gerade präsent ist, reicht aus. Es besteht keine Notwendigkeit, uns selbst dafür zu verurteilen, daß wir gerade nicht in liebevoller oder freundlicher Stimmung sind. Vielmehr fordert uns der Prozeß einfach dazu auf, die Möglichkeit in Betracht zu ziehen, daß wir uns selbst Gastfreundschaft zukommen lassen können, egal, was wir gerade fühlen oder denken. Das hat nichts mit der Verleugnung oder Rechtfertigung unfreundlicher oder nicht wünschenswerter Handlungen zu tun, aber es hat sehr viel mit Mitgefühl uns selbst gegenüber zu tun, wenn wir es mit groben, schattenhaften, schwierigen oder noch nicht bearbeiteten Aspekten unseres Lebens zu tun haben.

Versuchen Sie, sich in dieser Woche etwas Zeit zu nehmen, um die Möglichkeit zu erforschen, mit sich selbst zu sitzen, so als ob Sie selbst Ihr bester Freund bzw. Ihre beste Freundin wären. Ruhen Sie im Bewußtsein des Atems, erlauben Sie es Gedanken und Gefühlen zu kommen und zu gehen, experimentieren Sie mit der Möglichkeit, sich selbst so zu umarmen, wie Sie einen anderen Menschen umarmen würden, der Ihnen teuer ist und der es braucht, gehalten zu werden. Wenn Sie möchten, dann versuchen Sie still einen Satz für sich zu wiederholen. Sie können sich zum Beispiel einen oder mehrere der folgenden Sätze aussuchen:

„Möge ich sicher sein."
„Möge ich frei von Leid sein."
„Möge ich friedlich sein."

Finden Sie die Worte, die sich in diesem Moment Ihres Lebens richtig anfühlen. Das könnte sich unbeholfen, fremd oder wenig authentisch anfühlen. Nichts von dem muß verleugnet werden. Geben Sie sich dennoch, wenn Sie dieser Akt von Gastfreundschaft, der in Ihrer Psyche begründet ist, anspricht, selbst den Raum, um mit dieser Praxis als einem Weg der Fürsorge für sich selbst zu arbeiten. Ein solcher Weg des Arbeitens mit uns selbst ist nicht dazu gedacht, Egozentrik oder Selbstsucht zu fördern. Er bittet uns einfach nur, wieder in den Kreis der Fürsorge einzutreten und uns selbst einzubeziehen.

Natürliches Wohlergehen

Ein Gespräch zwischen Michelangelo und einer reichen Gönnerin seiner Zeit: „Meister, was sind Ihre Vorstellungen in bezug auf die Bildhauerei?" „Madam, es gibt nichts im Geiste des Menschen, das nicht bereits in dem Steinblock vorhanden wäre. Auf der Grundlage meines Intellekts und meiner Fähigkeiten besteht meine Arbeit darin, das hervorzuholen, was sich bereits in dem Stein befindet."

Es war im Jahre 1964 während der Weltausstellung in Flushing Meadows im Staate New York. Ich war fünfzehn Jahre alt, als ich in den Ausstellungspavillon hineinging und die Pietà in all ihrem Glanz sah, während ich von Trauben von Besuchern mit blitzenden Kameras umgeben war, die teilweise zum Gebet niederknieten und leise flüsterten oder laut einander die Aufregung und die Ehrfurcht kundtaten, die ihnen durch diese Plastik eingeflößt wurden. So bewegend und lebensecht sie auch war, ich erinnere mich daran, wie ich mich von der Menge abwandte, durch die Halle wanderte und mich vor einer anderen Schöpfung des Künstlers wiederfand, die den Titel *Die Sklaven* trug.

Soweit ich mich nach dreiunddreißig Jahren noch erinnere, stand da eine Figurengruppe, die von dem Bildhauer geschnitzt und gestaltet worden war. Zu meiner Rechten stand eine Reihe von Erwachsenenfiguren, die von des Meisters maßvollen Schlägen gemeißelt, poliert und befreit worden waren, bis selbst die Haut glänzte und pulsierte, so, als sei sie durch sein eigenes erfülltes Leben, das im Stein verkörpert war, belebt worden. Die drapierten Tücher, die der Körnung und der Maserung des Steins folgten, waren in leinenähnliche Falten gelegt. Die ausgefransten Kleider, die mit untrüglicher, detailgenauer Präzision zerschlissen worden waren, hingen in faszinierender Bewegung herab. Meine Augen, und noch so viel mehr von mir, nahmen diese Reihe von gemeißelten Figuren in sich auf und wurden satt davon. Links von den Erwachsenen standen die Kinder. Zuerst klar definierte Figuren, dann kleine, weniger gestaltete Gesichter, mit Tüchern behangene Körper, die still dastanden und bis in alle Ewigkeit nach draußen in die Welt und in mich hineinschauten. Sie winkten mir zu. Ihre Gesichter zeigten die ersten Schläge, den rauhen Felsblock, des Meisters ursprüngliche Intention des Zuhörens, bis das endgültige Gesicht als ein Auge, ein Ohr und eine halbfertige Nase, die im Raum hingen, auftauchte, während die andere, nicht offenbarte Hälfte in dem Felsblock zurückblieb, „innerhalb" des schwarzen Steins festgehalten, der diese stille, bewegungslose Truppe vor mir hervorgebracht hatte.

Das war einer jener Momente, die ich nicht vollkommen verstand, die mir jedoch irgendwie bekannt waren. Einer jener Momente, der im Laufe der Jahre langsam und stetig geköchelt werden mußte, um in die starken, nahtlosen Knochen transformiert zu werden, die in Stille dem Leben Mark und Substanz verleihen. Einer jener Momente, die zusammengerollt und lebendig in meinem tiefsten Inneren liegen und mein Leben durchdringen, formen und aufrechterhalten, bis die Unterhaltung zwischen der Frau und Michelangelo, mit der diese Geschichte beginnt, mir von einem Kunstgeschichtsprofessor erzählt wurde. Nachdem ich im Unterricht mein Erlebnis geschildert hatte, kam er in der nächsten Stunde mit dem Literaturhinweis auf mich zu und brachte so einen Kreis zum Abschluß, der vor mehr als dreißig Jahren begonnen hatte.

„Es gibt nichts im Geiste des Menschen, das nicht bereits in dem Steinblock vorhanden wäre."

Wir alle sind vollkommen eingeschränkte Genies, die auf tausenderlei Weise umschmeichelt und hervorgeholt werden, die in die Realität hineingeschliffen und dort langsam poliert werden, um ihre ganze Fülle zu entfalten. Dieses „Hervorholen" ist die eigentliche Erziehung. Können Sie diese Handlung in Ihrem eigenen Leben fühlen? Was wird aus Ihrem Inneren hervorgeholt? Was wird geboren?

Wie wäre es, wenn wir uns im Leben anderer engagieren und auch unser eigenes Leben in dem Wissen angehen würden, daß wir alle von Natur aus ganz und von unserem Wesen her gesund sind, und daß nur die Entdeckung unerschrockener Vollständigkeit in uns hervorgeholt werden muß? Wie würde das den gesamten Tanz zwischen Arzt und Patient verändern? Welche Art von Beziehung würde sich aus diesem Standpunkt ergeben, wenn er gesehen und kompromißlos eingenommen werden würde?

Zerbrochen und doch ganz

Sieben Uhr morgens. Fahre auf der Mass Pike zur Arbeit. Richtung Osten. Ich schalte das Morgenmagazin des National Public Radios ein. Heute befindet sich der Journalist in Chicago. Er erzählt folgende Geschichte: Ein großes, angesehenes Museum in Chicago hat eine hohe Summe an privaten und öffentlichen Geldern beschafft, um eine Kunstausstellung zu finanzieren. Als Thema der Ausstellung wollten die Verantwortlichen die Arbeiten von „behinderten" Künstlern ausstellen und sie verschickten mehr als hundert Einladungen an potentielle Aussteller, die jedoch nicht auf das geringste Interesse stießen.

Bestürzt, besorgt, und wahrscheinlich auch voller Angst beschlossen der Kustos und der Vorstand des Museums, für die viel Geld und Ansehen auf dem Spiel stand, dieser Sache auf den Grund zu gehen. Die Antwort erscheint offensichtlich. Sie stellten fest, daß keiner der angeschriebenen Künstler, die schon viel erreicht hatten, und zum großen Teil ihre Arbeiten bereits international gezeigt hatten, unter der Rubrik „behindert" ausstellen wollte. Monate später, nach großen Überredungskünsten und Verhandlungen erklärte sich ein bekannter Künstler, der ebenfalls eine „Behinderung" hatte, bereit, seine Arbeiten auszustellen. Nach dieser Eröffnung akzeptierten auch andere Künstler die Einladung und die Ausstellungsräume füllten sich.

Der Radiobericht fährt damit fort, daß der Kommentator am Eröffnungstag durch die Gallerie geht und den Zuhörern beschreibt, was er sieht, während er sich mit einigen Künstlern unterhält. Er steht vor einem raumfüllenden Gemälde, das aus extrem feinen geometrischen Mustern besteht, die in perfekter Beziehung zueinander stehen. Er interviewt den Maler und fragt ihn, wie er eine so präzise Arbeit mit so vielen komplizierten Details schaffen könne. Der Künstler antwortet: „Es stellt einfach das dar, was ich sehe, und das bringe ich auf die Leinwand." Der Künstler ist blind. Er ist von Geburt an blind gewesen.

Als nächstes hören wir etwas über einen Bildhauer. Ein großer, kraftvoll gebauter Mann, der Metall schmiedet und zusammenschweißt. Er baut riesige, manchmal turmähnliche Strukturen. Wir erfahren, daß dieser Bildhauer vor einigen Jahren sein Bein verloren hat, jedoch keine Prothese tragen kann und mit einem Bein weiterarbeitet. Er wird gefragt, ob sich seine heutigen Arbeiten von denjenigen unterschieden, die er geschaffen habe, als er noch zwei Beine hatte. Der Mann antwortet klar und bewußt: „Das ist das, was ich jetzt mache. Das ist normal." Wir finden heraus, daß dieser Bildhauer ausgewählt worden war, das zentrale Werk der Ausstellung zu schaffen. Er hat eine Kugel aus Stein, vielleicht auch Marmor oder Granit, gemeißelt. Wir erfahren, daß sie vollkommen gewesen ist, mit einer ununterbrochenen, glatt polierten Oberfläche. Nachdem die Kugel fertig war, zertrümmerte der Künstler sie und setzte sie dann mit Bolzen, Metallverschlüssen und Bindemittel wieder zusammen. Jetzt steht sie – voller Brüche – in der Mitte der Galerie, in der Mitte Amerikas und trägt den Titel *Zerbrochen und doch ganz.*

Das zu hören, während ich mit 90 Stundenkilometern auf der Straße fahre, macht mich fertig. Meine Brust ist weit aufgebrochen. Ich reduziere meine Geschwindigkeit, Tränen strömen mir aus den Augen – aus all meinen Brüchen heraus – und tropfen auf mein Hemd, meine Krawatte und meinen Schoß. Noch 15 Kilometer zu fahren. Ich bin erstaunt! Von Tränen für mich und Tränen für uns alle vollkommen umgewandelt. Der Fluß hinter diesen Tränen fühlt sich ungeheuer weit und unpersönlich an. Diese Tränen sind nicht die altvertrauten, die aus den Nebenflüssen des Selbstmitleids oder des von Sorge getriebenen Dursts für das stammen, was ich nicht habe und verzweifelt haben möchte. Dieser Fluß ist weitaus universeller. Es ist ein Fluß, der Trauer trägt. Das Erschaudern, das Schmelzen sagen mir in einem einzigen Augenblick, daß diese Geschichte die enge Membran der persönlichen Geschichte durchstoßen hat und sich in die Wahrheit unseres kollektiven Zustands ergießt.

Sie ist die Geschichte eines jeden Menschen.

Ich gehe über den Parkplatz, bereite mich auf den Unterricht vor und sitze ruhig mit den Teilnehmern zusammen, nachdem wir einer Frau zugehört haben, die uns über die bedeutsamen, unerwarteten Veränderungen in ihrem Leben berichtet hat, die durch ihre Krankheit hervorgerufen worden sind. Sie berichtet auch über den Kontakt, den sie in letzter Zeit mit einem unverhofften Gefühl von Solidität und Wohlbefinden gewonnen hat. Ich stehe da, gehe langsam durch den Raum und erzähle diese Geschichte. Die Leute vibrieren wie Gongs, die durch den Klang in Schwingung versetzt werden. Sie sind von dem Klang umgeben, von ihrer tiefen Resonanz mit dem

Zerbrochen und doch ganz
Zerbrochen und doch ganz
Zerbrochen und doch ganz

Mit größerer Heftigkeit, Gnade und Mitgefühl als zehntausend Worte es hätten vermitteln können, dringt diese Erkenntnis ein. Wie die Achtsamkeitspraxis, so hilft auch diese Geschichte jedem im Raum, sich daran zu erinnern, daß eine schwere Krankheit zu haben und in einer konventionellen Universitätsklinik behandelt zu werden, uns nicht wie bei Gedächtnisverlust betäuben oder in ein tiefes, schläfriges Vergessen hinsichtlich unserer angeborenen Ganzheit versetzen muß.

Jedoch verlieren im Gesundheitswesen Tätige allzu häufig - hauptsächlich durch Zeitmangel, die Ausbildung und Unsicherheit bedingt - die tiefere Mission, sich an der Intimität unseres eigenen Leidens und demjenigen derer, die unsere Fürsorge suchen, zu beteiligen, aus dem Auge oder wenden sich davon ab. Von der Notwendigkeit getrieben, haben wir einen großen Vorrat an Wissen entwickelt, der dazu dienen soll, die Situation zu erleichtern und in einigen Fällen auch zu heilen. Aber wie ein zweischneidiges Schwert kann uns dieses Wissen leicht an die zerbrochenen Aspekte dieser Menschen vor uns binden, während es uns gleichzeitig für ihre - und unsere - tiefere, angeborene Ganzheit blind macht. Am weitaus häufigsten entsteht diese reaktive Konditionierung aus Angst heraus - der Angst vor dem Unbekannten, der Angst vor dem Unbequemen, der Angst vor der Hilflosigkeit, der Angst vor den zerbrochenen Stellen in uns selbst. Dennoch, wenn wir uns nicht sorgfältig um diese Aspekte in uns selbst kümmern, dann behandeln wir uns und diejenigen, die sich um unsere Hilfe bemühen, unfair. Wenn wir uns, meist unbewußt, weigern, unsere eigene Zerbrochenheit anzuerkennen und uns in sie hineinzubegeben, dann bleiben wir gefühllos, distanziert und sehr häufig auch zynisch.

Dennoch trägt dieser Fluß Trauer. Und er trägt noch weitaus mehr - er trägt Gold. Genauso wie in dem Märchen „Der Froschkönig" von den Gebrüdern Grimm die Prinzessin ihren goldenen Ball verloren hat, oder der Junge in der Geschichte „Eisenhans" seinen goldenen Ball verloren hat, so haben auch wir alle eine Zeitlang unser Gold verloren. Patient zu sein, krank zu sein, erzeugt enormen, unerwarteten Aufruhr. Als Ärzte und Pfleger, die wir tagtäglich inmitten des Leidens und der Krankheit von anderen arbeiten, bekommen wir alle ein bestimmtes Maß dieses Aufruhrs mit. Aufgrund dessen haben wir die Möglichkeit, ganz bewußt all das zuzulassen, was in dem Chaos und der Verworrenheit der heilenden Beziehung zu Tage tritt, um uns aus unserem gewohnheitsmäßigen Fahrwasser herauszubringen. Damit können wir uns gemeinsam als Menschen, die vorübergehend als „Patient und Arzt" klassifiziert werden, durch unsere Beziehung zueinander bei der gegenseitigen Entdeckung unseres strahlenden, goldenen Wesens aktiv unterstützen.

Wir alle hungern danach, auf diese Weise gesehen zu werden. Das ist die Quelle unseres Aufblühens. Es beginnt im Inneren mit der Entwicklung von Fürsorge für uns selbst, unabhängig von unserer Rolle, unserem Gesundheitszustand oder unseren Schwierigkeiten. Später beginnt das überzufließen und in unseren Beziehungen zu anderen aufzublühen. Das ist keineswegs ein einfacher Weg, und die Meditation ist kein Schlangenöl, kein Allheilmittel oder eine Übung, um sich gut zu fühlen. Sie ist eine Methode, ein Mittel, um mit diesen bereits latent vorhandenen Qualitäten Kontakt aufzunehmen und sie zu kultivieren. Das ist die wahre Bedeutung von Erziehung, die Essenz der Achtsamkeit - das hervorzuholen, was bereits ist - anstatt sich vorzustellen, daß wir andere füllen müssen oder von irgendeiner äußeren Quelle gefüllt werden müssen, um ganz zu sein. Im Kontext der Medizin bietet uns die Achtsamkeitspraxis ein Handwerkszeug, vergleichbar mit einem Sextanten, der uns durch jene unergründeten Meere zu navigieren hilft, egal ob wir nun die Helfenden sind oder diejenigen, die Hilfe suchen.

Wie die eingehüllte, voneinander abhängige Wirklichkeit, die „Arzt und Patient" genannt wird, so existieren Zerbrochenheit und Ganzheit nebeneinander. Sie sind dynamische Aspekte, die in der größeren Ganzheit enthalten sind, die wir Mensch nennen. Durch das Anerkennen und Achten unserer Brüche, des oberflächlichen Aufruhrs und des tiefen Kerns unseres Wesens enthüllen wir das, von dem wir gedacht hatten, daß es unerreichbar sei. Das ist die Wurzel und die Frucht der Achtsamkeitspraxis. Das Zusammenkommen von Meditation und Medizin.

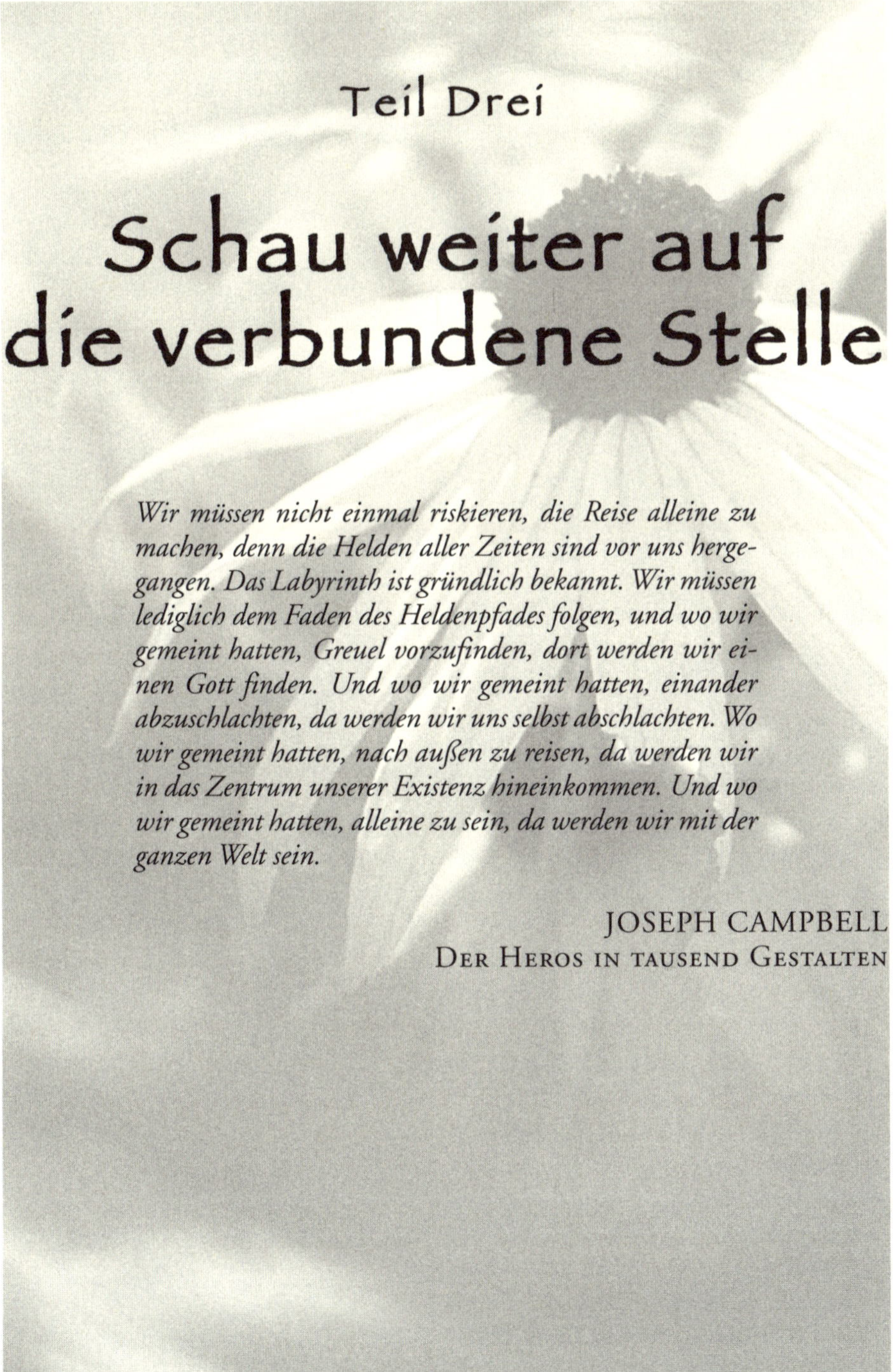

Teil Drei

Schau weiter auf die verbundene Stelle

Wir müssen nicht einmal riskieren, die Reise alleine zu machen, denn die Helden aller Zeiten sind vor uns hergegangen. Das Labyrinth ist gründlich bekannt. Wir müssen lediglich dem Faden des Heldenpfades folgen, und wo wir gemeint hatten, Greuel vorzufinden, dort werden wir einen Gott finden. Und wo wir gemeint hatten, einander abzuschlachten, da werden wir uns selbst abschlachten. Wo wir gemeint hatten, nach außen zu reisen, da werden wir in das Zentrum unserer Existenz hineinkommen. Und wo wir gemeint hatten, alleine zu sein, da werden wir mit der ganzen Welt sein.

JOSEPH CAMPBELL
DER HEROS IN TAUSEND GESTALTEN

Des Teufels rußiger Bruder

Ein abgedankter Soldat hatte nichts zu leben und wußte sich nicht mehr zu helfen. Da ging er hinaus in den Wald, und als er ein Weilchen gegangen war, begegnete ihm ein kleines Männchen, das war aber der Teufel. Das Männchen sagte zu ihm: „Was fehlt dir? Du siehst ja so trübselig aus." Da sprach der Soldat: „Ich habe Hunger, aber kein Geld."

Der Teufel sagte: „Willst du dich bei mir verdingen und mein Knecht sein, so sollst du für dein Lebtag genug haben; sieben Jahre sollst du mir dienen, hernach bist du frei. Aber eins sag ich dir, du darfst dich nicht waschen, nicht kämmen, nicht rasieren, keine Nägel und Haare abschneiden und kein Wasser aus den Augen wischen."

Der Soldat sprach: „Frisch dran, wenn es nicht anders sein kann", und ging mit dem Männchen fort. Das führte ihn geradewegs in die Hölle hinein. Dann sagte es ihm, was er zu tun hätte: Er müßte das Feuer schüren unter den Kesseln, in denen die Höllenbraten säßen, das Haus rein halten, den Kehrdreck hinter die Tür tragen und überall auf Ordnung sehen; aber schaute er ein einziges Mal in die Kessel hinein, so würde es ihm schlimm ergehen.

Der Soldat sprach: „Es ist gut, ich will es schon besorgen." Da ging nun der alte Teufel wieder hinaus auf seine Wanderung, und der Soldat trat seinen Dienst an, legte Feuer zu, kehrte und trug den Kehrdreck hinter die Türe – alles, wie es befohlen war. Wie der alte Teufel wiederkam, sah er nach, ob alles geschehen war, zeigte sich zufrieden und ging zum zweitenmal fort.

Der Soldat schaute sich nun einmal recht um, da standen die Kessel ringsherum in der Hölle und es war ein gewaltiges Feuer darunter, und es kochte und brutzelte darin. Er hätte für sein Leben gerne hineingeschaut, wenn es ihm der Teufel nicht so streng verboten hätte; endlich konnte er sich nicht mehr halten, hob vom ersten Kessel ein klein bißchen den Deckel auf und guckte hinein. Da sah er seinen ehemaligen Unteroffizier darin sitzen.

„Aha, Vogel", sprach er, „treffe ich dich hier? Du hast mich gehabt, jetzt hab ich dich", ließ geschwind den Deckel fallen, schürte das Feuer und legte noch frisch zu. Danach ging er zum zweiten Kessel, hob auch ihn ein wenig auf und guckte, da saß sein Fähnrich drin: „Aha, Vogel, treff ich dich hier? Du hast mich gehabt, jetzt hab ich dich", machte den Deckel wieder zu und trug noch einen Klotz herbei, der sollte ihm erst recht heiß machen. Nun wollte er auch sehen, wer im dritten Kessel säße, da war es gar ein General: „Aha, Vogel, treff ich dich hier? Du hast mich gehabt, jetzt hab ich dich", holte den Blasebalg und ließ das Höllenfeuer recht unter ihm flackern.

Also tat er sieben Jahre seinen Dienst in der Hölle, wusch sich nicht, schnitt sich die Nägel und Haare nicht und wischte sich kein Wasser aus den Augen; und die sieben Jahre waren ihm so kurz, daß er meinte, es wäre nur ein halbes Jahr gewesen. Als nun die Zeit vollends herum war, kam der Teufel und sagte: „Nun, Hans, was hast du gemacht?"

„Ich habe das Feuer unter den Kesseln geschürt, ich habe gekehrt und den Kehrdreck hinter die Türe getragen."

„Aber du hast auch in die Kessel geschaut; dein Glück ist, daß du noch Holz zugelegt hast, sonst wäre dein Leben verloren; jetzt ist deine Zeit um, willst du wieder heim?"

„Ja", sagte der Soldat, „ich würde gerne sehen, was mein Vater daheim macht."

Sprach der Teufel: „Damit du deinen verdienten Lohn kriegst, geh und raffe dir deinen Ranzen voll Kehrdreck und nimm es mit nach Haus. Und wenn Du gehst, dann gehe ungewaschen und ungekämmt, mit langen Haaren am Kopf und am Bart, mit ungeschnittenen Nägeln und mit trüben Augen, und wenn du gefragt wirst, woher du kommst, sollst du sagen, ‚aus der Hölle', und wenn du gefragt wirst, wer du bist, sollst du sagen, ‚des Teufels rußiger Bruder und mein König auch'."

Der Soldat schwieg still und tat, was der Teufel sagte, aber er war mit seinem Lohn gar nicht zufrieden. Sobald er nun wieder oben im Wald war, hob er seinen Ranzen vom Rücken und wollt ihn ausschütten. Wie er ihn aber öffnete, so war der Kehrdreck pures Gold geworden. „Das hätte ich mir nicht gedacht", sprach er, war vergnügt und ging in die Stadt hinein. Vor dem Wirtshaus stand der Wirt, und wie ihn der herankommen sah, erschrak er, weil Hans so entsetzlich aussah, ärger als eine Vogelscheuche. Er rief ihn an und fragte: „Woher kommst du?"

„Aus der Hölle."

„Wer bist du?"

„Dem Teufel sein rußiger Bruder und mein König auch."

Nun wollte der Wirt ihn nicht einlassen, wie er ihm aber das Gold zeigte, ging er und klinkte selber die Türe auf. Da ließ sich Hans die beste Stube geben und köstlich aufwarten, aß und trank sich satt, wusch sich aber nicht und kämmte sich nicht, wie ihm der Teufel geheißen hatte, und legte sich endlich schlafen. Dem Wirt aber stand der Ranzen voll Gold vor Augen und der ließ ihm keine Ruhe, bis er in der Nacht hinschlich und ihn stahl.

Wie nun Hans am andern Morgen aufstand, den Wirt bezahlen und weitergehen wollte, da war sein Ranzen fort. Doch er verschwendete darauf keine Worte, dachte sich: „Es ist nicht meine Schuld, daß der Ranzen verschwunden ist", drehte sich auf der Stelle um und ging geradewegs zurück in die Hölle. Da klagte er dem alten Teufel seine Not und bat ihn um Hilfe.

Der Teufel sagte: „Setz dich, ich will dich waschen und kämmen, deinen Bart, die Haare und die Nägel schneiden und die Augen auswischen, und als er mit ihm fertig war, gab er ihm den Ranzen wieder voll Kehrdreck und sprach: Geh hin und sage dem Wirt, er sollte dir dein Gold wieder herausgeben, sonst werde ich kommen und ihn abholen, und er wird dann an deinem Platz das Feuer schüren."

Hans ging hinaus und sprach zum Wirt: „Du hast mein Gold gestohlen, gibst du es nicht wieder, so kommst du in die Hölle an meinen Platz und sollst so greulich aussehen wie ich."

Da gab ihm der Wirt das Geld und noch mehr dazu und bat ihn nur, still davon zu sein; und Hans war nun ein reicher Mann.

Hans machte sich auf den Weg heim zu seinem Vater, kaufte sich einen schlechten Leinenkittel auf den Leib, ging herum und machte Musik, denn das hatte er beim Teufel in der Hölle gelernt. Es war aber ein alter König im Land, vor dem mußte er spielen, und der geriet darüber in solche Freude, daß er dem Hans seine älteste Tochter zur Ehe versprach. Als die aber hörte, daß sie so einen gemeinen Kerl im weißen Kittel heiraten sollte, sprach sie: „Bevor ich das tue, würde ich mich lieber ertränken." Da gab ihm der König die Jüngste, die wollte ihrem Vater zuliebe den Hans gerne heiraten; und also bekam des Teufels rußiger Bruder die Königstochter und, als der alte König gestorben war, auch das ganze Reich.

Dieses Märchen ruft häufig starke Reaktionen bei Menschen hervor, die glauben, daß es kein ehrbares Unterfangen sei, einen Pakt mit dem Teufel einzugehen, egal, wie sehr man dabei seiner Phantasie freien Lauf gelassen hat. Häufig wird ihr Zorn und ihre Verwirrung noch zusätzlich durch die scheinbare Ungerechtigkeit geschürt, daß eine solche Tat so reich belohnt wird. Da jedoch der Teufel in so mannigfachen Verkleidungen daherkommt, vermute ich, daß jeder von uns sich damit identifizieren kann, daß er irgendwann einmal einen Pakt mit dem Teufel geschlossen hat.

Da sich diese Geschichte jedoch in mythologischer Zeit und an einem mythologischen Ort abspielt, reichen unsere gewöhnlichen Vorstellungen und Meinungen nicht aus, um zu der tieferen Aufgabe vorzudringen, nämlich die archetypischen Muster zu verstehen, die es in jedem von uns gibt. Damit sich diese Art von Verständnis entfalten kann, müssen unsere Neugierde, unser Gefühl des Nicht-Wissens und unser Gefühl, einen Platz innerhalb eines größeren, sich immer weiter entwickelnden Universums zu haben, in den Mittelpunkt treten. Unterdessen wird unser gewöhnlicher Verstand eine Zeitlang in den Hintergrund treten müssen. Wenn wir die Möglichkeit zulassen, daß alle Figuren, Gegenstände und Situationen in dem Märchen Aspekte unserer eigenen inneren Architektur sind anstelle einer Reihe von äußeren Umständen und Persönlichkeiten, die wörtlich zu verstehen wären, dann stellen wir vielleicht fest, daß wir nun frei genug sind, um neue Wege des Sehens und des Verstehens zu entdecken.

Für den Soldaten hat sich das Leben verändert. Er ist von den Pflichten und Aktivitäten befreit worden, denen er ein Leben lang nachgekommen ist. Nun, da er des Gewöhnlichen und Vertrauten beraubt ist, weiß er nicht länger genau, wer er ist und worin seine Aufgabe besteht. Was wir wissen ist, daß er nach Hause gehen möchte! Ganz ähnlich wie in den Anfangszeilen von Dantes *Inferno* könnte es sein, daß wir uns mitten in unserem Leben verloren fühlen. Manchmal geschieht das aufgrund von Krankheit, manchmal deshalb, weil wir am Ende einer Straße angelangt sind. Manchmal geschieht es auch, daß wir uns an einer Wegkreuzung befinden und nicht mehr länger sicher sind, auf welchen Weg wir uns jetzt begeben sollen. Manchmal ist das Leben, das wir bisher geführt haben, zu deprimierend und unglücklich und wir fangen an, uns dieser unangenehmen Wahrheit zu stellen. Manchmal führt uns ein vages Unbehagen unerbittlich in eine tiefere Auseinandersetzung mit uns selbst hinein.

Wie Dante und wie der Soldat brauchen wir alle bisweilen einen Vergil, jemanden, der uns in die Tiefe führt, an den Ort, den Rumi als die verbundene Stelle bezeichnet. Die Stelle, in die wir bisher noch nicht gewagt haben, hineinzuschauen, die jedoch klar gesehen und betreten werden muß, wenn wir uns von neuem finden und den Weg nach Hause antreten wollen. Für den Soldaten wird das Männchen, das als der Teufel dargestellt wird, zu einem Führer. Bis dahin ist sein Leben von Zucht, Regelmäßigkeit und höchstwahrscheinlich auch einer kulturell bedingten Hochachtung sowie dem Respekt, der einem Soldaten gebührt, ausgefüllt gewesen. Aber ob es ihm nun gefällt oder nicht, diese Zeit ist vorbei. Jetzt ist er heimatlos und ohne den ihm vertrauten Halt. Vielleicht fühlt er sich in seltsamer Weise von dem Unbekannten angezogen oder er hat eine Ahnung davon, daß es nach lebenslanger Treue gegenüber äußeren Pflichten und äußerer Verantwortung für ihn jetzt an der Zeit ist, die steile, vertikale Achse seines Lebens in beiden Richtungen zu bereisen.

Er steht jetzt kurz davor, eine Schwelle zu überqueren. Das ist ein Kennzeichen dafür, daß die Persönlichkeit, mit der er sich bisher identifiziert hat, sich aufzulösen beginnt. Für uns alle, insbesondere diejenigen, die eine hohe Bildung genossen und auf Erfolg getrimmt worden sind und die in den Augen der Kultur als vollendet angesehen werden, beginnt an dieser Kreuzung die Person auseinanderzubrechen, die sie geglaubt haben zu sein. Wenn man diesen Abstieg in die Unterwelt, in die dunkleren Bereiche unseres Lebens klar sieht und weise nutzt, dann wird er zu einem wesentlichen Bestandteil auf der Reise nach Hause.

Es ist schwierig, dies nachzuvollziehen, wenn wir von außen darüber nachdenken. Wenn wir jedoch nach innen gehen, dann können wir beginnen, nützlichere Fragen zu stellen, wie zum Beispiel: Wer ist der Soldat in mir? Was ist mit dem Männchen? Für wen oder was stehen der General, der Unteroffizier und der Fähnrich? Wo wohnen das Feuer, die Holzscheite, die siedenden Kessel in mir und in meinem Leben? Wer ist derjenige in mir, der Rache üben will? Welche Aspekte meiner selbst werden mir in dem Spiegel der offenen Kessel enthüllt? Worum geht es bei den ungekämmten, unrasierten und ungeschnittenen Haaren und Nägeln den unausgewischten Augen, dem Ruß? Was bedeutet wohl die Gleichsetzung von Brüderlichkeit mit den abgelehnten, unerwünschten Aspekten meines Lebens, die in der Gestalt des Männchens und der Belohnung des Kehrdrecks, der sich in Gold verwandelt, auftreten? Worauf könnten die alte und die junge Tochter, der alte König und das unverhoffte Erbe des Königreiches mich in mir hinweisen? Was ist jetzt meine Lebensaufgabe? Welche Verantwortung hat meine Seele?

Die Geschichte macht in dieser Hinsicht ganz klare Aussagen: Um unseren Weg nach Hause zu finden, müssen wir zuerst *nach unten gehen.* Wir sind aufgefordert, unterzutauchen und bis ins kleinste Detail die unerwünschten Aspekte unserer selbst zu erforschen. Wenn wir die ausgegrenzten, unerfreulichen Elemente unserer Psyche kochen wie in jenen siedenden Kesseln, dann könnte es sein, daß wir transformiert aus diesem Fegefeuer aufsteigen und in der Lage sind, unser Leben als Lied, als neuen Klang zu leben. Das ist Schwerstarbeit.

Die Weltliteratur kennt zahlreiche solcher Suchen: Dantes Abstieg in die Hölle; Beowulfs Abtauchen in den See, um Grendels Mutter zu treffen; Persephones Abstieg in die Unterwelt; Odysseus Reise zu den Toren des Hades; Jonas Tage und Nächte im Bauche des Wals. Jeder von uns ist aufgefordert, in diese Unterwelt, diese Dunkelheit hineinzugehen. Wir müssen uns mit unseren Ängsten auseinandersetzen, alle Aspekte des Selbst anerkennen und die Verantwortung dafür übernehmen, um auf diese Weise erneuert zu werden.

Und wer ist dieser Teufel? Schließt unsere gewöhnliche Auffassung eines solchen Wesens jemanden ein, der uns sieben Jahre Arbeit gibt? Schließt sie jemanden ein, der von uns verlangt, daß wir unrasiert und ungewaschen bleiben, und der uns, trotz seiner eindeutigen Warnung, nicht in die Kessel hineinzugucken, unsere Verstöße vergibt und uns mit einem Sack Gold belohnt, und das auch noch zweimal? Beinhaltet unsere normale Vorstellung vom Teufel jemanden, der uns Nahrung und Freiheit verspricht, und dieses Versprechen auch einlöst? Beinhaltet sie jemanden, der eingreift, wenn wir unserer mit Mühe erarbeiteten Belohnungen beraubt werden, der uns die Augen auswischt, uns pflegt und uns lehrt, ein Instrument zu spielen; jemanden, der uns ein Leben und einen Lebensunterhalt aufzeigt, die völlig unerwartet und erneuernd sind? Mein Gefühl ist, daß dieser Teufel, statt eine Personifikation des Bösen zu sein, wie es in einigen Mythen und Sagen der Fall ist, eher die schattenhaften, ungewollten und unerwünschten Aspekte unseres eigenen Lebens verkörpert eine Quelle innerer Führung, die häufig abgelehnt wird. Wir können unsere Auseinandersetzung mit diesen Kräften nicht ewig aufschieben, und unsere Bereitschaft, hinunterzugehen und uns in der Hölle gründlich umzusehen, ist notwendig, wenn wir die Fülle unseres Lebens wiedergewinnen wollen. Dies ist ein Bestandteil unserer universellen Suche und unserer Bestimmung. Zweifelsohne sind Krankheiten und die Welt der Medizin und Gesundheitsfürsorge ein unerwarteter Einstieg in diese dunkleren Regionen.

Für uns alle ist unsere Bereitschaft, unsere Ängste zu erforschen, in Hilflosigkeit, Verwirrung und Ungewißheit hineinzugehen, ein kraftvoller Verbündeter. Für unsere Erneuerung ist es notwendig, anzuerkennen, daß wir immer wieder mit menschlichem Leiden unserem eigenen und demjenigen anderer konfrontiert sind, und es ist notwendig, die verführerische Neigung zu überwinden, gefühllos oder melancholisch zu werden, die uns vorübergehend dem Leiden entkommen läßt. Unsere Verluste, unser Gefühl von unserer eigenen Wichtigkeit und überzeugter Individualität sowie unsere nicht anerkannte Trauer können bearbeitet werden, damit wir auf diese Weise in die Tiefe gehen, uns selbst vollständiger begegnen, und uns erneut mit unserer eigenen Menschlichkeit und dadurch auch mit der Menschlichkeit derjenigen verbinden, mit denen wir in Kontakt kommen. Das ist die Arbeit des Soldaten, und es ist auch unsere Arbeit.

Vielleicht drängt uns Rumi aus diesem Grunde dazu, weiterhin auf die verbundene Stelle zu schauen. Und wenn wir die Absicht mitbringen, aufmerksam und bewußt zu sein, zu fühlen und nicht länger den Kopf abzuwenden, sondern aus allem zu lernen, was wir schmecken und fühlen, dann könnte es sein, daß wir in eine Beziehung mit der Dunkelheit eintreten, die uns für alle jene lang verschlossenen, eng zusammengehaltenen und abgenutzten Orte öffnet, die Luft und Erfrischung benötigen. Es könnte sein, daß wir, indem wir das tun, feststellen, daß in all unsere Mängel und Risse Glanz hineinstrahlt und von ihnen ausströmt. Er beleuchtet und verwandelt das in Gold, was dunkel war, und vor dem wir uns am meisten gefürchtet haben.

Wenn wir uns weigern, auf diese Reise zu gehen, dann könnte es sein, daß wir nie die Musik unseres Lebens spielen werden. Wir singen dann vielleicht nie unser ureigenes Lied. Was für eine Tragödie das wäre! Denn die Welt braucht Ihr Lied, sie bleibt ohne es unvollständig und wartet in endloser Geduld darauf, daß Sie Ihr Lied anstimmen.

Nach unten gehen

Manchmal fühle ich mich wie ein Dieb, weil ich Worte gehört, Menschen und Orte gesehen und all das in meiner Literatur verwendet habe ... Da spielte sich jedoch etwas Tieferes ab – die Kraft dieser Begegnungen. Ich habe immer wieder meine Vorsicht hinter mir gelassen, und das Ergebnis war nun, ein Abstieg in mich selbst hinein.

WILLIAM CARLOS WILLIAMS
THE DOCTOR STORIES

KRANK: *Von schlechter Gesundheit oder Krankheit geplagt: leidend. Von einem tiefen, besorgniserregenden Gefühl erfüllt: Herzschmerz.*

WEBSTERS COLLEGE DICTIONARY

Krankheit zieht uns nach unten; sie zieht uns den Boden unter den Füßen weg und unterbricht unsere Kontinuität. Sie ist nicht schön, und wie die vorangestellte Definition andeutet, ist sie nicht auf die Störung von körperlichen Funktionen beschränkt. Für uns alle ist dieses *nach unten gehen*, das annehmbar bis grauenerregend ist, unausweichlich. In dieser nach unten weisenden Welt sind all die kleinen Schmerzen und Beschwerden enthalten, über die wir schimpfen, die wir ertragen, denen wir uns beugen und mit denen wir in unserem Alltagsleben verhandeln. Darin eingeschlossen sind auch die katastrophaleren Momente, in denen der Fortbestand unserer physischen Existenz unmittelbar bedroht oder ernsthaft beeinträchtigt ist; solche Momente, in denen diejenigen, die wir von ganzem Herzen lieben, sterben und, in einem ganz ursprünglichen Sinne auch diejenigen Momente, in denen sich unsere Identität, unser Gefühl dafür, wer wir sind, in Verwirrung und Unsicherheit auflöst.

Für im Gesundheitswesen Tätige ist das Leben in der Welt der Krankheit und Zerrüttung ihr tägliches Brot. Ich stelle mir in bezug auf diese Welt häufig folgende Fragen: Wie bin ich hierher gekommen? Wie soll ich heute dieser Welt begegnen? Was ist meine Aufgabe, meine wirkliche Aufgabe? Ich kenne keine vollständige Antwort auf irgendeine dieser Fragen. Aber wie es bei jeder längerfristigen Erkundung der Fall ist, hat mich das Fragen immer wieder zu der folgenden Frage zurückgeführt:

Wie kann ich es dieser Welt erlauben, so tief unter meine Haut zu dringen, daß die häufige Reibung mit denen, deren Leben zerbrochen ist, mich ebenfalls aufbricht?

Diese Sehnsucht danach, aufgebrochen zu werden, ist weder Masochismus noch der Wunsch, ein Märtyrer zu sein. Natürlich bedeutet sie nicht, Wissen, Fertigkeiten, persönliche Kompetenz oder Unbekümmertheit aufzugeben. Wenn wir jedoch unsere Fähigkeit entdecken wollen, uns für diejenigen zu engagieren, mit denen wir uns durch dieses gewundene Tal, dieses lange Golgotha der Seele hindurcharbeiten, dann müssen wir diesen Weg mit ihnen gehen. Das ist nicht leicht. Egal, ob wir nun still oder stürmisch in diese Unterwelt hineingezogen werden, wir sind immer aufgefordert, uns selbst zu begegnen, wenn wir dem Leiden und dem Zerbrochensein eines anderen begegnen. Sogar wenn ich dies schreibe, spüre ich eine vage, wenn auch deutlich spürbare Leere im Bauch, dort wird auf subtile Weise etwas zusammengepreßt. Auch in der Kehle zieht sich etwas zusammen, denn diese Frage und die Antwort darauf liegen tief im Kehlkopf begraben:

Wie begleiten wir am besten diejenigen, die unsere Fürsorge suchen, in diesen Bereich innerhalb und unterhalb des Körpers hinein? In die Schattenwelt, die die Bezeichnung leidend: voller Herzeleid trägt.

Es gibt nur einen Weg. Wir müssen selbst dort hineingehen.

Dieser Weg in die Tiefe ist häufig das Thema großer Mythen und Märchen, wie es das Beispiel von *Des Teufels rußiger Bruder* zeigt. Als Menschen, die anderen Fürsorge zukommen lassen, sind wir aufgerufen, uns in diese Region hineinzubegeben. Der Eintritt in diese Domäne ist nichts Geringeres als eine lange Lehrzeit. Hier werden wir in der Kunst der Wiederholung, der Wachsamkeit und des Verweilens in jedem Moment, bei jeder Aufgabe und mit jeder Person, mit der wir es zu tun haben, unterrichtet, bis wir beginnen zu verstehen und tief in unserem Bauch wissen, daß wir in der Lage sind, unser Herz sogar in der Hölle offen zu halten. Seien Sie gewarnt! In der Sprache der Märchen und der Mythen besteht dieses Land aus Asche, Ruß und Chaos. Es ist voll von Ungewohntem. Der Augias-Stall. Hier sind unsere weißen Mäntel, unsere gebügelten Kleider, unser strahlendes Lächeln, unsere auf eine bestimmte Wirkung zielenden Verhaltensweisen, unsere gut sitzende Frisur und unsere polierten Schuhe, Material für Schmutz, dunkle Kammern, Hitze und Nässe.

Hier gibt es nur eine Kleiderordnung, nämlich die Nacktheit.

So schwierig das auch klingen mag, eine solche Odyssee bietet die Möglichkeit, unser offenes, zartes Herz wiederzugewinnen und zu pflegen. Ohne eine solche Arbeit bleiben wir hart und gepanzert, bruchstückhaft ... leidend und voller Herzensleid. Und das wird sich zeigen. Es zeigt sich immer. Wie eine Glaswand oder ein langer Schatten, der sich zwischen uns und die anderen gelegt hat. Ich gehe auf derselben Straße wie Sie. Die Erfahrung sagt mir, daß unsere Weigerung, auf diesem Weg zu gehen, das Gefühl von Isolation und Unvollständigkeit verlängert und aufrechterhält. Deshalb bleiben wir roh und ungekocht und sind uns unserer Ganzheit nicht bewußt. Wenn das unser einzigartiges Schicksal wäre, dann wäre das schon für sich genommen eine Tragödie. Aber das ist nicht der Fall, denn wir sind keine getrennten, unabhängigen Wesen. Wir sind immer in Beziehung, sind immer in die Realität unserer gegenseitigen Abhängigkeit einbezogen. Wir müssen uns nur in der Tiefe anschauen, wie die Nahrung, die wir verzehren, angebaut wurde und auf unseren Tisch gelangt ist. Wir müssen uns die Wurzeln unseres gemeinsamen sprachlichen Erbes anschauen, das, worüber wir sprechen, unsere Sehnsucht nach Liebe, unsere Gefühle von Isolation und Alleinsein und unsere geteilte Ekstase bei Nächten im Mondschein, Lagerfeuern, strahlenden Sonnenaufgängen und echter Freundschaft, um zu wissen, daß wir nicht getrennt sind.

Das ist der Grund, warum für das, was in jenem lebendigen, offenen Raum, der sich die Patient-Arzt-Beziehung nennt, eine so genaue Aufmerksamkeit erforderlich ist. Sie ist eine Verkörperung, ein direkter Ausdruck unserer gegenseitigen Verbundenheit und Abhängigkeit. Zweifelsohne arbeiten wir an uns selbst als einem Mittel, um anderen zu helfen, und gleichzeitig ist die Arbeit mit anderen ein Mittel, um an uns selbst zu arbeiten. Dieser einfachen Wahrheit kann man sich nur schwer öffnen, weil sie das gesamte Wesen der heilenden Beziehung verändert: von einer starren, auf Rettung ausgerichteten oder durch Autorität und Dominanz bestimmten Beziehung hin zu einer Beziehung des Dienens, der gemeinsamen Kreativität und Erforschung. Das allein läßt das, was wir uns als Gefühl für unser eigenes Selbst und unsere Position vorstellen, aufbrechen. Denn unsere Arbeit und unser Privileg bestehen darin, andere zu unterstützen und zu begleiten, ihnen ihre innewohnende Ganzheit aufzuzeigen, die *hinter* der Krankheit vorhanden ist, selbst dann, wenn der Tod naht oder jemand damit konfrontiert ist, mit chronischer Krankheit leben zu müssen.

Worte allein können das nicht vermitteln. Was neben all unseren medizinischen Verfahren und klinischen Strategien erforderlich ist, ist eine Verlangsamung des Tempos, ein Lösen der Krawatte, ein Hochkrempeln der Ärmel und die Bereitschaft, in die Lücke zu springen, ohne festzuhalten und unser eigenes zerrissenes Herz innig zu umarmen.

Vielleicht weil wir Diener der Heilkünste sind, ist dies unsere Berufung und unser Segen. Unser Maß an Bereitschaft, diesen Weg zu gehen, ist ein Maß für unser eigenes Zerbrochensein und unsere eigene Ganzheit. Sie lassen sich nicht voneinander trennen. Es ist unmöglich, mit dem Leben, das hervorsprudelt und durch diese Ritzen dringt, in Kontakt zu treten, wenn wir nicht geöffnet sind. Dieses lebendige Wasser ist eine ganz unvergleichliche Mahlzeit.

Die Menschheit besitzt vier Dinge
Die auf See nichts taugen
Ruder, Anker, Riemen,
und die Angst, unterzugehen.

ANTONIO MACHADO
TIMES ALONE

Die Treppe

Nachdem ich einen Parkplatz in der Nähe der letzten Baumreihe gefunden habe, fahre ich hinein und verlasse den Wagen. Der heutige Fußweg über den Parkplatz beginnt. Hohe Wolken, der Gesang von Vögeln, Schilfgras und nasses Pflaster sind meine Begleiter. Ich gehe und wiederhole still für mich ein altes Sufi-Koan: *Wessen Füße sind das? ... Wessen Füße sind das? ... Wessen Füße sind das?*, während ich gleichzeitig den immer wiederkehrenden inneren Bewegungen zuhöre.

Fast immer, wenn ich zum Krankenhaus herübergehe, sehe ich sie in ordentlichen Reihen aufgestellt. Sie heben sich behaglich gegen das Gebäude ab, und manchmal reflektieren ihre Knochen aus Chrom die Morgensonne. Heute liegt auf ihren Sitzen ein Hauch von unberechenbarem Schnee, der mich daran erinnert, wer ich bin und wo ich den größten Teil des Tages verbringen werde. Die Rollstühle sind abfahrbereit zwischen den Bänken geparkt, wie Wachposten, die einen begrüßen und auf die Arbeit, die sie am heutigen Tage verrichten werden, warten. Über der gläsernen Eingangshalle des Krankenhauses steht: EINGANG FÜR AMBULANTE PATIENTEN.

Ich trete in den gläsernen Zwischenraum der Drehtür, schaue einen Moment lang in die riesige Eingangshalle hinein und werde dann schnell an dem gefliesten Eingang abgeliefert. Als ich still in diesen offenen Bereich hereingeführt werde, treffe ich auf drei Menschen einen älteren Mann, der eine grüne Kappe und dazu passende Arbeitskleidung trägt und an einem Stock humpelt; eine Frau mittleren Alters, die einen weiten, gelblich-braunen Mantel und einen hellgelben Pullover trägt und im Rollstuhl sitzt; und schließlich einen Jugendlichen mit Lederjacke, dessen Gliedmaßen ziemlich verdreht sind, und der mit viel Mut und unter großen Schwierigkeiten durch die Halle geht. All das zeigt sich mir in einem Radius von einem Meter vom Eingang. Und es gibt noch mehr. Und wenn ich mir erlaube, zu sehen und wirklich hinzuschauen, dann gibt es noch viel mehr.

An jedem Arbeitstag in den letzten vierzehn Jahren habe ich das Krankenhaus im Erdgeschoß betreten und bin dann *hinuntergestiegen.* Die Klinik befindet sich im Keller. Um dorthin zu gelangen, muß ich den Treppenschacht hinuntersteigen. Wie alle Schächte, so führt auch dieser nach unten. Als ich heute hinuntergehe, habe ich Begleiter. Sie gehen, so schnell sie können. Um ihrem Rhythmus zu folgen, muß ich mein Tempo verlangsamen. Indem ich langsamer werde, verschärft sich mein Sehen. Während ich die Stufen hinuntergehe, nehme ich in dem Gesicht eines 35-jährigen Mannes, der sich vor mir befindet, Erschöpfung und Überanstrengung wahr. Ich vermute, daß er auf dem Weg in die Schmerzklinik ist. Sein Gang, die Steifheit seiner linken Seite und die Vorsicht, mit der er jeder Stufe begegnet, weisen darauf hin. Nicht weit von ihm entfernt befindet sich ein älterer Mann mit abgearbeiteten Händen und weißen Knöcheln, dessen Finger sich am Geländer festklammern. Begleitet von seiner Frau, die sich liebevoll um ihn kümmert und auf ihn achtet, bewegt er sich ganz langsam und setzt ganz bewußt einen Fuß vor den anderen.

Als meine Hand am Geländer entlanggleitet, bekomme ich für einen Moment die Stelle zu fassen, wo er sich festgehalten hat, und suche still einen Teil von ihm, der in dem lackierten Stahlrohr festgehalten ist. Als wir das Ende der Treppe erreichen, gehen wir über die Schwelle und werfen uns über die Schulter hinweg gegenseitig einen Blick zu, während ich die blaue Stahltür offenhalte. Auf der Tür steht ein großes schwarzes *A* für Ebene A. Wir sind angekommen. Wenn diese ersten Minuten bei der Arbeit nicht ausreichen, um mich an Vergänglichkeit, Zerbrechlichkeit und die Unausweichlichkeit meines eigenen Schicksals zu erinnern, dann gibt es weitere Erinnerungshilfen. Im Gang steht ein Kinderbett aus rostfreiem Stahl, dessen Seiten aus Plexiglas bestehen. Der Tropfapparat und die elektronische Überwachungseinheit sind angeschlossen. Heute liegt hier niemand. Manchmal sind die Betten belegt. Bilder von Kindern tanzen in meinem Geist herum und verschwinden dann wieder.

Die in der Mythologie verbreitete Symbolik und der tiefere Sinn des Hinuntergehens bzw. in den Untergrund Gehens entgehen mir nicht. Aber wie es bei allen Symbolen der Fall ist, so weisen auch diese mit dem Finger auf etwas weitaus Größeres und Direkteres. Hier an diesem Ort braucht man keine Symbole. Hier verwandeln sich Konzepte leicht in Widerstand gegenüber dem, was tatsächlich ist. An diesem Ort wird man überall dasselbe sehen, egal, ob man nach oben oder nach unten geht. Hier gibt es Krankheit und Leid. Sie sind überall sichtbar. Damit ich meine Arbeit tun kann, ist es unausweichlich, daß ich mich jeden Tag daran erinnere und damit auseinandersetze. Wenn ich es nicht tue, dann hat das weitreichende Folgen dann finde ich keinen Platz, an dem ich stehen kann, keinen Platz, von dem aus ich mich verbinden kann.

In dieser Hinsicht unterscheidet sich die Praxis der Achtsamkeit im Krankenhaus nicht von der Praxis einiger buddhistischer Mönche in Südostasien, die für ihre nächtlichen Meditationen zu den Leichenfeldern gehen. Man hat mir gesagt, daß sie sich jede Nacht einen anderen Leichnam für die Kontemplation aussuchen. Sie sitzen solange mit dem aufgeblähten, dem verbrannten oder dem teilweise zersetzten Körper, bis sie im Laufe der Zeit in der Lage sind, sich vollständig für den Tod zu öffnen. Sie lernen, sich ihrer Angst vor dem Leiden und ihrer Sterblichkeit zu öffnen, und dieser Angst mit offenem Herzen zu begegnen. Vielleicht lernen sie auch, sich auf das Leiden einzustellen und sich nicht davon wegblasen zu lassen. Sie lernen, es sanft zu umarmen und gleichzeitig eine größere Realität zu erkennen und sich unerschütterlich in ihr aufzuhalten einer Realität, die den ganzen Umfang dessen einbezieht, was es bedeutet, Mensch zu sein.

Manchmal werde ich weggeblasen.

Darin besteht die Praxis: Die sich ausbreitende Taubheit zu spüren, die momentane Verweigerung, das Gefühl von Hilflosigkeit und schließlich das Gefühl, offen zu bleiben. Mit dieser Bereitschaft entdecke ich in diesem Keller immer wieder die tiefen Samen des Lebens. Wie alle guten Quellen, so birgt auch diese Wasser. Hieraus entsteht Leben. Das ist die Quelle der Praxis. Von diesem Ort aus sprudelt die alltägliche Krankenhauspraxis hervor. Eines steht fest: Diese Praxis ist nichts Geringeres als ein langer Retreat. Als ich den Gang zu meinem Büro hinuntergehe, fühle ich mich voll. Ich bin voll von einer seltsamen Freude, die sich mit Dankbarkeit mischt. Ich fühle mich heiter und sicher bei meiner Mission in dieser Oase.

Woche Drei

Um fünf nach neun ist der Raum voll. Alle haben Yoga-Kleidung an. Die Leute tragen Jogginghosen, Turnschuhe, weite Kleidung. Ich trage eine Krawatte. Ferris, mein lieber Freund und Kollege, sieht mich unmittelbar vor dem Unterricht und sagt: Saki, Du trägst eine Krawatte. Jetzt ist Yoga. Hast Du vor, einen auf Clark Kent zu machen?

Ja, ich werde auf Clark Kent machen.

Im Laufe der Woche entscheiden sich drei Leute, aus dem Kurs auszusteigen. Ich habe mit jedem von ihnen gesprochen. Einer war ein Mann, der zu große Schmerzen hatte, um jeden Tag insgesamt eineinhalb Stunden Auto zu fahren. Die beiden anderen, ein Mann und eine Frau, sagten, daß sie nicht die Zeit hätten, um eine so intensive Verpflichtung einzugehen. Beide sagten, daß die Intensität und die Anforderungen, die diese Art von Programm stellen würde, nichts für sie seien.

Wir beginnen damit, daß wir zusammen sitzen keine Fenster. Einfach nur sitzen. Danach ziehen wir uns die Schuhe wieder an und bereiten uns darauf vor, in einen anderen Raum zu gehen. Wir lassen Bücher und Taschen zurück und nehmen unsere Matten mit. Einige Leute brauchen zwei oder drei Matten, um es sich bequem zu machen; glücklicherweise sind genügend Matten vorhanden. Und kurz bevor wir gehen, spreche ich darüber, *wie* wir unseren Weg zu dem größten offenen Raum im Krankenhaus finden können, um dort zusammen Yoga zu üben. Nachdem wir uns nun hingelegt, gegessen, gesessen, geredet und geschwiegen haben die grundlegenden Elemente des Lebendigseins, ist es jetzt an der Zeit, das Gehen zu üben. Es gibt Gekichere angesichts der vielsagenden Wahrheit, der betonten Realität dessen, was wir zusammen im Krankenhaus tun. Diese scheinbar paradoxe Low-Tech-Medizin, die wir ausüben.

Heute erlernen wir also vor der Yogastunde das achtsame Gehen. Ich demonstriere die Methode in unserem Klassenzimmer und kläre jegliche falschen Vorstellungen in bezug auf das Gehen auf und erkläre, daß es zum Beispiel nicht darum geht, wie ein Zombie herumzulaufen, eine finstere Miene aufzusetzen oder Frömmigkeit zu heucheln. Dann mache ich jedem klar, welchen Weg wir nehmen werden. Ich überprüfe, ob genügend Rollstühle vorhanden sind und versichere Arlene, daß ihr dreirädriger Rollstuhl ein perfektes Vehikel ist, um die Rollmeditation zu üben. Diejenigen, die aus welchem Grund auch immer besonders langsam gehen, erinnere ich daran, daß sie sich nicht beeilen müssen, daß sie nicht das Gefühl haben müssen, zurückgelassen zu werden oder sich von dem Gefühl unterjochen lassen müssen, daß sie nicht schnell genug gehen, denn heute werden wir alle langsam gehen. Nicht gekünstelt. Nicht in Charlie-Chaplin-Manier. Nicht breitspurig, wie es die R. Crumb-Charaktere tun. Nicht wie eine Kopie aus *Nacht der lebendigen Leichen* – einfach nur langsames, achtsames Gehen.

Mit unseren Matten in der Hand verlassen wir den Raum. Einige Leute steigen in den Aufzug, andere gehen die Treppe hinunter; wir treffen uns in der vorderen Eingangshalle des Joseph-Benedict-Hauses und fangen an. Angesichts der sich sammelnden Stille starren uns einige Passanten an. Einige lächeln. Wie durch ihre rollenden Augen hinlänglich bewiesen ist, wundern sich einige im Stillen, andere sagen laut: Sie fahren wohl zum Campen! Dreißig Erwachsene gehen an diesem Maimorgen schweigend über das Krankenhausgelände, begrüßt von dem vorherrschenden Grün und den vorüberziehenden Schönwetterwolken des einsetzenden Frühlings in Neuengland. Das satte Gras ist von glitzernden Tautropfen bedeckt, die weißen Gehwege weisen noch die grünen Spuren der Rasenmäherräder auf; die Gehwege sind gesäumt mit frisch gepflanzten Blumenbeeten und Bäumen, deren Erde frisch aufgeschüttet ist.

Wie ungewöhnlich es ist, daß an einem Ort wie diesem Stille herrscht! Alle sind engagiert, aufmerksam und wach. Auf diese Weise helfen wir uns gegenseitig.

Ein paar Leute sind am Flüstern, zweifelsohne in der Hoffnung, auf diese Weise die beschämende Stille, die unangenehme Unvertrautheit zu durchbrechen. Mary und Jim bilden die Vorhut. Sie bewegen sich mit Stock und Krükken fort, und unser Tun gibt ihnen die Erlaubnis, so zu gehen, wie sie es normalerweise tun – dieses Mal jedoch unterscheiden sie sich dabei nicht von den anderen. Sie haben Weggefährten. Einige von den anderen verlangsamen ihr Tempo sogar noch mehr und sorgen so dafür, daß Jim und Mary mit unserer wandernden Truppe verbunden bleiben. Wir betreten die medizinische Fakultät, gehen durch das Foyer, das jetzt auch als Kunstgalerie genutzt wird und in der große Gemälde in leuchtenden Farben hängen. Dann gehen wir nach Osten und gelangen zu dem Konferenzzimmer der Fakultät. Dort werden normalerweise medizinische Vorträge gehalten und es finden Diavorträge, Forschungsseminare und offizielle Mittagessen statt, aber heute wird in diesem Raum unsere Yogastunde stattfinden.

An der riesigen Fensterfront befinden sich lange Gardinen und dort sind Schiebetüren aus Glas angebracht. Als ich sie öffne, kommt das sonnige Licht aus dem Hof herein. Die Teilnehmer beginnen, sich die Schuhe auszuziehen, ihre Matten zu entrollen und auszubreiten, und sich einen bequemen Platz zu suchen, um sich dort auf den Rücken zu legen. Unterdessen schaffe ich einen Gang für diejenigen, die heute nicht in der Lage sind, Yoga zu üben, sowie auch für diejenigen, die irgendwann zwischendrin aus der Yogastunde aussteigen möchten. Mary wird auf einem Stuhl sitzen und wir passen gemeinsam die Yogahaltungen so an, daß sie als Stuhl-Yoga ausgeübt werden können. Jim hält seinen Stock in der Hand und hat bereits begonnen, die Gehmeditation zu üben, indem er sich an einer Wand des Raumes entlangbewegt. Arlene hat ihren Rollstuhl neben ihrer Matte abgestellt; sie hält sich an den Griffen fest und hievt sich elegant und mit einer präzisen Geschmeidigkeit auf den Boden, was ein Hinweis darauf ist, wie oft sie diese Bewegung schon ausgeübt hat.

Über uns befinden sich acht Flure mit Krankenhausbetten, Labors, Apotheken, chirurgischen Abteilungen und Intensivstationen. Viele der Teilnehmer, die jetzt auf ihren Matten liegen, sind dort als Patienten gewesen. Heute jedoch sind wir alle lebendig, wir gehen umher, rollen herum, bewegen uns und entscheiden uns dafür, unabhängig von unserer jeweiligen Krankengeschichte eine tiefere Beziehung zu unserem Körper aufzunehmen. Wieder einmal bin ich über die Bereitwilligkeit der Teilnehmer erstaunt, sich eines Urteils zu enthalten, ihren Körper zu erforschen, all die Fehldarstellungen, die es in den Medien in Bezug auf Yoga gibt, außer acht zu lassen und sich einfach auf den Boden zu legen, um sich selbst ganz direkt zu begegnen.

Wir haben über eine Stunde lang zusammen Yoga praktiziert; wir haben zusammen gelacht und geschwiegen, während wir sanft und gleichzeitig entschlossen an den Kanten, den gegenwärtigen Grenzen unseres Körpers gearbeitet haben. Wir haben ganz genau den Botschaften gelauscht, die aus der Tiefe dieses Vehikels aufgestiegen sind und haben die Erfahrung gemacht, daß einige der üblichen Grenzen weichen, während wir anderen die Erlaubnis geben dazubleiben. Unsere letzte Position ist das Matten aufrollen. Die Teilnehmer begegnen dieser Aufgabe mit genauso viel Sorgfalt und Aufmerksamkeit wie jeder anderen Haltung. Wir rollen die Matten fest zusammen, befestigen sie mit Klettband und sitzen dann eine Zeitlang zusammen auf dem Boden, um darüber zu sprechen, wie es gelaufen ist. Dann schlüpfen wir wieder in unsere Schuhe und gehen zu unserem normalen Gruppenraum zurück.

Obwohl wir dieselbe Route nehmen, ist es nicht länger derselbe Weg. Die Stille hat sich vertieft; die Schritte sind weniger gekünstelt und linkisch. Die Gesichter sind weicher und mehr für die Welt geöffnet. Einige Teilnehmer gehen auf dem Gras. Als wir zurück im Klassenzimmer sind, sprechen wir noch detaillierter über Yoga und über die Hausaufgaben der letzten Woche. Die Diskussion geht sehr schnell in die Tiefe. Meistenteils haben die Teilnehmer die Dehnungen und die anhaltende Anstrengung genossen; sie waren erstaunt, daß etwas so Sanftes eine so tiefgreifende Wirkung haben kann. Die Unterhaltung richtet sich schnell auf die Schwierigkeiten dabei, in der vergangenen Woche zu Hause zu üben. Die Kommentare decken das gesamte Spektrum ab: Einige berichten, daß sie den Bodyscan gehaßt haben, während andere es geliebt haben; einige finden es erfrischend, andere recht schwierig, alleine fünfzehn Minuten lang zu sitzen. Einige bringen ihre Frustration, aber auch ihr Erstaunen darüber zum Ausdruck, daß der Geist unaufhörlich wandert und ruhelos ist; sie möchten entspannt, ruhig und voller Selbstdisziplin sein, aber es gelingt ihnen nicht immer. Einige sprechen über ein Gefühl vorher noch nicht wahrgenommener Erschöpfung; darüber, daß sie beginnen, einen Geschmack von Ruhe zu bekommen und versuchen, das, was sie während der formellen Praxis lernen, einzusetzen, um anders mit Alltagssituationen umzugehen. Sie sprechen auch darüber, daß sie jedesmal einschlafen, wenn sie das Körperspüren praktizieren.

Es ist offensichtlich, daß wir alle zu köcheln beginnen. Wir lernen mehr über uns selbst, als einfach nur entspannt zu sein. Es ist Begeisterung vorhanden, aber sie wird allmählich durch die Reibung gedämpft, die dadurch entsteht, daß unsere Intentionen auf die Realitäten unseres Lebens treffen, wenn sie im Schmelztiegel eines sich schärfenden Bewußtseins eingefangen werden. Wir alle spüren, was wir da eigentlich vorhaben, hier in diesem Gruppenraum im zweiten Stock und in unserem Leben, während wir uns heute darauf vorbereiten, nach Hause zu geben. In diesen letzten dreißig Minuten ist definitiv eine gewisse Ernüchterung spürbar. Sie hat nichts Düsteres, nichts Frustriertes, aber die Stimmung ist definitiv nüchtern.

Jeder von uns wird auf seine eigene Weise in etwas Tieferes und Anziehenderes hineingezogen, als wir es vor drei Wochen hätten vorhersagen können. Wie Motten, die eine Kerzenflamme umschwirren, fühlen wir uns von etwas Bekanntem angezogen, verführt und fasziniert, das der denkende Geist trotzdem nie vollständig definieren oder auf den Punkt bringen kann. Unweigerlich werden wir in den Kreis unseres eigenen Lebens zurückgezogen. Die letzte halbe Stunde unserer Gruppe läßt sich als nichts Geringeres als ein kollektives Schaudern bezeichnen, eine Begegnung mit dem eigentlichen Wesen unserer Arbeit, den ersten Anzeichen des Auftauens. Eine lang eingekapselte Taubheit, die uns gefangengehalten hat, beginnt allmählich zu zersplittern und nachzugeben. Wir geben unseren Tiefen nach; wir steigen durch diese zerberstenden, sich öffnenden Plätze hinab in das tiefere Flußbett unseres fast vergessenen Lebens. Die Tür öffnet sich. Der Raum ist angefüllt mit den Zeichen und Gerüchen des Schmelzens. Die Teilnehmer gehen feucht und tropfend weg. Niemand wendet seinen Kopf ab.

Tief in unserem Leben graben

Schaue weiterhin auf die verbundene Stelle.

Im Bereich der Achtsamkeitsmeditation führt uns die Einladung, unseren Kopf nicht abzuwenden, auf ganz natürliche Weise in die verbundenen Stellen hinein. Sowohl bei Ärzten als auch bei Patienten ist es so, daß uns die Bereitschaft, uns in die Realität unseres Lebens von Moment zu Moment hineinzubegeben, in diesen dunkleren, unvertrauten Bereich führt. Kraft unseres Lebendigseins muß jeder von uns dieses Terrain freiwillig oder unfreiwillig wieder und wieder durchqueren. Täten wir das nicht, so würden wir in Traurigkeit verharren und unvollständig bleiben, und unserem Leben würde die tiefe, bleibende Freude fehlen. Zum größten Teil ist das eine Arbeit, die man alleine tun muß. Nichts Geringeres als unser eigener Einsatz ist gefordert. Dennoch haben uns inmitten dieser Reise unsere Familie, unsere Freunde und auch manche unserer engen Kollegen durch ihre Aufrichtigkeit, ihre Unterstützung und ihr Verständnis viel zu geben, wenn wir uns in diese wenig bekannten Regionen hineinbegeben. Auch wenn niemand diese Arbeit für uns tun kann, so kann doch manchmal die Pflege von Kontakten zu Menschen, die ebenfalls die Achtsamkeitspraxis üben, recht nützlich sein.

Rumi bezeichnet diesen Übergang zu der verbundenen Stelle als die Arbeit des Niederreißens. Lauschen Sie diesem Gedicht der Führung, das den Titel *Die Spitzhacke* trägt und schauen Sie, ob Sie sich von dem rauhen, mitfühlenden Klang der Wahrheit, der in diesen Worten lebt, berühren lassen können. Lesen Sie sich das Gedicht laut vor und lassen Sie die Arbeit des Grabens von der Kraft Ihrer eigenen Stimme und dem, was durch das laute Lesen ausgelöst wird, getan werden.

Ein Kommentar zu „ich war ein verborgener Schatz
und wollte geborgen werden“*: Reisse dieses*

Haus ab. Einhunderttausend neue Häuser
können aus dem durchsichtigen gelben Karneol gebaut werden,

der unter ihm begraben liegt, und der einzige Weg, dorthin zu gelangen,
ist, das Ganze abzureißen und dann

unter dem Fundament zu graben. Mit diesem Schatz
in Händen wird all das Neue vonstatten gehen,

mühelos. Und ohnehin wird dieses Haus früher oder später
von selbst zusammenbrechen. Der Schatz aus Edelsteinen wird

geborgen werden, aber dann wird er nicht dir gehören. Der verborgene
Reichtum ist deine Bezahlung für den Abriß,

für die Arbeiten mit Schaufel und Hacke. Wenn du wartest und es einfach
geschehen läßt, wirst du dich schwarz ärgern und sagen,

"Ich habe nicht getan, was mir zu tun bestimmt war." In diesem Haus
wohnst du zur Miete. Es ist dir nicht überschrieben worden.

Du hast einen Mietvertrag und du hast dir ein kleines Geschäft eingerichtet,
das dir kaum deinen Unterhalt garantiert – Flicken auf

zerrissene Kleider nähen. Dennoch, nur wenige Meter unter dir,
befinden sich zwei Adern aus blutrotem und hellgoldenem Karneol.

Schnell! Nimm die Spitzhacke und hacke das Fundament auf.
Du mußt diese Näharbeiten aufgeben.

„Was bedeutet das Flickennähen", fragst du. Essen
und trinken. Das schwere Tuch des Körpers

bekommt immer wieder Risse. Du stopfst sie mit Essen
und anderen rastlosen Befriedigungen für dein Ego. Reisse

eine Diele aus dem Fußboden deines Geschäfts und schau
in den Keller hinein. Dort im Schmutz wirst du sie beide funkeln sehen.

RUMI
DIE SPITZHACKE

Anstatt einfach nur mit einer analytischen Auseinandersetzung mit unseren dunklen, unerwünschten Stellen – dem, was Jung als den Schatten bezeichnet – zufrieden zu sein, zeigt uns dieses Gedicht, daß in jedem von uns hinter diskursiven Analysen und psychologischen Einsichten ein verborgener Schatz liegt. Diesen Edelsteinschatz, dieses Glitzern im Schmutz können wir bergen, wenn wir uns bewußt auf die Arbeit der neugierigen Erkundung der Grundlagen einlassen.

In unserer eigenen, westlichen Literaturtradition finden wir Märchen und Mythen, in denen zahlreiche Anspielungen auf das Gold vorkommen, das unerwartet durch innere, unterirdische Arbeit gewonnen wird. Sich für eine solche Arbeit zu engagieren, bringt zwangsläufig eine Reihe kleiner Tode mit sich.

Nicht Tode im Sinne des Ablebens des physischen Körpers, aber dennoch ein Tod von vielem, von dem wir geglaubt haben, es zu sein. Auf diese Weise werden wir in ein tieferes Entdecken dessen hineingeführt, was wir eigentlich sind.

Die Integration unseres eigenen Schattens ist eine wesentliche Arbeit. Ohne diese Arbeit bleiben wir blind und werden unbewußt von diesen Kräften, um die wir uns nicht gekümmert haben, getrieben. Diese Arbeit ist für niemanden angenehm, aber sie ist notwendig. Hier sehen wir uns mit der Ungeheuerlichkeit unserer Habgier, Ignoranz, Scham, Trauer und Erniedrigung konfrontiert. Wir beginnen zu fallen. Und durch diesen Fall bekommen wir die Gelegenheit, all die zersplitterten und scheinbar nicht zusammengehörenden Elemente unseres Lebens wieder zusammenzubringen. Wir stellen dabei fest, wir die Gesichter von allem und jedem – Schönem wie Schrecklichem – in uns tragen, das wir je verabscheut, verleugnet, abgetan oder zurückgewiesen haben.

Auf diese Weise werden wir langsam aufgebrochen und demütig. Dennoch wird es genau durch diesen Prozeß möglich, in unsere Ganzheit einzutreten, wenn die Schleier der Trennung und des Eigendünkels, die sich so verführerisch über uns gelegt hatten, gelüftet werden. Wenn wir auf eine solche Weise mit uns selbst konfrontiert werden, mit dem, von dem wir gedacht hatten, daß es unser Selbst sei, dann ermöglicht uns das, unseren Griff auf unsere tiefe Sucht nach Trennung und danach, jemand Besonderes zu sein, zu lockern. Als Folge davon beginnt unsere Fähigkeit heranzureifen, uns mit dem Leben in all seinen mannigfachen Ausdrucksformen verbunden zu fühlen, während wir wie der mythologische Phönix aus unserer eigenen Asche aufsteigen.

Es ist möglich, eine solche Arbeit bewußt anzugehen. Ich habe immer wieder die Feststellung gemacht, daß, wenn ich bereit bin, präsent für das zu sein, was ich in der Beziehung zwischen Patient und Arzt vorfinde; für das, was sich zu Hause in meinem Familienleben abspielt ebenso wie in meinen Interaktionen mit meinen Kollegen, all das zu einer Quelle der Führung wird, die mich langsam in die Fülle meines Seins hineinführt. Dieser Blick in den Keller bedeutet nicht unbedingt, daß unser Leben vollkommen auseinanderbrechen muß. Manchmal kommt es zu einem unsanften und entscheidenden Fall, vielleicht aufgrund einer unerwartet aufgetretenen Krankheit, einer Scheidung, des Todes eines geliebten Menschen oder der ohne großes Federlesen erfolgten Entlassung mit der Aufforderung, das Büro innerhalb einer Viertelstunde zu verlassen. Das muß jedoch nicht so sein. Es gibt einen Mittelweg. Vielleicht bitten wir nicht um den Fall, aber wenn er dann kommt, dann verpflichten wir uns dazu, uns voller Entschlossenheit um ihn zu kümmern. Wir nutzen ihn wie den Wind, um uns auszulüften, oder wie ein Segel, um uns zu füllen oder auf einen anderen Kurs zu bringen. Natürlich haben wir nie die vollständige Kontrolle darüber. Es tröstet uns einfach nur, wenn wir so etwas sagen.

Vor kurzem sagte ein Arzt, der in einem hoch angesehenen Spezialgebiet forscht und mehr als fünfundzwanzig Jahre lang praktiziert hat, zu mir: „Ich bin in die Medizin als König hineingekommen; jetzt bin ich ein Bauer." Er steht mit diesem Gefühl nicht alleine da. Statt jedoch die Wahrheit seines Dilemmas zu leugnen oder in offenen Zynismus zu verfallen, verwendet er dieses Gefühl dazu, um sich selbst, seine Beziehungen, seine Grenzen und seine medizinische Praxis zu verstehen. Kurz gesagt, er nutzt seinen Fall vom Thron, um sich selbst zu nähren und in unerwarteter Weise zu wachsen. Ein Teil des Machogehabes, das mit seinem Spezialgebiet verbunden ist und seine Haut in mehr als dreißig Jahren Training und medizinischer Praxis durchdrungen und Spuren auf ihr hinterlassen hat, ist dabei zu verblassen. Er ist ein guter Arzt und seine eigentliche Hautfarbe ist zurückgekehrt.

Es gibt einen verborgenen Schatz in uns allen, der erkannt werden möchte. Der Weg zur Entdeckung eines solchen Schatzes führt uns unweigerlich in die verbundene Stelle hinein und durch sie hindurch. Wir können nicht ewig einen Bogen um diesen Ort herum machen. Ohne Zweifel wird etwas auf dem Weg verlorengehen. Dennoch sind unsere Ängste, unsere Unsicherheit, Hilflosigkeit, Intuition und Sehnsucht nach Authentizität und Stärke nichts Geringeres als Führung auf dem Weg. Wenn wir von unserem individuellem und kollektivem Dilemma ausgehen, dann haben wir wenig zu verlieren … und viel zu entdecken.

PRAXIS

Bewußtsein von Gedanken und Gefühlen

Anstatt sich vorzustellen, daß all die Momente, in denen Sie Ihre Gefühle verschlossen haben, ängstlich oder distanziert waren, Sünden sind, die Sie beichten oder bereuen müßten, erforschen Sie die Möglichkeit, es Ihrer Neugier und Wißbegier zu erlauben, aus diesen klaren Momenten des Bewußtseins hervorzuleuchten. Der Herz-Geist ist ein unendlich weites Feld ohne Grenzen, das voller Überraschungen steckt. Häufig finden wir Trauer, wenn wir hoffen, Freude zu finden; wenn wir Schmerz erwarten, dann entdecken wir Gold. Geben Sie sich genügend Raum, um frei in diesem Bereich herumzustreifen. Die Regeln sind hier anders. Wann sind Sie das letzte Mal dazu eingeladen worden, damit zu spielen, den Rücken hinunter zu atmen, ohne den Druck zu haben, gewinnen zu müssen? Geben Sie sich selbst den Raum, um sich umzuschauen und zu lernen. Mit dem Atem mitzufließen und die Intention zu halten, sich direkt und klar das anzuschauen, was ist – ohne irgend etwas zu bevorzugen oder zu verurteilen – verringert das Gefühl, daß wir es mit einer Seifenoper zu tun haben und läßt statt dessen ein aufrichtiges, mitfühlendes Wissen entstehen.

Nehmen Sie Ihren Platz ein, setzen Sie sich aufrecht und bequem hin und werden Sie sich Ihres Atems bewußt. Geben Sie sich selbst den Raum, sich auf den Atem einzulassen und erlauben Sie es Ihrem Atem allmählich, seinen eigenen Rhythmus zu finden. Lassen Sie, während Sie sich körperlicher Empfindungen, der Pendelbewegung des Atems und der Geräusche um Sie herum bewußt sind, den Atem in den Mittelpunkt des Geschehens treten. Werden Sie sich Ihres Atems noch stärker bewußt. Nehmen Sie wahr, wie Geräusche auftauchen, Gedanken auftauchen, Emotionen auftauchen und vorüberziehen, ohne daß die Notwendigkeit besteht, sie zu beurteilen. Es ist nicht notwendig, irgend etwas davon zurückzuweisen. Es ist nicht notwendig, sich durch irgend eines dieser Dinge von dem Bewußtsein für den Atem ablenken zu lassen. Erlauben Sie sich einfach, das, was in das Feld Ihres Bewußtseins tritt, leicht zu berühren und wieder gehen zu lassen.

Es ist nicht nötig, irgend etwas festzuhalten. Es ist nicht nötig, irgend etwas wegzuschieben. Es ist nicht nötig, den Geist zu zensieren. Ruhen Sie vielmehr im Bewußtsein des Atems ... in diesem Moment ... und diesem Moment. Einfach nur mit dem Bewußtsein des Atems sitzen. Es ist nicht nötig, irgend etwas zu manipulieren. Es ist nicht nötig, irgendwo hinzukommen. Sich einfach nur der Empfindungen bewußt sein, die aufsteigen und vorüberziehen. Es dem Bewußtsein erlauben, die tieferen Empfindungsebenen zu berühren und zu durchdringen, ohne sie zu manipulieren.

Erlauben Sie es dem Feld des Bewußtseins, sich so auszuweiten, daß Sie sich des Aufsteigens von Gedanken bewußt werden. Nehmen Sie wahr, daß Sie, während Sie im Bewußtsein des Atems verankert bleiben, diese Blasen und herabstürzenden Wellen des Geistes, die entstehen und wieder vergehen, in Ihr Bewußtsein einbeziehen können ... all das wird in der nach nichts strebenden Hülle des Atems gehalten. Es ist nicht notwendig, den Inhalt zu analysieren, sondern sich vielmehr dem Prozeß gegenüber neugierig zu zeigen, der Bewegung von Gedanken und Emotionen, sowie den Geräuschen, die in jedem Moment kommen und gehen. Es ist nicht notwendig, nach irgend etwas zu greifen. Es ist nicht notwendig, irgend etwas wegzuschieben. Sich einfach nur der Veränderung von Moment zu Moment bewußt sein. Sich des Schwankens, der Ebbe und Flut, des Flusses, den wir normalerweise als unser Ich bezeichnen, bewußt sein.

Sitzen. Bewußt sein. Die Beziehung zwischen dem Aufsteigen und dem Vorüberziehen wahrnehmen, zwischen dem Kommen und dem Gehen, die von selbst entstehen. Von Moment zu Moment im Fluß. Gedanken, die kommen und gehen, Dinge, die in der offenen Weite des Geistes aufsteigen und vorüberziehen.

Die Frau neben dem Brunnen

Es gibt eine alte keltische Sage von den fünf Söhnen des irischen Königs Eochaid. Der Sage nach gingen die Söhne zur Jagd und verirrten sich. Unfähig, den Weg aus dem Wald zu finden, wurden sie zunehmend durstiger. Also machte sich einer nach dem anderen auf, um nach Wasser zu suchen. Fergus war der erste der Söhne, der losging. Nach einiger Zeit fand er einen Brunnen und ging auf ihn zu. Allerding fand er dort eine alte Frau, die die Quelle der Erfrischung bewachte. In seinem Buch *Der Heros in Tausend Gestalten* beschreibt Joseph Campbell diese Frau folgendermaßen:

> Schwärzer als Kohle war jedes Glied und jeder Teil von ihr, vom Scheitel bis zur Sohle; dem Schwanz eines wilden Rosses vergleichbar die graue, strähnige Haarmasse, die aus dem oberen Teil ihrer Kopfhaut hervorwuchs; mit der Sichel eines grünlich anzusehenden Zahnes, der in ihrem Kopf saß und sich bis zum Ohr herumbog, konnte sie den grünen Zweig einer erwachsenen Eiche herunterziehen; geschwärzte und vom Rauch getrübte Augen hatte sie; die Nase schief und mit weiten Nüstern; einen faltigen und gefleckten Bauch, vielfach unnatürlich; krumme, schiefe Beine, geziert mit massigen Knöcheln und einem Paar gewaltigen Schaufeln daran, knotige Beine hatte sie und aschfarbene Nägel.

Als Fergus vor ihr stand, gab er nur den Kommentar ab: So ist es, nicht wahr? Die schreckliche Frau antwortete: Das ist wahr. Dann fragte er sie, ob sie tatsächlich die Quelle bewache. Das tue ich, war alles, was sie sagte. Dann fragte er sie, ob er ein wenig Wasser fortnehmen dürfe, und sie war ihm gefällig. Aber zuerst gab es noch eine Vereinbarung zu erfüllen. Um das Wasser die nährende Substanz aus der Quelle zu bekommen, mußte Fergus sie küssen. Er lehnte geradeheraus ab, und sagte in unmißverständlichen Worten, daß er eher sterben würde, als der Dame einen Kuß zu geben, und dann ging er weg. Einer nach dem anderen begaben sich drei weitere Brüder auf denselben Weg wie Fergus. Jeder von ihnen fand den Brunnen. Jeder von ihnen weigerte sich, die Frau zu küssen, die ihn bewachte. Jeder gelobte, eher zu sterben, als in Kontakt mit der grauenerregenden Erscheinung vor ihm zu treten. Jeder wandte sich ab.

Schließlich nahm der fünfte Bruder mit Namen Niall die Suche auf. Er fand den Brunnen, begegnete der Frau, und als er die Bedingungen des Handels hörte, stimmte er ohne zu zögern zu, sie nicht nur zu küssen, sondern auch zu umarmen. Als er das bereitwillig getan hatte, verwandelte sich die Hüterin der Quelle direkt vor seinen Augen von einem häßlichen Weib in eine wunderschöne Frau. Der Geschichte nach beschrieb Niall, der über alle Maßen geblendet war, die Frau vor ihm als eine Milchstraße von Zaubern. Worauf sie nur entgegnete: Ja, das stimmt. Als er sie fragte, wer sie sei, offenbarte sie sich: König von Tara! Ich bin die Königliche Macht.

Sie stand in ihrer Fülle und ihrer wahren Natur da und bat Niall, sein Wasser zu nehmen und zu seinen Brüdern zurückzugehen. Bevor er sie verließ, segnete sie ihn und seine, auf daß sie mit dem Königreich und den höchsten Kräften gesegnet seien. Die große Dame wies außerdem darauf hin, daß Niall sich, obgleich er sie zuerst als häßlich und verzerrt gesehen habe, im Gegensatz zu seinen Brüdern von seinem tiefen und sanften Herzen leiten ließ und ihr liebevolle Güte entgegenbrachte anstatt Ekel. Das allein, erklärte sie, sei die königliche Macht: Dem Ungewollten mit Güte und Liebe zu begegnen, anstatt mit grober Ablehnung oder Verwünschungen.

Wenn wir mit unserer Reise zu der verbundenen Stelle in uns beginnen, dann kann uns diese Geschichte viel Führung bieten. Sie lädt uns ein, das zu sehen, was vor uns liegt. Tiefen Kontakt zu dem Ungewollten herzustellen, unsere Herzen in unserer eigenen Geschwindigkeit zu öffnen und mit Sanftheit vorzugehen anstatt mit der Absicht, zu leugnen, zurückzuweisen oder zu zerstören. Wie die Geschichte zeigt, wird uns jede andere Vorgehensweise durstig zurücklassen. Wir werden dann fest von Konzepten, Ideen, Ansichten und Meinungen festgehalten und sind nicht in der Lage, uns in das weitere Territorium des Seins hineinzubegeben. Es ist sehr viel Traurigkeit und Trauer damit verbunden, wenn wir unser Leben auf diese Weise leben. Nehmen Sie wahr, daß die anderen Brüder für ihre mangelnde Bereitschaft, das Ungewollte zu küssen, nicht verflucht, herabgesetzt oder bestraft wurden. Statt dessen blieben sie einfach nur durstig. Ausgedörrt. Hart und trocken. Da sie nicht bereit waren, die Hüterin der Quelle zu umarmen, sich mit dem Ungewollten in sich zu konfrontieren, ihm zu begegnen und mit ihm zu arbeiten, bekamen sie keine Nahrung.

Es gibt mehr als genug Wasser für uns alle. Die Geschichte zeigt uns einen Weg auf, um voranzugehen, einen Weg, um ohne Selbsthaß oder lähmende Angst in die verbundene Stelle hineinzugehen. Zuerst ist es erschreckend, den Bereich unserer zerbrochenen oder ungewollten Stellen zu betreten. Später entdecken wir durch unsere Bereitschaft, mit Sorgfalt vorzugehen, darin vielleicht eine unerschöpfliche Lebensquelle.

Praxis

Lernen, das Ungewollte zu umarmen

An jedem Tag gibt es Hunderte von unerwünschten Momenten, die wie Wellen aus dem undifferenzierten Meer unseres Lebens aufsteigen. Versuchen Sie im Laufe der nächsten zwei Wochen, ganz bewußt mit dieser schaumigen Nässe zu arbeiten, die sich hinter der Ankunft des Unerwünschten verbirgt. Was könnte passieren, wenn wir zumindest für einige Sekunden unsere hektische Aktivität einstellen würden? Was ist mit der Verleugnung, Selbstbeschuldigung oder Zurückweisung, die solche Momente gewöhnlich begleiten? Schauen Sie, ob Sie einige Momente bzw. Minuten lang mit den Dingen, so wie sie sind, leben können, nehmen Sie die Empfindungen wahr, die in Ihrem Körper aufgerührt werden und erlauben Sie es sich gleichzeitig, sich um die eingefleischten Verhaltensmuster zu kümmern, die jetzt offenbar werden. Nehmen Sie auch die Gedankenflut und die Emotionen wahr, die hervorsprudeln, wenn Sie dem Unerwünschten von Angesicht zu Angesicht gegenüberstehen. Lassen Sie all das für Sie eher eine Informationsquelle sein als eine weitere Gelegenheit für Selbstkritik. Dann werden Sie sich ähnlich verhalten und handeln wie Niall in der Geschichte, nämlich so, daß Sie das Ungewollte in Empfang nehmen und umarmen. Wenn Sie sich dazu verpflichten, eine solche innere Haltung zu pflegen, dann kann alles Mögliche geschehen.

Trennung und Sehnsucht

Wir Menschen leben in einem so engen Kokon. Da wir nicht so verschieden voneinander sind, weiß ich, ob Sie es nun aussprechen oder nicht, daß Sie und ich den größten Teil unseres Lebens in diesem beengenden, unbefriedigenden, luftdichten Gefängnislager verbringen. Wir haben diese von uns selbst erschaffene Welt das Ich genannt. Ich. Meins. Wir rennen verzweifelt vor dem Mysterium der Person weg, die wir hinter all unseren Titeln, unserem Status und unserer Rolle sind. Wir haben die Welt unseres Kokons verdinglicht und zu etwas Besonderem gemacht; wir haben sie klein und solide gebaut und nennen sie das Selbst. In unserer heutigen Zeit hat diese Entwicklung ihren Höhepunkt erreicht. Wir befinden uns in einer dunklen Einfriedung. Kann irgend jemand von uns mit absoluter Aufrichtigkeit und Sicherheit sagen, daß er mit diesem Zustand zufrieden ist?

Tragischerweise hat unsere Welt ihren tiefsten Punkt erreicht, während wir fortfahren, diese Sicherheit bietende Blindheit weiter zu kultivieren. Trennung ist das, was unsere Welt ausmacht. Das gilt für jeden von uns. Aus dieser falsch verstandenen Identität leiten sich Habgier, lautstark verbreiteter Individualismus und die Zerstörung der Gemeinschaft auf der Erde ab. Es ist für mich nicht leicht, irgend etwas von dem Bedeutung zu verleihen. Statt dessen habe ich begonnen, die Wahrheit der Situation zu fühlen und gleichzeitig gelernt, Verantwortung dafür zu übernehmen. Wir befinden uns an einem Höhepunkt und einem Wendepunkt unserer Geschichte. Wir können weiterhin in dieser von Härte gezeichneten Dunkelheit leben und so tun, als ob sie nicht existiere, und uns dann hilflos und zynisch fühlen, weil wir wissen, daß sie doch existiert; oder wir können beginnen, in diese Dunkelheit hineinzuschauen, es unseren Augen erlauben, sich an sie zu gewöhnen, um mit wachsender Klarheit erkennen zu können, was sich vor uns befindet.

Rumis anfängliche Verse aus dem Mathnawi, *Das Lied des Schilfrohrs* lauten folgendermaßen: O höre die Schilfrohrflöte, wie sie sich beschwert und wie sie vom Schmerz der Trennung erzählt...

Rumi sagt uns, daß der Schmerz der Trennung, die Sehnsucht des Schilfrohrs, das seiner Wurzel beraubt wurde, sowohl ein Klagelied als auch ein leidenschaftlicher, triumphaler Aufruf zur Rückkehr ist – eine Erinnerung daran, daß wir im wesentlichen untrennbar sind. Dennoch ist es unvermeidlich, daß wir die Erfahrung von Trennung machen, und diese Erfahrung birgt die Energien für unsere Transformation bereits in sich. Wenn wir bereit sind, mit der Erfahrung der Trennung Kontakt aufzunehmen, dann ist es uns erlaubt, die volle Kraft unserer Sehnsucht nach Verbindung zu berühren und uns mit ihr auseinanderzusetzen. Die Intensität dieser Sehnsucht – in ganz wörtlichem Sinne unsere Bereitschaft, ganz eng mit dem Unbehagen und der Qual der Trennung zusammenzuleben – ist die Schwelle und der Weg, der durch die Trennung hindurch zur Verbundenheit führt.

In den psychologischen Traditionen des Westens spricht man nicht sehr häufig über das Thema Sehnsucht. Man spricht über Begehren, aber Begehren und Sehnsucht unterscheiden sich voneinander. Vielleicht ist das Begehren die Oberfläche und die Sehnsucht sind die tiefen Schichten unseres Wunsches nach Zugehörigkeit, Sicherheit und einem Zuhause. Häufig spüre ich, daß das Begehren Gebietsansprüche stellt, daß es ihm darum geht, es sich in seinem Kokon einzurichten, ihn zu einer sicheren Festung und etwas Besonderem zu machen. Die Sehnsucht in ihrem vollsten Sinne fühlt sich viel eher wie ein Ziehen an, über den Kokon hinauszugehen und sich einem größeren Strom anzuschließen. Die Sehnsucht ist eine enorme Kraft in unserem Leben, auf die wir kaum je zurückgreifen ein ungeheures Ziehen hin zu einer Substanz, nach der wir dürsten, die sich jedoch auf der oberflächlichen Ebene des Bewußtseins in der großen Aufmerksamkeit zeigt, die unsere Kultur Seifenopern, romantischen Geschichten und sexuellen Verlockungen entgegenbringt. Am häufigsten wird diese Energie dazu verwendet, um Autos, Fernseher, Doppelbetten und traurigerweise auch uns selbst zu verkaufen – eine Verführung der Massen, die voll von momentaner Hitze ist und wenig Licht enthält. Wir hungern nach Nähe und Intimität, nach einem Zugehörigkeitsgefühl, das tief in unserem Wesen begraben ist. Für Patienten und Praktizierende ist das achtsame Einnehmen unseres Platzes innerhalb der heilenden Beziehung ein Weg und eine Ausdrucksmöglichkeit für die Verkörperung dieses uns angeborenen Impulses.

Ich spüre häufig, daß der Wunsch der Menschen nach Zugehörigkeit sogar noch stärker ist als der Wunsch nach Heilung. Ich weiß das von mir selbst und habe es Hunderte von Malen in anderen beobachtet. Ich bin sicher, Sie haben es ebenfalls schon beobachtet. Natürlich wünschen wir uns alle Erleichterung, wenn wir unter Schmerzen leiden und physisch krank sind, aber die Linderung des Leidens ist wie ein heilsamer Balsam, eine unerwartete Transformation, selbst wenn sich an den physischen Schmerzen nur wenig verändert. Wenn das geschieht, dann liegt das sehr häufig daran, daß wir einen tieferen und grundlegenderen Ort in uns selbst berühren. Unabhängig vom Zustand unseres Körpers fühlen wir uns verbunden, ganz und von einem nicht zu leugnenden Zugehörigkeitsgefühl beseelt.

Unser Privileg und unsere Verantwortung als Diener der Heilkünste bestehen darin, eine Umgebung zu schaffen, eine Methode zur Verfügung zu stellen und Menschen dazu zu inspirieren, das zu berühren, von dem wir – über jeden Beweis des Gegenteils hinaus – wissen, daß das die Person ist, die wir in Wirklichkeit sind. Wir wissen es, weil wir diesen Raum in uns selbst berührt haben. Wenn Menschen auch nur einen Tropfen aus diesem Brunnen trinken, dann werden Sehnsucht und Intensität wieder zum Leben erweckt und die Arbeit, in die eigene Fülle hineinzukommen, erhält erneut Inspiration. Wenn die heilende Beziehung in der Achtsamkeitspraxis verankert wird, dann stellt sie für diesen Weg Möglichkeiten in Hülle und Fülle bereit.

Woche vier

Wir wenden uns wieder einmal den Fenstern zu und sitzen in Stille. Die Augen sind geöffnet und *sehen* einfach; wir erlauben es diesen wunderbaren Augen aufzunehmen, was immer in unser Gesichtsfeld hineinkommt, während wir auch immer wieder auf den Atem, auf die Töne in uns und um uns herum, aber am meisten auf das Leben achten, das uns durch das Sehen berührt. Dann gehen wir ohne Pause zur Stille mit geschlossenen Augen über; wir betreten die innere Landschaft und nach einiger Zeit gehen wir wieder dahin zurück, mit offenen Augen das aufzunehmen, was uns der Tag in diesem Moment anbietet. Fünfunddreißig Minuten Stille. Während dieser Zeit wird eine Frau in der Ecke unruhig; sie beginnt zu weinen, wechselt den Platz und nimmt dann ihre Tasche und ihre Schuhe und will hinausgehen. Als sie an mir vorbeigeht, flüstere ich ihr zu: Gehen Sie? Mit nassen Wangen nickt sie. Ich werde mitkommen. Wir stehen vor dem Aufzug und sie ist aufgebracht, wütend und frustriert. Sie sagt, sie reagiere sehr stark auf all die Düfte und Gerüche im Raum. Und sie sagt auch, daß sie nicht gehen wolle, aber daß sie es nicht länger in dieser Umgebung aushalten könne.

Verdammt noch mal! Ich habe die Teilnehmer doch gebeten, kein Parfum oder Eau de Cologne zu benutzen.

Ja, verdammt noch mal, spricht sie mir nach.

Wir einigen uns auf eine Strategie. Sie sieht so aus, daß wir beschließen, die Tür zu öffnen und einen anderen Stuhl für sie zu finden, so daß sie halb im und halb außerhalb des Raumes sitzen kann. Die kühle Luft zieht aus dem offenen Gang herein, so daß sie vielleicht bleiben kann. Sie ist bereit, es auszuprobieren. Die offene Tür läßt den normalerweise gedämpften Lärm aus der Kinderklinik aus unmittelbarer Nähe hörbar werden. Schreie, Gejammere, Gelächter, leises Schluchzen und mit schwacher Stimme vorgetragene, fast unhörbare Gespräche zwischen Kindern und Erwachsenen dringen in unseren Raum ein. Das Klappern und Rutschen von Absätzen, die sich über die Fliesen bewegen, der metallische Klang von Metallkrücken, das hohe Summen von Aufzügen, Krankenschwestern, die sich im Gang miteinander unterhalten, das durchdringende Geräusch des Telefons all das nehmen wir auf, während wir in Stille und mit mehr oder weniger unbeweglichem Körper dasitzen, als wir der Welt ausgesetzt sind, die außerhalb unseres normalerweise verborgenen Raums vorüberzieht. Überraschende Worte dringen in unsere Ohren: Schau, Mama! Schh!

Nach kurzer Zeit knallt die Tür. Die Frau ist gegangen. Eine vorüberziehende Welle der Wut, die sich schnell in Traurigkeit umwandelt und dann in ein momentanes Gefühl von Sinnlosigkeit, überkommt mich und ich beschließe, sie später anzurufen. Der Geruch, der sie vertrieben hat, ist immer noch da! Und während ich mich durch den Raum bewege, erwische ich mich dabei, wie ich wie ein Jagdhund schnüffele und die Fährte bis zu ihrem Ursprung zurückverfolgen will. Ich versuche, diskret zu sein; ich frage mich, ob jemand etwas merkt und denke bei mir: Ich bin verrückt. Ich finde nicht heraus, wo der Geruch herkommt.

Wir hatten letzte Woche nicht genügend Zeit zum Reden, und ich möchte mehr darüber wissen, wie es den Teilnehmern mit ihrer Praxis geht. Ob und wie das, was sie lernen, anfängt, in ihr Leben einzufließen; was schwierig ist und welche Entdeckungen sie machen. Aber ich möchte auch Raum dafür geben, daß sie einander darüber berichten können, denn obwohl wir bei unseren Gruppentreffen zusammen üben, haben wir doch die meiste Zeit über allein zu Hause geübt. Das ist wesentlich und es ist schwierig, besonders im Anfangsstadium. Der Zeitpunkt für diese Diskussion ist richtig gewählt. Unsere individuelle und unsere kollektive Fähigkeit, unser Leben klarer wahrzunehmen, zu sehen und zu fühlen, entwickelt sich. Es ist essentiell für uns, daß wir die Möglichkeit haben, offen darüber zu sprechen.

Tina, eine zierliche Frau, die schon lange unter chronischen Muskelfaserschmerzen leidet, beginnt. In den ersten Wochen des Kurses fand sie es schwierig zu üben, aber sie sagt, daß sie jetzt regelmäßiger übe. Sie sagt, sie habe das Gefühl, als ob sie sich einer Wand gegenübersähe. Daß es eigentlich überall um sie herum Wände gäbe, daß sie jetzt zu fühlen beginne, einen wie großen Teil ihres Lebens sie abgeschnitten habe und für einen wie großen Teil sie taub geworden sei in dem Versuch, ihren Schmerz durch eine Mauer abzutrennen und sich von ihm abzulenken. Weiterhin sagt sie, daß sie anfängt, sich bewußt zu werden, daß es eine direkte Beziehung zwischen körperlichem und emotionalem Schmerz gäbe, und daß sie in dem Versuch, mit ihrem ständigen physischen Unbehagen fertigzuwerden, sich auch von ihren Gefühlen und den Quellen des Wohlbefindens in ihrem Leben abgeschnitten habe. Sie spricht überlegt und langsam, was eine Offenheit für ihre schlimme Lage zeigt, die sie vorher nicht an den Tag gelegt hat. Sie sagt, daß sie beginne zu fühlen, wie eng ihre Nase, ihre Schultern und ihr Rücken gegen diese Mauern gedrückt sind, und daß sie wisse, daß sie diese engen Grenzen geschaffen hat, um sich sicher und geborgen zu fühlen. Jetzt sehe sie, daß sie sich damit ihr eigenes Gefängnis geschaffen hat.

Die anderen nicken zustimmend und anerkennend. Wir beginnen gemeinsam, das anzuerkennen und uns den Wegen zu öffnen, bei denen langfristig das, was uns Sicherheit und Geborgenheit bietet, so häufig zu unserem Käfig wird. Klar formuliert Ellen für uns alle das, worauf es bei diesem Erwachen ankommt: All das habe ich schon lange gewußt, aber *damit zu sein* ist sehr viel schwieriger, als es einfach nur zu wissen.

Ich erinnere mich daran, wie ich vor etwa fünfundzwanzig Jahren eine Party besucht habe und mir des ausweichenden Geredes bewußt wurde. Ich sah, wie ganz bewußt Tiefe vermieden wurde, wie in schmerzhafter Weise alles vermieden wurde, was Substanz hatte. All das zeigte sich daran, wie sich die Partybesucher an ihrem Glas festhielten; es zeigte sich an den blendenden Masken aus gelenktem Rauch, an dem Ambiente von lebloser Nettigkeit, das sich in ruhelosen, lichtlosen Augen widerspiegelte. Auch ich war ein mich schützender, mit schmerzhaftem Wissen ausgestatteter Teilnehmer und Komplize. An irgendeinem Punkt, so etwa eine Stunde nach diesem tödlichen Ritual, sagte ein Freund von mir in der engen Küche planlos etwas so Persönliches, Ehrliches und Direktes bei unserer verworrenen Unterhaltung, daß die ganze Gruppe verstummte. Es war so, als ob wir all darauf gewartet hätten, als ob wir alle wie Radios die Wellen im Äther abgetastet und insgeheim auf einen solchen Empfang gehofft hätten. Wie sonst hätten wir alle seine Worte zur gleichen Zeit wahrnehmen können?

Als die Sprache wieder der Stille wich, hatte sich die gesamte Atmosphäre verändert. Die Leute setzten sich auf den Boden, sie zogen sich die Schuhe aus, machten es sich in den Ecken gemütlich und richteten sich auf die Möglichkeit ein, miteinander zu sein. Eigentlich sogar, um in der Gesellschaft der aufmerksam lauschenden Ohren und der die Wahrheit sprechenden Zunge eines anderen zu sein, während sich vor uns eine Nacht erstreckte, in der der Bann gebrochen worden war – in der berührenden, unsagbaren Faszination und Einfachheit unserer Gemeinschaft.

Und heute ist es genauso. Nach drei Wochen tiefer Grabungsarbeiten am Fundament, die in diesem Raum stattgefunden haben, einer Arbeit, die Robert Bly die Eimerarbeit und Rumi die Arbeit mit Schaufel und Hacke nennt, beginnen die Teilnehmer, ihre Masken abzulegen und sich mit den Bildern auseinanderzusetzen, die sich im Spiegel anhaltender Praxis widerspiegeln. Heute hat Tina diesen Prozeß für uns alle eingeleitet. Sie hat ihren Streckenabschnitt absolviert und den Stab an andere weitergegeben. Ohne Selbstverurteilung, ohne psychologisches Gequassele, Melodrama oder Heuchelei sprechen die Teilnehmer davon, daß sie geschlafen haben, daß sie aus einem Traum aufgeschreckt sind, daß sie sich kalt fühlen und lange in einem Käfig aus betäubender, schützender Härte gelebt haben. Darüber ist man wütend. Und noch stärker wiegt die tiefe Trauer angesichts dieser Erkenntnis. Sie ist unerwartet und ohne Einladung gekommen. Dennoch gibt es nur wenig Hinweise auf Ablehnung oder Hilflosigkeit. Die Teilnehmer lernen, klar zu sehen und gleichzeitig das, was sie sehen, liebevoll, neugierig und als Zeugen zu umarmen. Dennoch ist das keine leichte Arbeit. Die wiederholte Kraft dieser Begegnungen ist spürbar präsent. Sie wird unbestreitbar von der Entschlossenheit des individuellen Engagements und der geteilten Übereinkunft des Gemeinschaftsunternehmens getragen.

Plötzlich, inmitten all dessen, nehmen meine Augen gleichzeitig zwei runde Gegenstände wahr, die hoch oben an gegenüberliegenden Wänden hängen. Was sind diese Dinger? Sie waren doch gestern noch nicht da. Und während ich diese Frage stelle, kenne ich bereits die Antwort! Jemand hat, zweifelsohne in guter Absicht, zwei Duftspender in unserem Gruppenraum aufgehängt. Das sind die Dinger, die Cecile vertrieben haben. Ich stelle mich auf einen Stuhl, reiße sie von den Wänden und werfe sie weg. Mit der Zeit beginnt sich die Luft zu klären, und wir machen weiter. Esther sagt, daß sie im Moment viel weint und nicht weiß warum. Manchmal passiert es, wenn sie sich recht friedlich fühlt, manchmal auch in unvorhersagbaren Situationen. Jedesmal, wenn sie bei den letzten drei Gruppentreffen über ihr Leben gesprochen hat, dann ist sie in der Vergangenheit hängengeblieben. Aber heute ist das anders. Sie zeichnet uns ein Bild von ihrer Vergangenheit, um uns besser Informationen über ihre Gegenwart geben zu können, und dort bleibt sie dann auch. Sie weiß nicht, warum sie weint oder warum sie bereit ist, das als einen Teil ihres Lebens zu akzeptieren, nach dem sie es leid war zu weinen und sich dann jahrelang geweigert hat, es noch zu tun. Dennoch versucht sie nicht, Erklärungen dafür zu finden! Sie sagt, daß sie für den Moment bereit ist, sich selbst Raum zu geben, ohne daß sie wissen muß, warum.

In ähnlicher Weise sagt David, daß er schockiert über die Lebhaftigkeit der Welt ist, daß er verblüfft über die Tränen ist, die an der Ampel oder am Küchentisch über seine Wangen strömen, und daß er sich wundert, wie viel ihm gefehlt hat und was so lange unsichtbar geblieben ist. Gina ist ähnlich wie Tina entsetzt über das, was sie über sich selbst zu lernen beginnt. Sie beginnt über eine schleichende Härte zu sprechen, die sich in ihrem Leben breitgemacht hat, die ihre Realität und ihre Reaktionen formt. Sie ist verwundert und sprachlos darüber, wo die Jahre geblieben sind und wo sie all diese Zeit gewesen ist. Jack, der sich von Prostatakrebs erholt, sagt, daß er noch nie so entspannt gewesen ist. Philip ist erstaunt darüber, daß er sich besser fühlt, auch wenn sich an seinen Rückenschmerzen nichts geändert hat. Er weiß nicht, was er davon halten soll.

Die Unterhaltungen sind lang und lebhaft. Die Teilnehmer bringen ihre Frustration angesichts ihres Mangels an Entschlossenheit, ihres Aufschiebens, ihres Erkennens eingefleischter Muster und Gewohnheiten, die in der intensiven, einfachen Direktheit des Praktizierens aufgewirbelt und erhellt werden, zum Ausdruck. Sie beginnen zu sehen, daß Langeweile, Müdigkeit, Unruhe, Geschäftigkeit, Angst und der Wunsch nach Ablenkung und Flucht, die täglich während der formellen Meditationspraxis auftauchen, nichts anderes sind als die nur allzu vertrauten Geisteszustände, die sich auch in ihrem Alltagsleben einstellen. Das führt zu Interesse und Faszination anstatt zu überwältigender Schwächung. Es entwickeln sich eine freigebige Neugier und ein großes Interesse an der Welt. Die Teilnehmer kommen mit der tiefen Sehnsucht, sich selbst kennenzulernen, in Kontakt, und dieses Wissen – unabhängig von ihrer Krankengeschichte und dem, was sie hierher gebracht hat –, in ihr Leben einzubringen. Bald schließen wir. Im Raum finden immer noch angeregte Unterhaltungen statt. Niemand will gehen. Das Leben und die Arbeit dieser Woche liegen vor uns. Wir fühlen uns inspiriert. Auf die verbundene Stelle schauen. Wir sind bereit weiterzugehen.

Aber es ist noch nicht ganz vorbei.

Draußen im Flur spricht mich Carla, eine große Frau von Anfang sechzig, auf dem Weg zur Toilette an und sagt, daß sie sich im Laufe dieser Woche gerne mit mir am Telefon unterhalten würde; einen Grund gibt sie nicht an. Wir vereinbaren, am nächsten Tag miteinander zu reden. Wir hatten heute morgen in der Gruppe einen schwungvollen Dialog. Vielleicht bin ich zu deutlich geworden. Ich weiß, daß sie sich unwohl gefühlt hat, aber ich wollte ihr nur als der kraftvollen Erwachsenen gegenübertreten, die sie ist, auch wenn sie oft in ein kindliches Wimmern verfällt, unter dem sich, wie sie selbst zugibt, eine enorme Wut verbirgt. Die Eindringlichkeit unserer Begegnung war meine Art, sie daran zu erinnern, wer sie in Wirklichkeit ist. Sie fand mit voller Absicht statt. Ich weiß, daß sie bei einer kurzen, steifen Brise auf eigenen Beinen stehen kann, und sie tut es auch.

Am nächsten Tag erfahre ich, daß sie wegen eines Vorfalls, der vor drei Wochen passiert ist, wütend auf mich ist und daß sie beschlossen hat, jetzt mit mir darüber zu sprechen. Obwohl etwas, das ich über eine wissenschaftliche Studie gesagt habe, nichts mit ihr zu tun hatte, zumindest soweit ich das beurteilen kann, der ich kein früheres Wissen von der Bedeutung dieses Vorfalls in ihrem Leben hatte, informiert sie mich, daß ich ihr die Knöpfe gedrückt habe. Sie sagt, daß ich mich unnötigerweise auf sie gestürzt habe, indem ich in der Öffentlichkeit über Menschen ihrer Altersgruppe gesprochen habe, auch wenn meine Kommentare positiv waren, und ich ältere Menschen unterstützen wollte, indem ich gesagt habe, daß der menschliche Körper beweglich bleiben kann, wenn wir langsam, bewußt und mit Geduld regelmäßig und über längere Zeit mit ihm üben.

Und so diskutieren wir darüber, sprechen dann über gestern, wo sie ebenfalls wütend geworden ist. Sie hat mich auf mich selbst zurückgeworfen, indem sie mich gebeten hat, mir meine Handlungen genauer anzuschauen; meine Motive, Selbstgefälligkeit und Arroganz genauer zu erforschen. Das ist nicht besonders angenehm, aber was soll's! Sie bittet mich lediglich um das, um was ich sie auch gebeten habe. Sie bezieht sich auf mich, so wie ich mich entschieden habe, mich auf sie zu beziehen, und, was am allerwichtigsten ist, auf die Art und Weise, wie sie lernt, sich auf sich selbst zu beziehen. Wie außergewöhnlich es ist, daß wir das füreinander tun können. Ich habe das deutliche Gefühl, daß wir genau wie die übrigen Teilnehmer beginnen, Seite an Seite zusammenzustehen, wobei jeder die erforderliche Arbeit auf seine eigene Weise tut. Ich entschuldige mich für die Verletzungen, die ich ihr möglicherweise zugefügt habe. Sie antwortet, indem sie klar und deutlich sagt: Jetzt fühle ich mich besser. Nach einigen Momenten der Stille spricht sie mit neuer Autorität. Saki, ich möchte, daß Sie wissen, daß meine Maske allmählich von mir abfällt. Ich finde es schwierig, immer nett zu sein, das Richtige zu sagen und ständig in der Art freundlich und gefällig zu sein, wie ich es gewöhnt war. Ich weiß, daß es richtig so ist, aber es macht Angst.

Ein so großes Wissen. Eine solche Stärke und Überzeugungskraft liegt in der Stimme dieser Frau. Ich fühle mich durch die Kraft des menschlichen Geistes, wie er in Carlas Verpflichtung für das Leben zum Ausdruck kommt, gleichzeitig berauscht und ernüchtert. Unsere Unterhaltung nähert sich ihrem Ende. Sie bedankt sich bei mir, steht entschlossen da, macht noch einmal ihre Position deutlich und sagt, daß sie es wertschätzt, daß ich sie als Erwachsene gesehen und auch so mit ihr gesprochen habe. Wir verabschieden uns und verstehen einander ein wenig besser.

Zu diesem Zeitpunkt in dem Prozeß hört die Gruppe nie wirklich auf. Es verändert sich einfach nur der Ort des Geschehens. Alles, was uns jetzt durch die Linse der Achtsamkeit begegnet, wird als nichts anderes denn als Meditation angesehen, als nichts anderes als das Leben selbst. Wir alle hören genau hin und gehen auf neue Weise in unser Leben hinein. In unserem Leben und unserer Verpflichtung dem Leben gegenüber reflektieren wir die Worte von Mary Oliver in ihrem Gedicht *Die Reise:*

... und es gab da eine neue Stimme,
die du allmählich als deine eigene erkannt hast,
diejenige, die dir Gefährtin war,
als du tiefer und tiefer
in die Welt hineingegangen bist,
entschlossen, das einzige zu tun,
was du tun konntest
entschlossen, das einzige Leben zu retten,
das du retten konntest.

Ein Liebesdienst

Vergleichbar mit dem sorgfältigen Polieren eines Spiegels fordert uns auch die Achtsamkeit auf, unserem Leben von Moment zu Moment stetige und bewußte Aufmerksamkeit zu schenken. Unsere Absicht, allmählich den Spiegel unseres Herzens zu polieren, unterscheidet sich nicht von anderen grundlegenden Aktivitäten des Menschseins, wie unsere Zähne mit Zahnseide zu reinigen, unser Gesicht zu waschen oder uns anzuziehen. Meditation ist für dieses Polieren von zentraler Bedeutung, und ausdauernde Praxis ist nicht weniger als das Beschreiten eines katalytischen Entwicklungspfades ist ist die ständige, immer wieder neu getroffene Entscheidung, uns nicht abzuwenden, sondern zu lernen, das zu sehen, was vor uns auftaucht und mit ihm zu arbeiten.

Der Prozeß, das zu öffnen, was geschlossen war, das zu berühren, was noch nicht berührt worden ist, die Wirklichkeit dessen zu fühlen, was ist, stellt eine schwierige Arbeit dar. Die Worte von Thich Nhat Hanh, des vietnamesischen Zenmeisters und Dichters, der für den Nobelpreis nominiert worden ist, weisen auf diesen Prozeß hin:

Achtsamkeit ist offenbarend und heilend.

Das Offenbaren ist heilend, es wirkt wie eine Tür und bietet uns die Möglichkeit, einen Ort zu betreten, von dem aus wir beginnen können, aus erster Hand und vielleicht zum ersten Mal das eigentliche Gefühl, die Umrisse und die Breite unseres Lebens zu verstehen. Wenn Wachsein unser Erbe ist, dann ist unsere Fähigkeit zu achtloser Aktivität eine höchst verfeinerte, über Generationen erworbene Fähigkeit. Ganz ähnlich wie die ersten vier Brüder, die der Frau am Brunnen begegnet sind, sind wir oft auf Automatik geschaltet und sind nicht mehr mit der Wahrheit unserer Erfahrung in Kontakt. Vor diesem Hintergrund liefert uns die außerordentlich große Bandbreite von Qualen, denen wir uns jeden Tag gegenübersehen, eine weitere Motivation, um uns zu verschließen, taub zu werden, auf Autopilot zu schalten und nur die äußersten Ränder des Bewußtseins der Ungeheuerlichkeit menschlichen Leidens – unseres eigenen eingeschlossen – wahrzunehmen.

Unabhängig davon, ob wir nun Fürsorge anbieten oder sie in Anspruch nehmen, unsere Unfähigkeit, die auf den Mangel an ausdauernder innerer Arbeit zurückzuführen ist, unsere mangelnde Bereitschaft, unser Tempo zu verlangsamen, tief in unseren Körper, unseren Geist und unsere Herzen hineinzuschauen, haben weitreichende Konsequenzen. Achtsamkeit lädt uns ein, genau das Gegenteil zu tun. Anstatt uns zu verschließen, lädt uns die Achtsamkeit ein, der Ungeheuerlichkeit des Leidens bewußt ins Gesicht zu sehen, auch dem sich davor Verschließen. Wenn wir diesen Weg gehen, dann wird uns eine Gelegenheit und eine Methode geboten, um in diese Bewußtseinsschmiede hineinzugehen. Durch unsere Bereitschaft, die Trauer, Trennung und Distanz, die wir in uns selbst und in unserer Beziehung zu anderen spüren, zu untersuchen, öffnen wir uns für die Möglichkeit einer Transformation.

Das Pflegen der Selbsterkenntnis, die in dem Schmelztiegel von Schweigen, Stille und Gemeinschaft entstanden und gehärtet worden ist, bildet die Grundlage der Achtsamkeit in der Medizin und der Gesundheitspflege. Unsere Bereitschaft, bei uns selbst anzufangen und die Fülle unseres Lebens zu umarmen, egal, wie unsere Lebensumstände gerade sind, ist der Ausgangspunkt für unsere Praxis. Wenn eine solche Praxis zum Kern der heilenden Beziehung wird, dann fördern wir dieselbe Bereitschaft in anderen. Das ist notwendig, damit Heilung geschehen kann.

Mit Heilung meine ich unsere Bereitschaft, alle Teile unserer selbst zu fühlen und im Bewußtsein zu halten, ohne Trennungen oder Unterscheidungen vorzunehmen. Im wesentlichen ist das die Verkörperung von Wertschätzung und Großzügigkeit uns selbst gegenüber. Es ist ein Ausdruck unserer grundlegenden Ganzheit, unabhängig von unserem Gesundheitszustand oder unserer Lebenssituation. Für uns selbst und diejenigen, mit denen wir das Privileg haben zu arbeiten, ist das zutiefst nährend. Auf solche Weise genährt zu werden, hat viel mit *Nicht-Tun* zu tun, damit, daß wir nicht danach streben oder versuchen, etwas zu tun oder irgendwo hinzukommen, sondern daß wir statt dessen lernen innezuhalten und unseren Platz einzunehmen, egal, wie schmerzhaft oder unangenehm er sein mag. Unser Leben auf eine solche Art anzugehen, ist ein Liebesdienst, der uns allen die Möglichkeit bietet, die Gegenwart unseres eigentlichen Wesens hervorzubringen. Wie jede lohnenswerte Aufgabe, so ist auch diese nicht schmerzlos, aber sie ist mit der Aussicht auf Freude, Leichtigkeit und ein neues Leben verbunden.

Praxis

Das Herz zärtlich halten

Wenn sich die offenbarende Dimension der Achtsamkeitspraxis entfaltet, dann könnte es sein, daß wir in unserem Herzen ein Gefühl von Wundheit, von Zärtlichkeit, Verletzlichkeit und Weite verspüren, das recht unvertraut und scheinbar nicht auszuhalten ist. Dieses Gefühl ist ein wesentlicher Bestandteil eines offenen Herzens. Ein großer Teil von dem, was wir in diese Momente hineinbringen, ist durch unser Denken gefärbt. Wir stellen uns vor, daß wir mit dem, womit wir konfrontiert sind, unmöglich umgehen können, oder wir glauben, unwürdig und nicht liebenswert zu sein. Indem wir mit all dem arbeiten, wird es möglich, in und durch die Turbulenzen des Geistes hindurch zu der Entdeckung einer wortlosen, leeren Offenheit des Herzens zu gelangen.

Bei der folgenden Meditation verwende ich den Brustkorb als Fokus der Aufmerksamkeit, aber natürlich werden wir, wenn wir in die physische Brust hineinschauen, niemals dieses wissende Organ vorfinden, das wir Herz nennen. Dennoch ist unsere Sprache voll von Hinweisen auf diesen Bereich des Lebens und seine Existenz im Brustraum unseres Körpers. Das, worauf all diese Anspielungen hinweisen, könnte nichts Geringeres als eine Angelegenheit auf Leben und Tod für uns sein.

Sie können diese Meditation entweder im Sitzen erfahren oder indem Sie auf dem Rücken liegen. Ihre Beine sollten ausgestreckt und nicht überkreuz sein, und Ihre Arme sollten bequem an Ihren Körperseiten ruhen. Falls Sie auf dem Boden liegen, könnte es hilfreich sein, sich eine Unterlage oder eine Dekke unterzulegen. Wenn Sie ein kleines Kissen unter Ihrem Kopf benötigen, dann können Sie gerne eines benutzen.

Richten Sie, nachdem Sie eine bequeme Position gefunden haben, Ihre Aufmerksamkeit auf den Atem und nehmen Sie sich etwas Zeit, um sich auf Ihren Atemfluß einzustimmen. Während Sie dort sitzen oder liegen, bringen Sie, wenn Sie möchten, Ihre Aufmerksamkeit auf Ihren Körper und die Empfindungen von Wärme und Kühle, von Wohlbehagen oder innerem Aufruhr, von Leichtigkeit und Schwere, Festigkeit und Transparenz … auf das Gefühl des Kontaktes mit dem Boden, dem Stuhl oder dem Kissen, auf das Bewußtsein der Geräusche in Ihnen und um Sie herum. Nehmen Sie auch das Spiel der vorüberziehenden Gedanken und Emotionen wahr … Liegen oder sitzen Sie hier und seien Sie sich Ihres Atems bewußt … seien Sie sich des überströmenden Lebens im Körper bewußt … dem Gefühl, sich selbst aufrecht zu halten bzw. vom Boden getragen zu werden. Beatmet werden … innerhalb der ausgestreckten Arme des Atems getragen und gehalten werden ... nichts tun oder geschehen lassen zu müssen ... innerhalb des Atemflusses leben, das Bewußtsein des Lebens, das sich als Ton, als Gedanke, als Emotion offenbart ...

Wenn Sie sich dazu bereit fühlen, dann richten Sie jetzt Ihre Aufmerksamkeit auf die Mitte der Brust und werden Sie sich jeglicher Empfindungen bewußt, die aus dieser Region aufsteigen ... nehmen Sie Ihren Brustkorb wahr ... und das fühlende Zentrum, das Herz genannt wird. Spüren Sie die rhythmische Bewegung des Atems, den Wechsel von Ein- und Ausatmung, und erlauben Sie es Ihrer Atembewegung, wie die langsame, stetige Bewegung einer Wiege hin- und herzupendeln. Wiegen Sie Ihr zartes, offenes Herz sanft in Ihrem Bewußtsein. Schaukeln ... wiegen ... das Herz umsorgen und liebevoll halten ... es wiegen ... es sanft bewegen ... es der Sicherheit und der Umarmung des Atems sowie der Wiege, die Sie hält, erlauben, Sie zu nähren ... sich die Sicherheit und den Raum gönnen, um sich selbst kennenzulernen ... mit Ihrer eigenen Wärme und Zärtlichkeit vertraut werden. Atmen ... schaukeln .... wiegen, solange Sie möchten ... solange Sie es brauchen ... Erlauben Sie es der heilenden Dimension der Achtsamkeit, sich Ihnen in der Entdeckung Ihres offenen Herzens zu enthüllen ... in dem Herzen, das bereit ist, alles ohne Ablehnung oder Urteil einzubeziehen. Atmen ... bewußt sein ... sich der Weite des Herzens öffnen ... der Gnade dieses Moments ... der Gnade, einfach nur Sie selbst zu sein. Schaukeln ... atmen ... in der warmen Umarmung Ihres Herzens gewiegt werden.

Angst

Am Dienstag habe ich einen Anruf von Barbara bekommen. Ich hatte sie etwa ein Jahr lang nicht gesehen. Als ich zu ihr kam, saß ihre Mutter wie ein geprügelter, lebensmüder, unbeweglicher Wachposten an ihrer Seite. Eine alte Löwin, die unerbittlich die Zerbrechlichkeit und Integrität ihrer Tochter bewachte.

Barbara lag ausgestreckt auf dem Bett. Über ihren Bauch war ein Verband gelegt, der ihr sichtlich Unbehagen bereitete, und sie versuchte, ihre Energie soweit zu aktivieren, daß sie eine kaum hörbare Begrüßung zustande brachte. Sie war erschöpft und schwach. Aus ihren Augen sprach Angst, aber etwas anderes trat noch deutlicher hervor. Ihr Mut, jener Funke an Entschlossenheit, den ich in ihr kennengelernt hatte, war angesichts überwältigender medizinischer Diagnosen verblaßt. In jenem Moment wußte ich, daß auch sie das wußte, und das war der Grund, der sie veranlaßt hatte, mich anzurufen und mich um einen Besuch zu bitten.

Als wir miteinander sprachen, schlug ihre Mutter den Weg der Unbesiegbarkeit ein. Alle paar Sekunden auch mitten in Barbaras rückhaltloser Beschreibung ihres Zustands ließ sie einfließen, was für eine schöne Tochter sie habe und wie sie das besiegen, sich nicht unterkriegen lassen und wieder gesund werden würde. Und daß sie das zusammen tun würden. Unterdessen ging Barbara mit schweren Schritten den Weg der ungeschminkten Wahrheit und berichtete unverhüllt und detailliert aus dem Moment heraus über den Zustand ihres Körpers, die schlechte Prognose, ihre Liebe zu ihrem Arzt, das Gefühl *seiner* Hilflosigkeit, das sie an ihm bemerkt hatte, und die körperlichen Schmerzen, die sie erlitt. Wie ein Fußgänger, der nach links und nach rechts schaut, stand ich an der Kreuzung, hörte beiden zu und fühlte meinen Weg durch den Verkehr.

Dann sagte mir Barbara, daß sie vor der Operation eine Kassette von mir mit einer geführten Meditation gehört habe. Sie hatte das Operationsteam gebeten, die Kassette während ihrer Operation zurückzuspulen und immer wieder zu spielen, und so hörte sie meine Stimme, als sie im Genesungszimmer aufwachte. Sie war so dankbar und verkörperte genau hier, im Krankenhausbett, so sehr all das, was sie in dem Klinikprogramm und während ihrer langen Krankheit in sich selbst an Ressourcen gefunden hatte. Nicht nur deshalb, weil sie die Kassette verwendete, sondern aufgrund ihrer Präsenz, während sie in der steifen Brise all dessen stand, was sich in ihrem Leben vollzog. Ich empfand Bewunderung, Ehrfurcht und Stolz.

Ihre Mutter schwieg, als sie das erzählte und nickte nur hin und wieder zustimmend mit dem Kopf. Barbara sprach weiter und kam wieder auf ihre Prognose zurück. Sie sagte, sie habe in den letzten zehn Jahren hohe Dosen an Steroiden genommen und ihre Ärzte hätten ihr mitgeteilt, daß ihre Nähte wahrscheinlich nicht halten würden, da ihr Inneres wie Butter sei. Sie seien sich nicht sicher, wie sie sie am besten medizinisch versorgen könnten.

Mein Inneres ist wie Butter.

In jenem Moment packte mich etwas hinter diesen Worten. Mein eigenes Inneres fühlte sich ebenfalls wie Butter an. Übelkeit, Ekel und ein starker Drang zu entkommen, überkamen mich mit enormer Kraft. Ich kann nicht genau sagen, was es war, aber etwas von dem, was sie gesagt hatte, hatte große Angst in mir wach werden lassen. Als sie weitersprach, wurde mir bewußt, daß ich dabei war, innerlich wegzugehen, immer schwächer zu werden und nicht länger präsent zu sein. Indem ich rückwärts die Straße der Unsichtbarkeit hinunterging, entkam ich schließlich ihrem Raum. Ich schlich mich den Gang hinunter, betrat allein das willkommene Refugium der Treppe, schämte mich, fühlte mich total unzufrieden und momentan erleichtert.

Selbst wenn ich jetzt diese Passage schreibe, verspüre ich den starken Wunsch fortzufahren und Ihnen von meiner nächsten Begegnung mit Barbara zu berichten. Mich vor Ihnen – und mir selbst – reinzuwaschen. Was werden Sie von mir denken? Welche Schlußfolgerungen werden Sie ziehen, nachdem ich Ihnen das erzählt habe? Wie kann ich Ihnen beweisen, daß ich ein freundlicher, aufrichtiger Mann und ein kompetenter Arzt bin? Das ist Gift. Noch mehr Trennung. Wenn ich in dem wirbelnden Strudel dieser Stimmen lebe, dann wird mir klar, daß die mangelnde Bereitschaft, diese Wahrheit anzuerkennen, weitaus destruktiver ist als die Wahrheit selbst. Meine Verteidigungshaltung zieht lediglich ein weiteres von mir Wegschieben und Verleugnen nach sich. Hören Sie, daß es sich hierbei um mehr als nur ein persönliches Geständnis handelt? Das ist unsere kollektive Arbeit als Menschen. Das hat man uns in der Schule nicht beigebracht.

Der Lehrplan steht immer vor uns. Direkt vor unserer Nase. Können Sie ihn riechen?

Praxis

Mit Angst arbeiten 1

Wenn wir anfangen, einen genauen Blick auf unser Leben zu werfen, dann stellen wir bald fest, daß die Angst allgegenwärtig ist. Unsere normale Gewohnheit, wenn wir Angst verspüren, besteht darin, daß wir uns entweder durch Unterdrückung oder durch Trennung schützen. Wie jene Begegnung mit Barbara deutlich macht, ist es leicht, sich in diesem Zyklus von Reaktionen zu verfangen. Angst zu fühlen, ist nicht das Problem. In vielen Fällen ist Angst eine gesunde Reaktion auf eine Situation. Unsere Arbeit hat viel mehr damit zu tun, daß wir wissen, wann wir Angst haben, wie Angst typischerweise unsere Gedanken und Handlungen beeinflußt und wie wir langsam lernen können, *mit* Angst zu arbeiten, anstatt entweder ihre Existenz zu leugnen oder uns von unseren konditionierten Reaktionen treiben zu lassen, wenn die Angst kommt.

Nehmen Sie sich für diese Woche vor, die winzigen Schockwellen von Angst wahrzunehmen, die einen großen Teil Ihres Lebens beherrschen. Nehmen Sie wahr, daß es möglich ist, innezuhalten, die Angst zu fühlen und sich um sie zu kümmern, während Sie sich gleichzeitig Ihres Atems bewußt bleiben. Nehmen Sie wahr, daß das recht hilfreich sein kann. Anstatt den Atem zu verwenden, um die Angst wegzufegen oder den körperlichen Gefühlen, die Sie auf Ihrer inneren Richterskala registrieren, den Krieg zu erklären, schauen Sie, ob Sie allmählich weich werden und es sich erlauben können, mit den Wellen der

Gefühle, so wie sie sich darstellen, zu sein. Alles, was von Ihnen gefordert wird, ist, daß Sie sich mit der Angst vertraut machen. Wieviel Zeit Sie mit diesen Momenten verbringen möchten, bleibt Ihnen überlassen.

Mit Angst arbeiten 2

Wenn wir neuen Situationen begegnen, dann ist es nichts Ungewöhnliches für uns, daß wir Angst und gleichzeitig ein subtiles Gefühl von Faszination oder den Wunsch empfinden, genauer hinzuschauen. Aufgrund ihrer Intensität vermindert die Angst jedoch gewöhnlich unser Bewußtsein von Neugier und unsere Bewegung dorthin.

Wenn Sie durch Ihre Bereitschaft, sich den Gefühlen von Angst zuzuwenden, allmählich ein Gefühl von Selbstvertrauen entwickeln, werden Sie vielleicht bemerken, daß häufig Neugierde und ein Gefühl von etwas Geheimnisvollem direkt neben der Angst zu finden sind. In nahezu allen Fällen kündigt das Aufkommen von Angst unseren Aufbruch in neues Territorium an. Das Leben um uns herum fängt an, sich auszudehnen und uns wird die Möglichkeit geboten, uns auf es zu statt von ihm wegzubewegen. Versuchen Sie, mit dieser Möglichkeit zu arbeiten; schauen Sie, ob Sie spüren können, wie eine nicht rationale, forschende Faszination Ihre Erfahrung durchdringt. Wenn Sie den Geschmack von dieser Präsenz bekommen, dann schauen Sie, ob Sie sich anhand dieser Qualität von Anziehung orientieren können, ohne irgendwelche Angstgefühle verleugnen zu müssen. Nehmen Sie wahr, ob Sie dadurch, daß Sie diesem Bereich Aufmerksamkeit schenken, in weitere Entdeckungen hineingezogen werden.

Mit Angst arbeiten 3

Wenn Sie zunehmend mehr mit dem Bereich der Angst vertraut werden, dann schauen Sie, ob Sie beginnen können, mit der Möglichkeit der Hingabe zu arbeiten. Erlauben Sie es sich, sich immer weiter für dieses Gefühl ebenso wie für die Möglichkeit zu öffnen, daß Sie in sich die Fähigkeit besitzen, auf Ihren Schutz zu verzichten und sich dem Moment zu überlassen. Ihre Fähigkeit, einen solchen Moment zu erlauben, ist die Fähigkeit der Achtsamkeit. Dann könnte es sein, daß Ihre Meinung darüber, wer Sie sind, was Angst ist und in welcher Beziehung Sie zu ihr stehen, sich für immer verändert hat.

Bodenlosigkeit

Wir alle suchen soliden Boden unter den Füßen. Wenn wir jedoch genau hinschauen, dann stellen wir fest, daß es in Wirklichkeit keinen solchen Platz gibt, auf dem wir stehen könnten. Zunächst ist es beängstigend, das zu fühlen. Also verbringen wir fast jeden wachen Moment damit, uns Stabilität aufzubauen und Ränder und Grenzen in dem Versuch zu konstruieren, unseren Grund und Boden zu definieren und zu konsolidieren. Wie erschöpfend und unbefriedigend. Das ist besonders offensichtlich, wenn wir mit einem lebensverändernden Vorfall konfrontiert sind, einem medizinischen Notfall, einer unvorhergesehenen Diagnose, einer Krise im Leben unserer Kinder. In solchen Momenten wird unser normales Gefühl von unserem Grund und Boden untergraben. Häufig ist das der Zustand, der die Menschen dazu bringt, am Klinikprogramm teilzunehmen.

Die Leute, die dorthin kommen, fühlen sich unsicher; sie fühlen sich mit den Veränderungen in ihrem Leben unwohl, wollen jedoch etwas gegen all das tun. Häufig sagen sie, daß sie sich schockiert, wütend, entmutigt, deprimiert und von Hilflosigkeit und Verwirrung niedergedrückt fühlen. Dennoch sind all diese Zutaten die Funken und das Brennholz für die Transformation. Die Leute kommen in einem Zustand von Aufruhr – dem, was Ärzte „gestört" nennen. Diese Gestörtheit ist die Bodenlosigkeit selbst. Das Zersplittern des Stabilen, dessen, auf das man gezählt und das man als selbstverständlich hingenommen hat, das Zersplittern des Bekannten. Aus diesem Grund können solche Momente Auslöser für tiefe, unvorhergesehene Entwicklungsschritte sein. Häufig ist das die Situation, in der die Arbeit der Achtsamkeit beginnt, und wie Sie in dem sich entfaltenden Prozeß der wöchentlichen Gruppentreffen sehen können, fangen Menschen mit körperlichen Krankheiten, die von lebensbedrohlich bis chronisch unangenehm reichen, an zu lernen, wie sie mit der Unsicherheit tanzen können, wie sie sie als Nährboden für die Entdeckung bislang unvorhergesehener Möglichkeiten nutzen können.

In ähnlicher Weise ist es für diejenigen von uns, die im Bereich der Gesundheitspflege arbeiten, notwendig, daß wir uns mit diesem Ort in uns selbst wohlfühlen, um vollständig mit einem anderen Menschen dorthin gehen zu können. Es ist buchstäblich die Bereitschaft erforderlich, von einem zum anderen Moment in den offenen, grenzenlosen Raum hineinzugehen und am Rande des Chaos zu tanzen, während wir die Tendenz abzuschweifen, zu alten Gewohnheiten zurückzukehren und die leeren Räume zu füllen wahrnehmen. Irgend etwas zu tun, was auch immer es sei! Dennoch bedeutet Hilfeleistung, die von Achtsamkeit getragen ist, häufig, *nicht* das zu tun, was erwartet oder gewünscht wird. Um das gut zu machen, muß nichts versprochen werden, außer dem Versprechen der Unsicherheit, dem offenen Feld von Möglichkeiten.

Praxis

Mit Unsicherheit arbeiten

Vielleicht gibt es so etwas wie einen festen Boden nicht. Vielleicht verlieren wir einen großen Teil unseres Lebens dadurch, daß wir versuchen, uns einen solchen fiktiven Platz aufzubauen. Geben Sie sich in den Hunderten von Augenblicken im Laufe des Tages, der Woche, des nächsten Jahres den Raum, diese Vorstellung von Festigkeit zu erforschen. Nehmen Sie wahr, wieviel Zeit Sie mit dem Versuch verbringen, ein Gefühl von Dauerhaftigkeit aufzubauen. Fangen Sie an, Ihre Aufmerksamkeit auf die unzähligen Momente innerhalb oder außerhalb der heilenden Beziehung zu richten, in denen Sie versuchen, eine bekannte, unberührte Welt zu schaffen und zu konsolidieren. Erzeugt das mehr oder weniger Spannung, mehr oder weniger Härte, mehr oder weniger Freude? Nehmen Sie wahr, was sich in Ihrem Körper abspielt und wie die Wellen aussehen, die Ihren Geist umwölken, wenn Sie nach einem solchen Platz greifen. Experimentieren Sie im lebendigen Labor Ihres Lebens damit, was passieren könnte, wenn Sie weniger Zeit damit verbrächten, einen erdachten Zustand von Stabilität zu erschaffen und statt dessen lernen würden, auf den Wellen Ihres Lebens zu reiten.

Vielleicht wartet auf uns alle ein Schatz im riesigen Netz unseres Lebens, das wir normalerweise als Unsicherheit bezeichnen!

Mit der grünen Linie fahren

Ich lebte in Boston und hatte begonnen, privat Klienten zu empfangen. Durch die Gegend, in der ich lebte, fuhr die „Grüne Linie". Damals waren die Wagen klapprig und heruntergekommen. Ungepflegt. Das, was in Boston einer Straßenbahn am nächsten kam. In diesen Zügen, die manchmal ober- und manchmal unterirdisch fuhren, verging man mitten im Winter vor Hitze. Sie war unkontrollierbar, ja bisweilen nahezu unerträglich. Um dem Luftmangel und den eindringenden Giften entgegenzuwirken, fuhren wir an jenem Tag mit weit geöffneten Fenstern. Als wir gerade durch die stellenweise weißen, meist jedoch schmutzigen Straßen die Huntington Avenue hinunter zu den Jamaica Plains fuhren, fiel Schnee. Von unserem Wagen aus sahen und hörten wir Kinder, die auf den Gleisen spielten und ihre vorüberfahrenden Ziele anpeilten.

Die Straßenbahn war bis auf den letzten Platz gefüllt. Ich hatte einen Stehplatz, hielt mich an der Stange über mir fest und bewegte mich im Takt der hypnotisierenden Musik im verschwommenen Schein meiner Selbstzufriedenheit. Ich dachte über die gute Arbeit nach, die ich gerade bei einem Klienten geleistet hatte ja, ich beglückwünschte mich dazu und schwelgte in dem guten Gefühl, das mir das gab. Wie gut ich doch war! Beiläufig erinnerte ich mich auch noch an meine Schwierigkeiten mit einem anderen Klienten, an meine Sorgen in bezug auf ihn, und gelangte zu der Schlußfolgerung, daß es wohl vor allem sein Widerstand sei, der eine Veränderung zum Besseren verhindert. Ich fragte mich, was ich wohl mit ihm tun sollte. Ich fragte mich auch, wie ich die Situation verbessern konnte, dann wand ich mich schnell aus der Andeutung von Hilflosigkeit, der Angst vor Inkompetenz heraus.

Rasch wandte ich meine Gedanken von ihm ab und wieder mir selbst zu ...

Wie gut ich mich damit fühlte zu helfen und gebraucht zu werden. Genau in dem Augenblick, in dem dieser Gedanke durch mein Hirn schoß, wurde ich von einem Schneeball im Gesicht getroffen, der durch ein offenes Fenster geflogen kam. Er ging durch das Nadelöhr hindurch, flog an den Leuten vorbei, die am Fenster saßen ebenso wie an denjenigen, die im Gang in meiner unmittelbaren Nähe standen. Verblüfft, beschämt und blutend richtete ich meinen Blick auf den Boden, kurz gefesselt von dem Anblick eines funkelnden, grauen Steins, der in der Mitte jener Kugel plaziert worden war – treffsicher auf die Reise geschickt durch den Arm des Unbekannten.

Entscheiden. In Wirklichkeit weist der Begriff *entscheiden* auf ein zu bewußtes Bemühen hin; wissen, dadurch, daß man aufgerüttelt wird – man hat es mir buchstäblich unter die Nase gerieben: Keine weiteren Klienten, bis du auf den Grund dieses Bedürfnisses zu helfen, dieses Bedürfnisses, gebraucht zu werden, gelangt bist.

Der Schatten der Hilflosigkeit, die Angst vor Hilflosigkeit ist der Partner beim Helfen. Halten Sie die Augen offen. Halten Sie nach ihm Ausschau. Er wird Sie viel lehren. Ich bin sein Schüler.

Hilflosigkeit

Ich habe in mir selbst bemerkt, daß Hilflosigkeit manchmal in der Verkleidung des Helfens daherkommt, das mich leicht in das Tun hineinbringt. Ich neige dann dazu, fieberhaft umherzuhasten und mir selbst und anderen Konzepte aufzuzwingen. Das ist eine Falle und eine subtile Form der Manipulation, die aus Angst und Unzufriedenheit mit einem selbst entstanden sind. Haben Sie das schon einmal in sich selbst bemerkt?

Ein solches Verhalten ist sehr häufig unbewußt; es entgeht unserem Alltagsbewußtsein. Dennoch geschieht es seltsamerweise auch mit Absicht. Das ist ein komischer und schmerzhafter Widerspruch. Weil die Wahrheit dieses Widerspruchs so schwer hinzunehmen ist, lehnen wir sie ab und versuchen, sie zu widerlegen. Indem wir das tun, täuschen wir uns selbst. Und noch gravierender ist, daß wir unserem zarten, verletzlichen Herzen Gewalt antun. Unfähig, die Intensität des Nicht-Wissens leicht zu nehmen, nicht alle Antworten, alle Lösungen parat zu haben; unfähig, die Zerbrechlichkeit des Helfens zu halten, die Zerbrechlichkeit dieser menschlichen Aktivität, die mit Vieldeutigkeit, Verlusten und endlosen Biegungen und Windungen belastet ist, tun wir das, was am natürlichsten und in unserer Kultur am glaubhaftesten ist. Wir weisen diese Verletzlichkeit zurück. Da wir nicht bereit oder nicht in der Lage dazu sind, in der Spannung zu sitzen, verlegen wir uns aufs Handeln.

Als ich diese Geisteszustände persönlich wieder aufgesucht und sie offen mit meinen Kollegen diskutiert hatte, wurde mir klar, daß die Quelle dieser Zurückweisung in den meisten Fällen Unsicherheit ist Unsicherheit uns selbst gegenüber, Unsicherheit in bezug darauf, was unsere Aufgabe ist und was nicht, Unsicherheit in bezug auf unsere Existenzberechtigung. Und deshalb bemühen wir uns so sehr, diese peinliche, unangenehme Unsicherheit mit Handlungen auszufüllen. Wir füllen sie mit guten Taten aus, von denen wir hoffen, daß sie irgendwie unsere Existenz bestätigen werden, daß sie uns eine Rechtfertigung für den von uns gewählten Beruf und vielleicht sogar für unser Leben insgesamt geben mögen. Daran ist nichts verkehrt oder schlecht. Auf diese Weise zu handeln, disqualifiziert uns weder als im Gesundheitswesen Tätige noch als Menschen. Wenn das der Fall wäre, dann müßten wir alle kündigen. Was es jedoch anzeigt ist, woran wir arbeiten müssen. Kennen Sie diesen Platz? Können Sie die unersättliche Hohlheit, den unbändigen Wunsch, diese Leere zu füllen, spüren? Die praktische Unmöglichkeit und Erschöpfung, die mit diesem Kampf einhergeht, Gutes zu tun und gebraucht zu werden. Ein großer Teil der Gesundheitsfürsorge beruht auf diesem Gefühl von Hilflosigkeit.

Diese Unsicherheit, diese Hilflosigkeit weist dorthin, wo wir unseren Begrenzungen und harten Kanten begegnen. Damit steht und fällt unsere Praxis, so wie sie sich in unserer Arbeit ausdrückt. Schließlich geht diese Geschichte uns alle an. Aber das ist nicht die ganze Geschichte. Ein römisch-katholischer Priester, der mit seinen Mitpriestern an einem achtmonatigen Stress-Reduction-Programm im Krankenhaus teilnahm, vermittelte mir sehr klar, daß wir diese Arbeit immer wieder aufs Neue tun müssen. Im Laufe einer Reihe tiefgehender Gespräche über das Zölibat sagte er: Ich muß mich jeden Tag entscheiden, keusch zu sein. Es reicht nicht aus, daß ich vor zwanzig Jahren als junger Seminarist ein entsprechendes Gelübde abgelegt habe. Das funktioniert heute nicht mehr für mich. Ich muß heute wählen. Heute muß ich mich noch einmal entscheiden.

Wie er, so ist jeder von uns aufgerufen, sich *heute* zu entscheiden. Jeder von uns muß die Entscheidung treffen, sich allmählich dieser eingefleischten, reaktiven Gewohnheiten zu enthalten. Sich für die Situationen zu öffnen, in denen wir nicht helfen können. Dort, wo die beste Hilfe vielleicht nichts bewirkt.

Diese Entscheidung und diese Bereitschaft, dem Impuls zu widerstehen, einzuspringen und die Dinge schön, richtig und glatt zu machen. Der Preis besteht im Alleinsein und der allmählichen Auflösung des Eigeninteresses.

Praxis

Mit dem Gefühl der Hilflosigkeit arbeiten

Die Macht der Konditionierung in unserem Leben – insbesondere in Situationen, in denen von uns erwartet wird oder wir gebeten werden zu helfen – ist ungeheuer groß. In solchen Momenten nehme ich wahr, daß die Arbeit mit diesen drängenden Impulsen durch meine Bereitschaft unterstützt wird, nicht zu handeln – zumindest nicht im Moment – und mich statt dessen auf die scheinbar unausweichliche Spannung einzulassen, keine Antwort, keine rettende Reaktion und keinen Plan zur Verfügung zu haben.

Wenn ich tatsächlich in der Lage bin, mit mir auf diese Weise zu arbeiten, dann bemerke ich manchmal, daß sich ein größeres Feld von Weite zeigt, auch wenn sich vielleicht im Moment ein Gefühl von Unbeholfenheit, Inkompetenz oder Resignation breitmacht. Diese Weite ist weder ein Nichts noch ein bewußtseinsspaltendes Flüchten, sondern vielmehr ein Gefühl von Ruhe und Offenheit, in dem die Gegenströmungen der Emotionen fließen können, ohne so störend und beunruhigend zu sein.

Wenn in Ihrem Leben das nächste Mal dieses Gefühl von Hilflosigkeit auftaucht, dann könnte es von Nutzen für Sie sein, mit dem Nicht-Handeln zu experimentieren. Es liegt eine Großzügigkeit des Herzens in unserer Bereitschaft, genau dort zu bleiben, wo wir gerade sind, innezuhalten und es diesen Wellen des Geistes zu erlauben, durch uns hindurch und über uns hinwegzuspülen. Ich habe oftmals die Feststellung gemacht, daß, wenn ich bereit bin, ohne jegliche Absicht mit dieser Aufgewühltheit zu sein; wenn ich bereit bin, Geduld mit mir selbst und mit der Bewegungslosigkeit der Situation zu üben, die richtige Handlung von selbst entsteht. In solchen Augenblicken sind der Atem und Ihre Bereitschaft, still zu sein und zu schweigen, äußerst hilfreiche Anker und Verbündete.

Woche Fünf

Die Wucht ist unübersehbar. Durch diese fühlbare Realität werde ich in den Gruppenprozeß hineingezogen.

Ich habe nicht nur mit Carla gesprochen, sondern darüber hinaus auch mehrere Gespräche am Telefon geführt. Außerdem hatte ich diese Woche eine persönliche Begegnung mit einem Kursteilnehmer. Jede dieser Begegnungen ist wie Brotteig aus dem Teigkasten unseres letzten Gruppentreffens hervorgegangen. Teigkästen sind warm, feucht und warm. Sie sind voll von wilder Hefe und werden manchmal von Bäckern benutzt, um den unfertigen Teig gehen zu lassen, der in seiner eigenen Zeit in der im Ofen gesammelten Hitze zu einem gesunden, nahrhaften Lebensmittel wird.

Wenn Sie eine dieser großen, zweitürigen Stahlkästen öffnen, dann sehen Sie den gehenden Teig in verschiedenen Reifungsstadien. Dasselbe gilt für uns alle im Kurs. Die Telefonanrufe sagen mir, daß einige Teilnehmer entmutigt und am Kämpfen sind, während andere inmitten dieser Arbeit an sich zunehmend ein Gefühl von innerer Stabilität freilegen, das sie eindringlich mahnt, über die Möglichkeit zu sprechen, die Praxis in besonders schwierigen Situation in dieser Woche zu verwenden. Einige sprechen über die große Wirkung, die das letzte Gruppentreffen auf sie gehabt hat – die Intensität der Arbeit und über die Überraschung, die damit verbunden ist, an einem Stress-Reduction-Programm teilzunehmen und mehr über mich selbst herauszufinden, als ich jemals gedacht hätte. Wieder andere haben angerufen, um über ihre Verzweiflung zu sprechen, ihr Gefühl, nicht erfolgreich zu sein, wenn sie sich selbst an den Erfahrungen einiger anderer Gruppenteilnehmer messen. Ihr Gefühl von Hoffnunglosigkeit, das durch den linear denkenden Verstand noch verstärkt wird, überzeugt sie davon, daß sie, obwohl sie bereits die Hälfte des Kurses hinter sich haben, in den verbleibenden vier Wochen niemals alles zusammenbringen werden. Sie fragen sich, ob sie aufhören sollten, ob sie überhaupt hätten anfangen sollen, ob es irgendeine Möglichkeit gibt, mit einer so schwierigen Situation zu arbeiten, ob ich jemals von jemandem in einer so mißlichen Lage wie der ihren gehört hätte, der dieses Zeugs nützlich gefunden hätte. Diese Unterhaltungen treten häufig in dieser Phase des Kurses auf.

Nach dem Gruppentreffen in der letzten Woche war ich so bewegt darüber, wo die Teilnehmer standen, was sie über ihr Leben zu sagen hatten und wie sie anfingen, Dinge zu sehen und sich allmählich über das Medium der Achtsamkeit direkt auf sie zu beziehen begannen, daß ich ihnen allen einen Brief schrieb, um meine Dankbarkeit für all ihre Bemühungen zum Ausdruck zu bringen. Die Praktikanten und Praktikantinnen in der Klinik, die denselben Brief erhalten hatten, waren über diese Geste erstaunt, und sie fragten mich, ob der Brief Standard sei, ob ich ihn nach jeder vierten Unterrichtseinheit verschicken würde. Die Antwortet lautet nein.

Der Inhalt und die Tiefe der Gruppentreffen der vergangenen Woche haben mich die ganze Woche lang begleitet. Die Planung des heutigen Gruppentreffens hat sich aus den zusammenströmenden Flüssen der Aufrichtigkeit und des Bemühens der Teilnehmer entwickelt, aus dem, was gesagt wurde und dem, was unausgesprochen blieb, sowie dem, was all diese Strömungen in dieser Woche in mir angerührt haben. In dieser Phase des Kurses haben wir täglich abwechselnd je 45 Minuten den Bodyscan und Yoga geübt, wobei wir die Anleitungen für die geführte Meditation verwendet haben, die während der ersten Stunde in Kassettenform verteilt wurden. Zusätzlich haben die Teilnehmer ohne Anleitung auf Kassette die Sitzmeditation praktiziert. Sie haben während der zweiten Woche mit zehn Minuten pro Tag begonnen und die Zeit dann allmählich auf 25 bis 30 Minuten gesteigert. Heute werden sie eine neue Kassette mit 45 Minuten geführter Sitzmeditation auf der einen und 45 Minuten Yoga-Übungen auf der anderen Seite bekommen.

Als Einführung in den Inhalt der neuen Kassette sitzen wir eine Dreiviertelstunde lang. Dann, während wir weiterhin sitzen, bitte ich die Teilnehmer, einem Gedicht zuzuhören. Im 13. Jahrhundert hatte es der Dichter Rumi seinem lieben Freund und Schreiber Husam Chelebi vorgelesen. In der Übersetzung des amerikanischen Dichters Coleman Barks, der ihm die Überschrift *Das Gasthaus* gab, ist es auch heute noch lebendig und aussagekräftig. Der Beweis für seine Lebendigkeit zeigt sich in den Reaktionen der Teilnehmer. Ich spreche es heute laut vor, weil es für sie, für mich und vielleicht auch für Sie einen wesentlichen Aspekt des Lebens verkörpert, der erfahren werden kann und mit dem man mit Hilfe der Achtsamkeitspraxis direkt arbeiten kann.

Wenn Sie möchten, dann lesen Sie es sich selbst laut vor.

Das menschliche Dasein ist ein Gasthaus.
Jeden Morgen ein neuer Gast.

Freude, Depression und Niedertracht –
auch ein kurzer Moment von Achtsamkeit
kommt als unverhoffter Besucher.

Begrüsse und bewirte sie alle!
Selbst wenn es eine Schar von Sorgen ist,
die gewaltsam Dein Haus
seiner Möbel entledigt,

selbst dann behandle jeden Gast ehrenvoll.
Vielleicht reinigt er Dich ja
für neue Wonnen.

Dem dunklen Gedanken, der Scham, der Bosheit –
begegne ihnen lachend an der Tür
und lade sie zu Dir ein.

Sei dankbar für jeden, der kommt,
denn alle sind zu Deiner Führung
geschickt worden aus einer anderen Welt.

RUMI
DAS GASTHAUS

Ich trage es dreimal laut vor und wir sitzen noch eine weitere Viertelstunde lang. Als das Sitzen sich seinem Ende nähert, bitte ich die Teilnehmer, eine Antwort auf die Frage zu formulieren: Was lernen Sie daraus? Ich schlage ihnen vor, sich zu erlauben, die Frage in sich aufzunehmen und genau auf den inneren Widerhall zu lauschen, den sie in ihnen auslöst und erst dann, wenn sie es möchten, das, was sie gerade entdeckt haben, mit Worten auszudrücken.

Innerhalb der Praxis werden dadurch alle Teilnehmer aufgefordert, möglichst nah bei sich zu bleiben, der Direktheit und Unmittelbarkeit ihres Lebens nahe zu bleiben, anstatt die Erfahrung in etwas anderes, als sie ist, umzusetzen oder sie bewerten zu müssen. Im Laufe der letzten Wochen haben sich die Teilnehmer allmählich an diese Art des Sprechens gewöhnt. Sie führt zu Genauigkeit und Klarheit und damit zu der Möglichkeit individuellen Verstehens und kollektiver Resonanz. Auch wenn sie nie jemandem aufgezwungen wurde, so kann diese Bereitschaft, die eigene Wahrheit zu sprechen, zu einem wesentlichen Element des sich selbst Verstehens werden. Gleichermaßen wesentlich ist sie für die Entwicklung von *sangha* bzw. Gemeinschaft, da sie ein gemeinschaftliches Gefühl von Gruppenarbeit, die von jeder Person im Kreis gemacht und bewußt gepflegt wird, widerspiegelt und fördert.

Die Teilnehmer haben viel zu sagen. Viele sprechen zwei- oder dreimal. Niemand bleibt sprachlos. Die Teilnehmer sprechen darüber, daß sie lernen, sich in neuer Weise auf gewohnheitsmäßige Erfahrungsmuster zu beziehen. Sie sprechen ausnahmslos darüber, wie sie lernen, im täglichen Leben achtsam zu sein, wie sie sich in typischen Situationen wiederfinden und atypisch handeln. Einige sagen, daß ihre Familienmitglieder nicht genau wissen, was sie von ihnen halten sollen. Andere sagen, daß sie nicht wissen, was sie von sich selbst halten sollen. Viele sprechen darüber, daß sie ruhiger und entspannter werden und in unangenehmen Situationen mehr Flexibilität an den Tag legen. Andere berichten über ein neugewonnenes Gefühl von Bestimmtheit, das sich in ihrer mangelnden Bereitschaft ausdrückt, weiterhin das zu schlucken, was so lange Zeit schwer auf ihrer Brust gelastet hat. Der Gegensatz zwischen den Qualen, die in den letzten zwei Wochen zum Ausdruck gebracht wurden und dem, was heute geäußert wird, ist bemerkenswert. Die Unterhaltung erstreckt sich über längere Zeit.

John beschreibt, daß *Das Gasthaus* kraftvoll gewesen sei. Er sagt, daß das Hören dieses Gedichts ihm geholfen habe, die Meditation zu verstehen, besonders im Hinblick darauf, neue Wege zu erlernen, sich auf das ständige Gefühl von Veränderung zu beziehen und das Gefühl, daß immer wieder Neues auf ihn zukomme. Darüber hinaus sagt er, daß er bereits begonnen habe, damit zu experimentieren, jeden Gast würdevoll zu behandeln, ob es nun ein Gedanke, ein Gefühl, eine körperliche Empfindung oder eine unerwartete Situation sei. Er bringt zum Ausdruck, daß das Gedicht seine Bereitschaft vertieft habe, mit diesem Prozeß fortzufahren und sich selbst freundlicher zu behandeln. Das löst eine Flut von Gesprächen aus. Mehrere Leute bitten um Kopien des Gedichts; andere machen Bemerkungen über ihre Erfahrung mit der Sitzpraxis vor und nach dem Hören des Gedichts und sagen, wie sehr es ihnen geholfen habe, das Wie des Erlaubens all dessen zuzulassen, was in das Feld ihres Bewußtseins tritt und es offen und ohne Zensur oder Urteil dort zu halten.

Francine war in den letzten beiden Wochen während des größten Teils der Gruppentreffen den Tränen nahe. Diese Woche hat sie begonnen, still vor sich hinzuschluchzen, und ihre ungetrockneten Wangen röten sich und glänzen in diesem entgegenkommenden Umfeld. Sie hat einen schrecklichen, schweren Verlust erlitten – den Tod ihres Sohnes. Seit diesem Ereignis hat sie weiter fünf Kinder großgezogen, während sie unter nicht nachlassenden Depressionen, Sorgen und Panik litt. Sie schaut in meine Richtung. Unsere Augen treffen sich und ich weiß, daß sie heute reden wird. Sie öffnet den Mund, formt ein Wort und bewegt ihre Lippen, aber es kommt kein Laut heraus. Sie tut das immer wieder, bewegt ihren Kopf nach oben und nach unten und sagt schließlich mit einiger Anstrengung: „Wie begegnet man ihnen lachend an der Tür? Wie lädt man sie zu sich ein? Ich kann nicht lachen, ich bin so traurig, so voller Trauer und Schuldgefühle." Jeder im Raum dreht sich in ihre Richtung. Es ist ein kollektives Einziehen des Atems hörbar, dann mit der Ausatmung ein hörbarer Seufzer.

Von dem warmen Pfeil ihrer Nachfrage durchdrungen, weiß ich, daß ihre Frage nicht als Herausforderung gemeint ist. Es wird kein Beweis gefordert. Vielmehr ist eine tiefe Sehnsucht da zu wissen und sich von der ungebührlichen Last dieser Realität zu befreien. Es ist für uns alle nicht anders. Und so bin ich für den Moment bewegungslos und sprachlos. Das ist etwas Gutes. Hier, in diesem Moment, gibt es für nichts anderes Raum als dafür, ihre Frage entgegenzunehmen. Das gibt mir den Raum, die Frage wirklich zu *fühlen.* Einfach zu spüren und dann langsam all die Lebendigkeit, die wachgeworden ist und durch die Ankunft des Unerwarteten in mir freigeworden ist, zu sammeln. Genauso, wie das Vorlesen des Gedichtes *Das Gasthaus* und die Arbeit, die wir zusammen in den letzten vier Wochen getan haben, sie ermutigt und gedrängt hat, sich allmählich zu öffnen und willkommen zu heißen, was immer in ihr Leben tritt, einfach, weil es da ist, so ist Francines Frage das unverhoffte Klopfen an der Tür. Genau jetzt, ohne jede geistige Vorstellung, ist der Gast angekommen und ich bin eingeladen, die Möglichkeit wahrzunehmen, sie alle willkommen zu heißen.

Da Francine bereits freimütig mit uns allen über den Tod ihres Sohnes gesprochen hat, spreche ich offen darüber, als ich auf ihre Frage antworte. Ich meine zu ihr, daß ihr der Dichter keineswegs sagen wolle, daß sie angesichts der Erinnerung an ihren Sohn oder der Trauer und des Schmerzes, die sie empfinde, tatsächlich lachen solle. Vielmehr rege das Gedicht eine innere Haltung gegenüber allem, was uns begegnet, an und fordere uns auf, die Möglichkeit in Betracht zu ziehen, unserem Schmerz und unserer Trauer mit Großzügigkeit zu begegnen. So gehen wir normalerweise nicht vor, wenn wir einem Feind begegnen. Weitaus häufiger leisten wir Widerstand, ziehen uns zurück oder stürzen uns in Geschäftigkeit. Vor dem Hintergrund unserer kollektiven Neigung, die Francine in dem Satz mich in Geschäftigkeit zu stürzen, um nicht fühlen zu müssen, daß der Schmerz mich überwältigen und umbringen würde, ausdrückt und die sie daher gut kennt, scheint die Möglichkeit, die ich ihr vorschlage, für sie irgendwo sinnvoll zu sein.

Auch wenn der Tod eines Kindes nicht Teil meiner Erfahrungswelt ist, so habe ich auch in meinem eigenen Leben viele Verluste erlebt, und einige von ihnen hatten mit meinen Kindern zu tun. Zuerst scheinen diese Verluste unerträglich und nicht heilbar. Ich spüre, daß Francine auf überzeugende Weise eine eingebildete, enorm große Angst erzeugt hat, indem sie glaubt, vollkommen unfähig zu sein, mit ihrem Schmerz und ihrer Trauer zu arbeiten. Ich glaube nicht, daß das wahr ist. Ich erinnere sie daran, daß die Art, wie ihr Sohn zu Tode gekommen ist, sich vollkommen ihrer Kontrolle entzogen hat. Angesichts dessen und aufgrund der Tatsache, daß wir die letzten vier Wochen über das Medium der Achtsamkeitspraxis zusammen in den Kern unseres Lebens hineingereist sind, vermute ich, daß es ihr möglich sein könnte, diese Woche damit zu beginnen, das *sein mit* zu üben – und so gelegentlich den Puls und Rhythmus dieser emotionalen Wellen zu spüren.

Wir sprechen über die Möglichkeit, das, was so überwältigend erscheint, auf eine Weise anzugehen, die es ihr erlauben könnte, ein gewisses Maß an Kontrolle darüber zu bekommen. Vielleicht kann sie, wie jemand, der auf ein Meer zugeht, in dem er gerne schwimmen möchte, ohne jedoch die Temperatur des Wassers zu kennen, anfangen, das Wasser ihrer Trauer und Sorgen zunächst mit ihrem kleinen Zeh zu prüfen. An den Rändern arbeiten, ohne sich mit ihrem gesamten Körper in die Mitte dieses emotionalen Meeres hineinstürzen zu müssen. Auf diese Weise kann sie vielleicht beginnen, diesen schmerzvollen Aspekt ihres Leben in ihrer eigenen Geschwindigkeit anzugehen. Heute vielleicht ein oder zwei Sekunden. Nächste Woche vielleicht dreißig Sekunden. Und vielleicht kann Rumis Lachen so für sie zu einer Bereitschaft werden – zu einem von ihr verkörperten praktischen Weg, mit dem Auftauchen von Angst, Trauer und Schuldgefühlen zu arbeiten, anstatt davor wegzurennen, was ihr, in ihren eigenen Worten, wenig Hoffnung und Frieden gelassen hat.

Sie hört schweigend zu und nickt noch einmal mit dem Kopf. Die anderen Teilnehmer sind weise; sie bieten ihr ihre schweigende, zuhörende Präsenz; ein Geschenk, das wir alle häufig brauchen, das wir in unserer Welt voller Aktivitäten, die sich in Form von Ratschlägen oder Handlungen, die das Herz betäuben, äußern, jedoch meistens nicht bekommen.

Bald ist es Zeit zu gehen. Einige Teilnehmer gehen zu anderen Terminen. Viele sagen noch kurz etwas und bleiben in Francines Nähe. Sie geben ihr keine Ratschläge. Viele danken ihr für ihren Mut und für ihre Bereitschaft, die Frage zu stellen, die jeder im Sinn hatte. Francine und ich sprechen auf dem Gang miteinander. Sie greift nach meiner Hand und sagt: Danke. Ich sage ihr, daß ich das gerne für sie getan habe und danke ihr für ihre Bemühungen. Gleichzeitig erinnere ich sie daran, daß ich zur Verfügung stehe, falls sie mich während der Woche anrufen möchte. Sie sagt: Okay. Wir beide sagen zur gleichen Zeit: Also, dann bis nächste Woche.

Eigendünkel 1: Inflationäre Kräfte

Fünfundvierzig Minuten auf der Autobahn, eine kurze Fahrt zum Parkplatz Nr. 1 für Langzeitparker, dann von einem wartenden Shuttle-Bus zum Terminal gebracht. Zwanzig Minuten später auf dem Weg nach Chicago. Essen. Getränke. Zeitschriften bereitgestellt. An Bord gehen. Aus dem Flugzeug steigen. Wieder auftanken. Wieder an Bord gehen. Landung. Um die Mittagszeit Ankunft in San Francisco. Fünfundzwanzig Minuten später bei einem neuen Mietwagen abgesetzt. Vollgetankt. Auf dem Weg nach Berkeley. Erstaunt! Verführt von der lächelnden Reibungslosigkeit, mit der die ganze Operation vonstatten ging, der Dienstbeflissenheit, die mich auf magische Weise von der grauen Ostküste an die sonnigen, grünen Hügel der Bay Area katapultiert hat. All das trägt zu dem Gefühl von Selbstachtung bei. Dem Gefühl, daß sie das für mich getan haben.

Auf der Schnellstraße 101 auf dem Weg nach Norden. Drei Fahrbahnen, auf denen schnell gefahren wird. An neuen Gebäuden vorbei. An Eukalyptusbäumen und trockenen Büschen vorbei. Von neunzig auf null Stundenkilometer in ein paar Sekunden. Ein Riesenstau, soweit das Auge reicht. Die Wirkung ist kraß, unmittelbar und direkt – so, als ob mir jemand einen Schlag auf den Rücken versetzt hätte. Ernüchtert! Ich breche in brüllendes, ja nahezu unkontrollierbares Gelächter aus, dem rasch eine Flut unvorhergesehener Tränen folgt, die mich in abrupte, eisige Stille versetzt. Der Bann ist gebrochen. Dem Täuschungsmanöver entgangen. Der Illusion von Wichtigkeit entkommen.

Verkehr – der große Gleichmacher, der uns alle auf erzwungene Stille reduziert und uns zwingt, die unangenehme Wahrheit anzuerkennen, daß wir gar nicht wirklich das Steuer in der Hand halten. Die Situation an jenem Tag war für uns alle gleich, egal, ob wir nun aus San Francisco stammten oder Touristen waren, egal, ob wir ein altes oder ein neues Auto fahren. Egal, wo wir hinwollten.

Eigendünkel 2: Die inflationäre Spirale

Joanie rief am Freitag an. Sie teilte Norma, einer unserer Sekretärinnen in der Klinik, mit, daß sie vor kurzem aus einer stationären psychiatrischen Abteilung eines örtlichen Krankenhauses entlassen worden sei. Sie ist von ihrem Hausarzt in die Klinik überwiesen worden, der einen warmherzigen, mitfühlenden Brief über seine Patientin geschrieben hat, in dem er uns dringend bittet, sie an unserem Kurs teilnehmen zu lassen. Daraufhin vereinbarte ich zu Beginn der nächsten Woche einen Termin mit ihr.

Als sie bei uns ankam, gab man ihr eine Reihe von Formularen, die sie ausfüllen sollte. Vierzig Minuten später war Joanie immer noch damit beschäftigt. Als ich sie im Wartezimmer aufsuchte, war sie ziemlich durcheinander, nicht deshalb, weil die Fragen für sie zu schwierig waren, sondern weil sie das Gefühl hatte, daß in den letzten Wochen in ihr so grundlegende Veränderungen stattgefunden hatten, daß durch ihre Antworten auf die Fragen nach ihren körperlichen Symptomen und seelischen Zuständen im vergangenen Monat ein falsches Bild von ihr vermittelt werden könnte. In dem Versuch, dieser Situation zu begegnen, hatte sie die Ränder mit Erklärungen und Kommentaren versehen, deren Zweck darin bestand, irgendwie die Unstimmigkeit und den Abstand zwischen ihrem damaligen und ihrem jetzigen Ichgefühl zu erklären und aufzulösen.

Als wir im Warteraum miteinander sprachen, waren ihre ersten Worte: „Ich dachte, dieses Interview würde mir die Gelegenheit geben, mit jemandem darüber zu sprechen, wo ich stehe und worum es bei diesem Kurs geht." Ich versicherte ihr, daß das tatsächlich der Sinn und Zweck des Interviews sei, aber daß es hilfreich für uns sei, wenn potentielle Kursteilnehmer vor unserem Treffen den Fragebogen ausfüllen würden. Dann begrüßte ich sie in meinem Büro und wir begannen, uns zu unterhalten.

Sie hatte ein Notizbuch bei sich und von Zeit zu Zeit las sie mir daraus ihre Gedanken und Gefühle in bezug auf sich selbst sowie die Gründe vor, warum sie an dem Klinikprogramm teilnehmen wollte. Sie hatte offensichtlich sehr genau darüber nachgedacht. Ja, es war sogar so, daß ihre Kommentare viel zu sehr ins Detail gingen. Als ich sie nach ihren Lebensumständen und nach ihrem Wohnort befragte, nannte sie mir nicht nur die Stadt, in der sie wohnte, sondern gleich auch noch die genaue Adresse sowie den Wohnort und die vollständige Adresse einer guten Freundin, die ihr dabei behilflich sein würde, entsprechende Regelungen zu treffen, damit sie den Kurs in der Klinik besuchen könnte.

Wir sprachen über ihren Krankenhausaufenthalt und die Umstände, die dazu geführt hatten, ebenso wie über ihr Gefühl dazu, wo sie heute stand. Ihre Kommentare waren immer noch äußerst detailliert. Nachdem ich ihr eine Zeitlang, die mir wie eine Ewigkeit erschien, zugehört hatte und ihre Situation mit ihr besprochen hatte, sagte sie ruhig: Eigentlich bin ich hier, um mir Informationen über die Klinik zu holen und um zu sehen, worum es bei dem Kurs wirklich geht und ob ich ihn jetzt besuchen möchte. Als sie diesen Kommentar abgegeben hatte, wurde mir bewußt, daß ich wütend war und daß meine Wut immer größer wurde. Ich fing an, auf meinem Stuhl herumzurücken. Mein Fokus ging von ihr weg und richtete sich auf mich selbst. Als ich zunehmend ungeduldig und kurz angebunden wurde, wurde mir schließlich klar, daß mich Eigendünkel befallen hatte. Ich hatte das Gefühl, daß *meine* Zeit verschwendet wurde, und daß *ich* wichtigere Dinge zu tun hatte. Kurz gesagt, ich war nicht bereit, jemandem das Programm in allen Einzelheiten zu erklären oder jemandem zuzuhören, der vom Hundertsten ins Tausende kam und dann vielleicht doch nie an dem Kurs teilnehmen würde. Ich war gefangen. Können Sie sich die Situation vorstellen?

Als ich ein deutlicheres Bild von diesen Gefühlen bekam, wurde mir klar, daß sie praktisch nichts mit Joanie oder der Länge des Gesprächs zu tun hatten, dafür aber sehr viel mit mir. Ich war für das Ärgernis verantwortlich. Für die Unstimmigkeit. Für die Trennung. Joanie war umständlich, nervös und absolut ehrlich. Sie fragte mich, ob sie zuviel rede und fügte hinzu, daß sie bei Nervosität dazu neige. Ich wollte das bejahen, tat es jedoch nicht. Dennoch übte ihre Frage eine kraftvolle und ernüchternde Wirkung auf mich aus. Sie half mir, innezuhalten und Joanie als Person zu sehen, unabhängig davon, ob sie sich nun dazu entschied, an dem Kurs teilzunehmen oder nicht. Dadurch war es mir möglich, mich in ihre Lage zu versetzen, mir bewußt zu machen, daß ich an ihrer Stelle ebenfalls nervös wäre, und daß außerdem mein Verhalten noch dazu beitrug, ihre Besorgnis zu steigern.

Als sich dieser Wandel in mir vollzog, legte Joanie seltsamerweise ihr Notizbuch beiseite, schaute mich an und sagte: Wissen Sie, Dr. Saki, mein ganzes Leben lang habe ich mich wie ein Puzzle mit vielen fehlenden Teilen gefühlt. Jetzt habe ich die fehlenden Teile gefunden und bin bereit, das Puzzle zusammenzusetzen und mir mein Leben selbst zu gestalten. Angesichts dieser Aussage konnte ich nicht umhin, meine eigenen fehlenden Teile zu spüren ebenso wie die Solidität und Integrität, die sich hinter all *unseren* fehlenden Teilen befindet. Es gab keinen Grund, warum Joanie keine Möglichkeit haben sollte, mit ihrer eigenen Ganzheit und ihrem eigenen Wohlergehen in Tuchfühlung zu kommen. Wie leicht es gewesen wäre, aufgrund meines Programms, meiner Erwartungen und meiner begrenzten Wahrnehmung von Joanie eine Entscheidung über sie zu treffen, ohne daß ich je eine Ahnung davon bekommen hätte, wer sie wirklich ist! Solche Ahnungen entfalten sich nur in den Momenten, in denen man Verwandtschaft und Verbundenheit spürt.

Joanie meldete sich für meinen Dienstagabendkurs an, und wir haben vor und nach dem Unterricht immer wieder miteinander gesprochen. An einem der letzten Abende kam sie auf mich zu und sagte: Ich mache Fortschritte. Ich rede nicht mehr so viel. Wir standen zusammen und lächelten uns an. Ich freute mich für sie und war froh, daß ich mich selbst nicht so ernst genommen hatte. Das zu tun, wäre ein schwerer Fehler gewesen.

Schachteln der Verlegenheit

HIV-positiv, dann AIDS-krank. Der Teil in uns, den das verlegen macht, möchte sich abwenden. Nicht aus Achtung oder Respekt. Nur aus Unbehagen. Das ist erst gestern passiert. Anna erzählte mir von ihrem Leben, ihren Kindern, der Gewohnheit ihrer Familie, Crack zu nehmen, den Gerichtsverhandlungen. Davon, daß der Staat die Vormundschaft für ihre Kinder übernommen habe. Von ihrem eigenen Kampf zu *genesen.* Von ihrem Wunsch, die verbleibende, offene Unbekannte ihrer Zukunft in so großer Fülle wie möglich zu leben. Die Zukunft, die uns bekannte Unbeständigkeit, welche unser kollektives Geburtsrecht ist, ist für uns alle unvorhersehbar. Sie jedoch weiß es und vermittelt das ohne Selbstmitleid oder Mühe. Sie kommt heute als Botin zu mir. Ein Lächeln umspielt ihr Gesicht. Kein breites Lächeln. Sie weiß etwas. Das wird offenbar. Es gibt jetzt nichts zu tun. Es drückt sich alles in jenem winzigen Lächeln aus, das es uns erlaubt, offen miteinander zu sprechen. Es erinnert mich wieder einmal an das offene, unerschrockene So-Sein des menschlichen Austauschs jenseits von Heuchelei und Schliff.

Praxis

Sich der Verlegenheit stellen

Verlegenheit scheint in einigen deutlich voneinander unterscheidbaren Verpackungen daherzukommen. In einer Schachtel befindet sich das Gefühl von Unsicherheit, das aus einem persönlichen Empfinden heraus entsteht, unseren inneren Maßstäben nicht genügt zu haben und dabei ertappt worden zu sein. In diesem Fall könnte das Gefühl von Beschämung als nützlicher innerer Maßstab dienen, um uns die Möglichkeit zu geben, unseren Weg des in der Welt Seins mit mehr Wachheit zu gestalten. Eine weitere, weitaus häufiger anzutreffende Schachtel hat mit einem verwirrenden Gefühl von Befangenheit zu tun, das damit verbunden ist, einfach als Mensch in einem weniger als vollkommenen Zustand gesehen zu werden. In unseren Beziehungen zu Menschen heizt diese zweite Art von Verlegenheit häufig unsere Gefühle von Trennung an, weil wir es so schwierig finden, in Gegenwart von anderen einfach wir selbst zu sein. Ich befand mich eine Weile in der zweiten Verpackung, als ich mit Anna zusammen saß. Sie half mir, sie abzulegen. Ihre nackte Offenheit versetzte mir einen Schock. Von einem momentanen Gefühl aufgerüttelt, nicht genau zu wissen, wie ich mit ihr sein sollte, wollte ich sie gleichzeitig zudecken und meine eigene Kleidung anbehalten. Dann wurde mir bewußt, daß ich mir einfach erlauben konnte, mit ihr genauso wie sie war, zusammen zu sein.

Im folgenden einige lohnenswerte Fragen, die sich selbst in bezug auf die zweite Schachtel der Beschämung stellen können:

Was ist die Quelle meiner Beschämung?
Was hält mich davon ab, in Gegenwart von anderen einfach ich selbst zu sein?
Warum sind wir überhaupt alle so beschämt?

Der Helfer zu Hause 1

Es heißt, daß die Realität der Praxis jeden Tag und in jedem Moment in zahllosen Variationen auf uns zukommt. Dennoch tauchen in diesem Strom besondere Momente auf – Momente, die normalerweise den angehäuften Schlick vergangener Geschichten in sich tragen, die uns in die Fülle unserer Existenz hineinkatapultieren, uns naß und atemlos an irgendeinem neuen Ufer absetzen und keinen Zweifel daran lassen, daß alle Dinge ihrem Wesen nach miteinander verbunden und voneinander abhängig sind. Das sind bloße Andeutungen, heftige, liebevoll ausgeteilte Schläge, die uns die schlichte Wahrheit unserer Vollkommenheit bewußt machen. Erinnerungen an die Tatsache, daß jeder von uns jedes Gesicht trägt, das jemals in der endlosen Zeit der Menschheit geformt worden ist.

Wissen Sie, wie es ist, sich vorzustellen, daß Sie nie wieder etwas tun würden, das Sie als abscheulich einstufen und von dem Sie glauben, daß es nicht länger in Ihrem Repertoire von Möglichkeiten vorhanden ist? Erst gestern abend habe ich einen jener abscheulichen Momente erlebt. Bevor ich es gewahr wurde, hatte ich meiner Frau einen verbalen Schlag versetzt, der mich vollkommen schockierte und mich abrupt innehalten ließ. Er war so kraftvoll, so direkt und unverblümt, daß er sich nicht leugnen ließ. Es gab keinen Raum für Entschuldigungen. Keine Rechtfertigung war möglich. Es war unmöglich, den Versuch zu unternehmen, anschließend darüber zu sprechen. Ich versuchte es, aber es hatte keinen Zweck. Heute morgen, als ich meine stille Sitzmeditation durchführte, dämmerte mir die volle Kraft der Erfahrung. Hinter der Entschuldigung, hinter den Schuldgefühlen hing die Realität des *auch dessen bin ich fähig* in der Luft und in meiner Brust. Dennoch ist damit auch eine Weichheit verbunden, die ebenso überraschend ist wie es die Härte der ursprünglichen Tat war.

Etwas ist zusehends zerbrochen oder genauer gesagt, *die Luft ist herausgelassen worden.* Was ist es? Ein grundlegender Aspekt der Person, die ich glaube bzw. glaubte zu sein, hat an Format verloren. Damit ist Reue verbunden, jedoch noch weitaus gegenwärtiger und durchdringender ist eine wesentliche Qualität von Abwesenheit. Ein Verlust an Unterscheidung von all *jenen* Menschen oder geistigen Qualitäten, von denen ich lieber nicht anerkennen würde, daß sie in diesem Umschlag, den ich *Ich* nenne, wohnen. Das ist befreiend, ein weiterer Schlag für den Teil in mir, der sich von anderen abheben möchte, der etwas Besonderes darstellen und anders als die übrigen sein möchte.

Ich frage mich, ob die Tatsache, daß ich darüber schreibe, das Besondere ist, das sich auf subtilere Weise selbst behauptet. Es ist schwer, das zu wissen. Dennoch kriecht etwas Schlichtes, Lahmes und Wahres auf die Seite, während ich den Antworten lausche, die aus meinem Inneren aufsteigen. Irgendein weiser innerer Anteil, der alles gesehen hat, der geduldig in den verdunkelten Flügeln gewartet hat, lächelt mir jetzt mit einem Lächeln, das eine fast unerträgliche Liebe zum Ausdruck bringt, zu. Unterdessen setzt sich der sonnendurchtränkte Held, derjenige, der normalerweise von den übrigen getrennt ist und vor sich selbst hergeht, hin. Er ist still, fühlt sich gerade ganz wohl und beobachtet einen Moment lang schweigend und voller Faszination dieses Alte, dessen spiegelndes Antlitz das Licht reflektiert. Während ich mit den Augen blinzele, sehe ich mich mit Kriegshetzern und Vergewaltigern in Verbindung gebracht mit all den projizierten *Anderen* ihren Opfern, den harten Schlägen, die ich ausgeteilt und entgegengenommen habe und ich sehe wieder einmal, daß ich nicht getrennt bin. Daraus entsteht eine solche Zärtlichkeit, daß ich ohne Erwiderung eingeladen bin, meinen Platz in der Familie einzunehmen. Da taucht Schmerz auf und auch ein Nachgeben: Eine ruhige Freude und die Versöhnung mit der Menschheit.

In den Kreis eintreten

Dadurch, daß wir auseinanderfallen, entfalten wir uns. Natürlich leisten wir auf tausenderlei Weise Widerstand gegen diese Neubildung. Bequemlichkeit ist verführerisch. Der Wunsch nach dem Normalen, nach dem, was wir erwartet und vorausgesehen haben, wird bald zu einem Gefängnis, das wir uns selbst gezimmert haben. Ich weiß das aus meiner eigenen Lebenserfahrung und erkenne es nur allzu deutlich in zunehmendem Selbstmitleid, in Wut, Manipulation, Täuschung und geheuchelter Hilflosigkeit – alles Versuche, um für den Moment zu entwischen und eine strategische List anzuwenden, wenn wir in dem grellen Licht dieser unübersehbaren Schlichtheit stehen.

Dieser eben beschriebene Prozeß vollzieht sich in der heilenden Beziehung ständig. In der Präsenz eines anderen Menschen werden wir immer wieder auf uns selbst zurückgeworfen. Die Tatsache anzuerkennen, daß wir uns selbst schützen, ist nicht als Kritik gedacht, sondern vielmehr als Tor für die Möglichkeit, dieser Realität direkt in die Augen zu sehen. Sogar unsere Art des Dienens, insbesondere dann, wenn sie effektiv ist, kann ohne Aufmerksamkeit leicht zu einem halbbewußten, blind machendem Schutz werden, zu einem sich Einrichten in den ausgetretenen, familiären Pfaden des sich Distanzierens, selbst wenn die Menschen, mit denen wir arbeiten, das nicht erkennen. Im folgenden dazu ein Fallbeispiel.

In der Klinik gibt es ein Praktikumsprogramm für Medizinstudenten, und vor mehreren Jahren hatten wir einen Teilnehmer, der sehr weit entfernt wohnte und für drei Monate sein Leben vollkommen neu geordnet hatte, um aus erster Hand das zu erfahren, was er gelesen und gehört hatte. Wie alle anderen, so hatte auch er seine eigenen Vorstellungen davon, was es bedeutete, Achtsamkeit zu üben und *Mindfulness Based Stress Reduction (MBSR)* zu vermitteln. Nachdem schon mehrere Wochen vergangen waren, sagte er mir in einer Unterredung, um die er gebeten hatte: Sie sind ein Schauspieler, ein Entertainer. Sie sprechen *über* Achtsamkeit, aber häufig, wenn im Unterricht Situationen aufkommen, die gelöst werden müssen, dann ,arbeiten Sie nicht achtsam mit anderen. Ihre Geschichten stehen Ihrer Präsenz mit anderen im Weg. Ich war wütend, beleidigt und in der Defensive. Ich sprach mit meinen Kollegen über seine Kommentare und fand heraus, daß er uns alle in der ein oder anderen Weise darüber informiert hatte, daß wir seiner Meinung nach dieses Defizit hätten. Das machte es leichter, zu der Entscheidung zu gelangen, daß die Kritik einfach nur Ausdruck seiner Projektionen war. Das war jedoch nicht das Ende der Geschichte.

Es brauchte Monate, aber das, was er gesagt hatte, ging mir schließlich unter die Haut und fand mein Ohr. Auch wenn seine Kommentare nicht vollständig der Wahrheit entsprachen, so trafen sie doch in unerwarteter Weise ihr Ziel genau und hatten einen kleinen Riß in meinem Panzer erzeugt. So wie es auch bei einem unbemerkten Fehler in einer Glasscheibe der Fall ist, begann sich der Riß mit der Zeit zu vergrößern. Verhinderten meine Geschichten tatsächlich eine intimere Begegnung? Spielte der Schauspieler in mir auf eine Weise, die mich in den Mittelpunkt der Aufmerksamkeit stellte und es mir erlaubte, der Realität des Momentes auszuweichen? Um das herauszufinden, entschied ich, im nächsten Fortbildungszyklus gänzlich auf das Geschichtenerzählen zu verzichten. Diese Praxis setzte ich noch einen weiteren Fortbildungszyklus lang fort.

Recht bald fand ich jedoch heraus, daß die Geschichten selbst nicht das Problem waren. Das eigentliche Problem – das genaueste Element seiner Kritik – bestand darin, daß die Geschichten manchmal zwei unerwünschte Dinge bewirkten. Zum einen war es so, daß Geschichten dadurch, daß sie ein Eigenleben haben, manchmal eine subtile Mauer zwischen mir und anderen erzeugten, weil uns die Geschichte in eine andere Welt hineinzog, die außerhalb des jetzigen Momentes lag. Solche Momente waren normalerweise unterhaltsam, aber sie waren definitiv fehl am Platz und nicht das, was eigentlich beabsichtigt war. Zum anderen begann ich, und das war weitaus wichtiger, in mir selbst das innere Zucken zu bemerken – jenes feine Zittern, das mir manchmal in einem bestimmten Moment und als Reaktion auf etwas die Geschichte ins Gedächtnis rief. Häufig handelte es sich dabei um Momente, in denen ich selbst nicht bereit war, mit einem anderen Menschen in dem Unfaßbaren, dem nicht zu Beantwortenden, der Schärfe des gegenwärtigen Momentes zu *verweilen*, in der der nächste Schritt noch nicht vorhanden ist.

Der tiefe Wunsch weiterzugehen beraubt uns fast unseres Lebens. Unsere Bereitschaft, diesem brennenden Verlangen Aufmerksamkeit zu schenken, bringt sehr viel Verständnis hervor. Das bedeutet nicht, daß wir keine Geschichten erzählen, keine Metaphern verwenden, anderen keinen Mut machen sollten, daß wir nicht weitergehen oder auf Heilung hoffen, nicht unser Wissen verwenden und handeln sollten. Jedoch entsteht das, was in unseren Beziehungen – egal, wie kurz- oder langfristig – die größte Heilkraft besitzt, häufig aus dem Kern, einfach mit den Dingen so zu sein, wie sie gerade sind. Das ist die endlos wiederholte Lektion, die so lange braucht, um gelernt zu werden.

Heilung fordert immer von uns, daß wir in den Kreis hineintreten, und uns nicht dadurch, daß wir nach vorne gehen oder etwas tun, davon abhalten lassen, im gegenwärtigen Moment zu sein. Wenn wir nach innen gehen und warten, dann wird sich die richtige Handlungsweise normalerweise von selbst ergeben. Alles wird klarer; wir selbst, die anderen und Situationen werden genauso gesehen, wie sie sind.

Was ist zerbrochen?

Der Mensch, wenn er ins Leben tritt,
ist weich und schwach,
und wenn er stirbt,
so ist er hart und stark.
Die Pflanzen, wenn sie ins Leben treten,
sind weich und zart,
und wenn sie sterben, sind sie dünn und starr.
Darum sind die Harten und Starken
Gesellen des Todes,
die Weichen und Schwachen
Gesellen des Lebens.

Darum:
Sind die Waffen stark, so siegen sie nicht.
Sind die Bäume stark, so werden sie gefällt.
Das Starke und Große ist unten.
Das Weiche und Schwache ist oben.

LAOTSE
Tao te king, KAPITEL 76

Wir Menschen haben uns ohne Ausnahme verhärtet und schützen uns. Wie könnte es anders sein? Von den Schlägen des Lebens verletzt, haben wir weder tiefgreifendes Training erhalten noch können wir auf kulturelle Unterstützung bauen, um die Kunst zu erlernen, uns zu öffnen und unseren Widerstand gegenüber dem Leben loszulassen.

Was hatten wir denn für eine andere Wahl, als uns zu wappnen und so durch die Welt zu gehen, insgeheim erschöpft, weil wir uns über die Schultern geschaut und unsere Flanken auf jedem Schritt des Weges geschützt haben? Jeder von uns hat für diese Art des Gehens einen unermeßlich hohen Preis bezahlt. Wir verlieren unsere Verbindung zur Welt. Das Leben wird zu etwas, das wir tun und erledigen, anstatt es zu leben. Diese Erkenntnis bringt immense Trauer mit sich. Jeder von uns weiß das auf seine eigene Art.

In einer nicht länger selektiven Stumpfheit gefangen, fühlen wir uns abgeschnitten, isoliert, hart, gefühllos wie ein Stein und kaum mehr in der Lage, den Mond zu sehen, die große Himmelskuppel zu spüren, ungehemmt zu lachen oder in der fernen Nähe von Freunden, Familienangehörigen und Kollegen zu weinen, ohne eine Erklärung dafür parat zu haben. Ja, wir leben weiterhin unser Leben. Wir gehen umher, wir reden und werfen gelegentlich einen Blick auf das Herbstlaub, aber nur mit halbem Herzen. Die meiste Zeit über leben wir so, als ob wir von einem dünnen Schleier umhüllt wären, einem inneren Frost, einer Kälte, die über die Haut nach außen dringt und sich zwischen uns und die Welt legt. So fühlen wir uns leblos, eingesperrt und grau. Es ist möglich, sein ganzes Leben auf diese Weise zu fristen. Dieser Frost, diese trostlose Härte ist subtil und verführerisch. Wir sind auf tausenderlei Art darin geübt, weil sie das Leben leichter zu machen scheint. Besser auszuhalten. Sicherer.

Ob Sie es nun glauben oder nicht, in der Enge unseres Herzens, hinter dieser Steifheit wünschen wir uns alle, daß wir einen Weg dort hindurch finden mögen. Schmelzen. Auftauen. Kochen. Alles weist auf diese Arbeit des Weichwerdens hin. Das hat nicht das Geringste mit Passivität oder mit Aufgeben zu tun, es ist etwas völlig anderes, als sich mit dem Leben abzufinden, so wie es ist. Vielmehr hat es damit zu tun, dem Leben zu seinen eigenen Bedingungen zu begegnen so wie es ist, mächtig, bejahend. Es dem Herzen erlauben, sich auszudehnen und seine eigene Stimme sprechen zu lassen. Die Stimme, die Ihre ureigene ist! Die Stimme, die lange in der Eisbrust verborgen war. Diejenige, die immer noch angesichts von Leiden und Freude erzittert.

Wir fürchten uns vor dieser Zärtlichkeit, weil wir meinen, daß sie unsere Kraft ebenso beeinträchtigen wird wie unsere Fähigkeit, analytisch zu denken und objektiv und ohne Umschweife zu handeln. Vielleicht möchten wir nicht schwach, unprofessionell und weich erscheinen. Aber das entspricht einfach nicht der Realität. Das klare Denken wird nicht erschüttert. Die Liebe wird nicht zerstört. Was vielmehr langsam zersplittert und aufgebrochen wird, ist unser Gefühl von persönlicher Identifikation, das den freien Fluß von Liebe hemmt – das, was wir das *Selbst* nennen und das deshalb den *Anderen* entstehen läßt. Ein Selbst zu haben, ist nicht das Problem. Gewiß verkörpert jeder von uns eine einzigartige Facette dieses sich enfaltenden Universums. Das Problem besteht vielmehr einfach in der Vorstellung, daß mein Selbst unabhängig und getrennt von den übrigen sei.

Es ist nicht leicht, dieses Gefühl von Getrenntheit zum Schmelzen zu bringen. Es ist eine lebenslange Arbeit, die sorgsame, kompromißlose Geduld mit uns selbst erfordert. Zusätzlich erfordert sie noch Freundschaften, die auf Vertrauen aufgebaut sind, Ausdauer, die Bereitschaft, die Härte und Hitze sowie das Licht des Lebens in der Tiefe zu fühlen und schließlich noch eine Methode. Wörtlich gesprochen, ein Mittel, um den gesamten Tanz – das Zusammenspiel von Härte und Weichheit, von Trennung und Nähe im Spiegel nicht urteilenden Bewußtseins, Gleichmut und Mitgefühls zu halten.

In Gegenwart von anderen zu sein, die leiden und die, wenn wir es ihnen erlauben, uns ungewollte Elemente unseres Lebens spiegeln bzw. solche, die sich uns bisher noch nicht offenbart haben, ist eine enorme Chance, um auf diese Art und Weise zu üben. Vor nicht allzu langer Zeit saß ich wieder einmal mit einer Gruppe von Medizinstudenten im ersten Studienjahr zusammen und besprach mit ihnen ihre ersten Erfahrungen in angewandter Anatomie. Sie hatten die erste Hälfte ihres ersten Semesters hinter sich und kamen gerade aus einem geisteswissenschaftlichen Kurs für Mediziner, in dem sie über das Medium von cartoonähnlichen, selbstgemalten Dias ihre Gefühle in bezug auf das Sezieren einer Leiche festhielten.

Diejenigen, die am meisten zu sagen hatten, waren diejenigen, die das Gefühl hatten, daß der Zeitpunkt der Präsentation ganz schön daneben war. Was sie im wesentlichen sagten war, daß sie acht Wochen gebraucht hatten, um sich gegen den Strom untergründiger Emotionen zu verhärten, der durch die Erfahrung des Sezierens ausgelöst worden war und sich gewünscht hätten, bis zum Ende des Anatomiekurses in dieser Verhärtung bleiben zu können. Sie waren wütend und aufgebracht darüber, daß man ihnen diesen Kurs mitten im Semester auferlegt hatte. Ihre Argumente liefen im wesentlichen auf folgendes hinaus: Wie kann ich lernen und analytisch denken, wenn ich jetzt mit all diesen Emotionen umgehen muß? Wie soll ich die technischen Einzelheiten lernen, wenn ich mit der emotionalen Ladung umgehen muß, die angesichts dieser Leiche entstanden ist, die einmal ein Mensch war? All diese Emotionen zu haben, wird meine Fähigkeit zu denken und zu lernen beeinträchtigen.

Andere, die weniger lautstark waren, stimmten dem nicht zu. Sie brachten die Meinung vor, daß genau aus diesem Grunde die Zeitplanung richtig war. Ich fragte sie nach ihrem langfristig angelegten Lehrprogramm, ihrem ersten längeren Kontakt mit Patienten. Ich wollte mich direkt in die Lücke hineinbegeben, in der sich das Lernen im Klassenraum und die klinische Medizin treffen und die Geschichten über ihre ersten klinischen Begegnungen hören, in denen sich analytisches Denken und Emotionen in der Begegnung mit lebendigen Menschen von Angesicht zu Angesicht treffen. Ein Mann sagte: „Ich glaube nicht, daß ein Arzt jemals in Gegenwart eines Patienten weinen sollte. Ich war schockiert, als ich miterlebt habe, wie sie geweint hat, als sie Familienmitglieder und Kinder umarmt hat, um die sie sich gekümmert hatte, und die aufgrund der Versicherung gezwungen worden waren, zu einem anderen Arzt zu gehen." Ich war ebenso fasziniert wie deprimiert darüber, diesen Moment mit ihnen zu erleben. Als der Unterricht sich seinem Ende näherte, dröhnte die Frau neben mir: „Schneidet sie auf! Nur noch einen Teil! Später, nachdem ich all das gelernt habe, werde ich fühlen!"

Wir gingen auseinander, ohne einen Beschluß gefaßt zu haben. Von der Unsicherheit der Situation aufgewühlt, von den chirurgischen Fähigkeiten geöffnet, der untrüglichen Präzision dieses toten Körpers. Ich blieb noch lange im Raum und wunderte mich. Ich fragte mich, wer hier wen seziert hatte. Ich wunderte mich angesichts der angewandten Bildungsmethoden. Ich fragte mich, welches Verhältnis sie wohl zu ihren zukünftigen Patienten haben würden. Ich war verwundert darüber, wie überwältigt sie sich fühlten. Ich war verwundert über sie persönlich. Ich war verwundert über die große kulturelle Kluft zwischen Kopf und Herz, zwischen Naturwissenschaften und humanistischer Medizin. Worüber ich mich jedoch am meisten wunderte, war jener Teil in uns allen, der hartnäckig daran festhält, daß wir nicht weit genug, nicht stark und kräftig genug, nicht widerstandsfähig genug, nicht ganz genug sind, um das alles zu halten.

Um es einfach auszudrücken: Es ist der Teil in uns, der sich getrennt fühlt. Der sich als Selbst fühlt, das beschützt werden muß. Das ist die eisige Härte. Wir sind bis an den Rand dieser Härte gegangen, ohne Zeit oder eine Methode zur Verfügung zu haben, um in eine Untersuchung dieses Ich hineinzugehen, das Schutz braucht. Dieses Ich, das die Vorstellung hat, daß Emotionen das klare Denken beeinträchtigen werden. Dieses Ich, das schreckliche Angst vor den Widersprüchlichkeiten, den Unsicherheiten und dem Chaos hat, die Bestandteile des Lebens und der Fürsorge für andere sind. Das ist kein Unbehagen, das nur Ärzte während ihres Studiums verspüren. Es ist unser kollektives Unbehagen, das Syndrom, die Fülle des Lebens in Schach zu halten, während wir darüber verhandeln, unseren Weg in einen sicheren, dünnen und farblosen Käfig antreten zu dürfen. Dieser Käfig ist es, der zerstört wird, wenn wir dazu bereit sind. Genau hier, in der allmählichen Auflösung der uns begrenzenden Identität fangen wir an, unsere Ganzheit wiederzugewinnen.

Das Eis hat seinen Platz. Wenn der Teich jedoch vom Winter befreit wird, dann wird alles befreit. Die Wasseroberfläche wird wieder von der morgendlichen Brise bewegt. Insekten bahnen sich ihren Weg in dieses flüssige Leben. Sie richten sich dort ihr Heim ein, sie fressen und werden von anderen gefressen. Pflanzen gedeihen, Wasservögel und Otter spielen in diesem geschmeidigen Medium. Das Wasser breitet sich über die Erde auf das angrenzende Ufer aus, und die Welt in ihrer Gesamtheit spiegelt sich in diesem biegsamen, flüssigen Körper wider.

In ähnlicher Weise ist eine köstliche Suppe nur deshalb so wunderbar, weil die vorher getrennten Zutaten vermischt worden sind und so einen neuen Geschmack und ein neues Aroma angenommen haben. Möhren, Bohnen und Rindfleisch sind nicht verlorengegangen. Wir erkennen sie immer noch und schmecken sie immer noch in ihrer Eigenart heraus. Aber irgend etwas darüber Hinausgehendes ist aus der Hingabe an die Weichheit entstanden. In jenem Akt beginnt jeder einzelne Bestandteil die Essenz seines Lebens mit derjenigen der anderen zu teilen. Wenn wir an dieser sich vermischenden Essenz teilhaben, dann wird ihr Leben zu unserem Leben. Auf diese Weise wird das Leben nährend, erfüllend und unendlich reich.

Zu zerbrechen und aufgebrochen zu werden, bedeutet nicht, daß wir uns auseinandersprengen lassen müssen oder daß solange auf uns eingehämmert wird, bis wir uns unterwerfen. Vielmehr sind wir – wie die unterschiedlichen Suppenzutaten – eingeladen, uns langsam aufzulösen, uns in den Topf unseres Lebens hinzubegeben und dort allmählich weichgekocht zu werden. So lernen wir uns selbst kennen. Wenn wir zulassen, daß uns unsere Angst begleitet, daß Zärtlichkeit hochsteigt, daß wir beginnen, mit mehr Fülle in der Welt zu leben, ohne uns so stark zu schützen, dann wird unsere Last leichter. Dann entsteht ein Gefühl von Wohlbehagen und die Bereitschaft, in dieser Welt behilflich zu sein, blüht auf, da wir entdecken, daß wir in der Lage sind, unsere Herzen offen zu halten und uns zu engagieren.

Teil Vier

Dort, wo das Licht in Dich hineinkommt

Gottes Freude bewegt sich von einer Kiste ohne Aufschrift zur nächsten,
von Zelle zu Zelle. Wie Regenwasser, hinab ins Blumenbeet.
Wie Rosen, empor aus der Erde.
Jetzt sieht sie aus wie ein Teller voll Reis und Fisch,
jetzt wie ein rankenbedeckter Felsen,
jetzt wie ein Pferd, das man sattelt.
Sie verbirgt sich in diesen,
bis sie eines Tages aufbricht.

RUMI
KISTEN OHNE AUFSCHRIFT

Das Strahlen in den Ruinen entdecken

Denn nichts kann einzig oder ganz sein,
das nicht zerrissen wurde.

W.B. YEATS
CRAZY JANE TALKS WITH THE BISHOP

Haben Sie sich jemals am Boden zerstört und ihres Lebensmutes beraubt gefühlt? Welche Frau, welcher Mann könnte diese unausweichliche Realität leugnen und dennoch hoffen, ein Mensch im wahrsten Sinne des Wortes zu sein? Das Unergründliche und so oft Befürchtete tritt häufig unangekündigt und ungewollt genau mitten im Leben auf den Plan. Der plötzliche Tod eines geliebten Menschen, der Verlust der Arbeitsstelle, die Kraft einer Geschichte, die unsere gut isolierten Grenzen durchdringt und Wellen in uns auslöst, die in uns Resonanz zeigen, weil sie die Wahrheit unseres eigenen Dilemmas widerspiegeln oder auch Geschichten von unausdenkbaren Kriegsgreueln und menschlichem Leiden, die regelmäßig ungebeten eintreffen. Und, was uns am nächsten steht, eine plötzliche physische Verletzung, die uns an unsere Zerbrechlichkeit und Abhängigkeit erinnert oder die Verkündigung einer Diagnose, die in einem raschen Moment den Verlauf unseres Lebens für immer verändert.

Solche Momente bringen eine Kraft mit sich, die den bequemen Zusammenhalt, die scheinbare Ganzheit dessen, was wir Ich nennen, in tausend Bruchstücke zersplittern läßt. Mit einem Leben zurückgeblieben, das sich in Erinnerungen an die Vergangenheit auflöst – einem Wunsch nach Rückkehr in diese Vergangenheit, dieses Gefühl von Vertrautheit –, während wir gleichzeitig leugnen, aber dennoch in der Regel wissen, daß wir niemals zurückgehen können. Und dennoch spüren wir vielleicht, daß wir, wenn auch nur schwach, durch die Gnade und die Offenheit dieses Gebrochenseins wie ein Garten im Spätwinter die Möglichkeit für ein Leben in uns tragen, das noch nicht aufgeblüht ist, aber schwanger im Samenbeet unseres Seins liegt.

Jeder von uns hat Momente wie diesen erlebt. Unsere normale Reaktion ist, sie wegzuschieben oder ihre Existenz zu leugnen. Oft werden wir von Angst,

Lähmungsgefühlen, Wut und Verwirrung überwältigt. Einfach gesagt, wir möchten uns von all dem so schnell wie möglich distanzieren. Das ist sehr menschlich. Eine Möglichkeit, um damit fertigzuwerden. Vollkommen verständlich.

Als Menschen, die in helfenden Berufen tätig sind, befinden wir uns häufig in Situationen mit hilfesuchenden Menschen, deren Leben zerrüttet worden ist, oder die ein Gefühl von unaufhaltsamer Zersplitterung, ein Gefühl des Auseinanderfallens haben. Durch das Leben, das zwischen uns entsteht, sind wir immer wieder aufgefordert, damit zu sitzen und präsent zu bleiben. Wie jedoch ist das angesichts so vieler Qualen – ihren und unseren eigenen – möglich? Gibt es eine Methode? Gibt es Prinzipien, denen man folgen kann, mit Ausnahme der Warnung, objektiv und distanziert zu bleiben und fieberhaft zu versuchen, das Problem in Ordnung zu bringen, zu der Aufgabe, die vor einem liegt zurückzukehren, oder sich zu verhärten und taub zu werden?

Ich möchte eine Geschichte mit Ihnen teilen, die auf die Möglichkeit hinweist, angesichts von Qualen – denjenigen eines anderen und den eigenen – präsent zu bleiben. Mehrere Jahre lang habe ich Theater gespielt. Bei einer abschließenden Kostümprobe wurde ich, während ich auf einem Stapel großer Holzblöcke hoch über dem Boden einer Bostoner Bühne saß, unerwartet von überwältigender Angst ergriffen. Meine Theaterlehrerin, eine brillante, verständnisvolle Frau namens Linda Putnam, sah diese Angst und sagte, Saki, wenn dieses Gefühl am Freitag abend während der Premiere auftritt, dann stürze dich mitten hinein, nutze sie und drücke sie mit und durch deinen Körper aus. Sieh als erstes das Publikum an und öffne die Beine weit. Wenn das nicht ausreicht, dann hebe deine Arme über den Kopf und zeige deine Achseln.

Können Sie das in Ihrem Körper fühlen, können Sie auf den Grund dessen vordringen, was sie vorgeschlagen hat, wenn Sie das jetzt gerade lesen? Linda wies auf die Möglichkeit hin, daß ich mich meiner starken Angst öffnen sollte, während ich mich mitten darin befand, ja, daß ich mich sogar noch verletzlicher und noch offener zeigen sollte. Sie wies darauf hin, daß nicht nur der einfache Akt, in der Angst zu leben und sie im Bewußtsein zu halten, möglich war, sondern daß die Angst auch die begleitende Isolation, Verteidigungshaltung und Lähmung auflösen könnte, die dem, was im gegenwärtigen Moment erforderlich war, im Wege standen. Und daß das inmitten von Hunderten von Menschen geschehen konnte. Sie hatte recht!

Wenn wir die Praxis der Achtsamkeit aufnehmen, dann erkennen wir unsere Fähigkeit an – im Grunde erinnern wir uns unserer Fähigkeit –, inmitten von Chaos, Unsicherheit und der Ankunft des Unerwarteten wachsam und stabil zu bleiben. Das ist eine notwendige Fähigkeit, eine wesentliche Disziplin. Jedesmal, wenn wir unseren Platz einnehmen, uns selbst aufrecht halten, uns vollkommen und ohne unnötige Anstrengung für diesen Atemzug, diesen Moment, diese Gedanken und dieses Gefühl öffnen, dann machen wir von unserer Fähigkeit Gebrauch, präsent und wach zu sein. Auf diese Weise verbinden wir uns von neuem mit unserem grundlegenden Wesen – der Wahrheit *hinter* der Geschichte und der Wahrheit hinter der momentanen Aktivität des Geistes. Was mir fraglos an jenem Abend in Boston klar wurde ist, daß man mit Angst arbeiten kann. Das hat nichts damit zu tun, die Angst loszuwerden oder im stillen Affirmationen vor mich hinzusprechen, daß ich keine Angst habe; vielmehr beinhaltete es, mir bewußt zu werden, daß genau neben der Angst eine angeborene Fähigkeit liegt, *mit ihr zu sein,* statt sie zu leugnen, abzutun oder von ihr weggefegt zu werden.

Die Angst kam am Abend der Premiere zurück. Ich erinnere mich daran, daß ich in der Lage war, in diese Momente hinein und durch sie hindurchzugehen. Das erste Aufflackern eines hohlen Gefühls im Bauch und von Nässe im Mund, der bewußte innere Schritt, die Hinwendung zum Publikum, das angstvolle Hämmern in der Brust, die sich in eine Sicherheit der Sprache und des Handelns ergoß, die mich in den nächsten Moment hineintrugen.

Wenn wir sitzen, nehmen wir buchstäblich unseren Platz mit nicht urteilender Bewußtheit ein und beginnen die Fähigkeit wiederzugewinnen, sowohl fest dazustehen als auch in mehr Fülle mit unseren Erfahrungen zu fließen. Wir beginnen zu sehen, daß alles im Fluß ist, zeitlich und gleichzeitig lebhaft und lebendig. Wir fangen an, uns selbst freundlicher zu behandeln und klarer zu sehen, und dann unsererseits auch andere in ähnlicher Weise zu sehen und zu behandeln. Die Grenzen zwischen dem Selbst und dem Anderen verwischen sich allmählich. Wir berühren die Gebrochenheit und die Ganzheit des Seins – unserer Menschlichkeit – mit weniger Kampf und größerem Verantwortungsbewußtsein und erlauben es uns, in größerer Fülle mit dem zu sein, was ist.

Das soll nicht heißen, daß wir unsere Probleme wegatmen oder wegsitzen können. Meditation ist nicht als weitere Möglichkeit für magisches Denken gedacht, als eine ausgefeilte Methode, um das Verleugnen zu vertiefen oder als Mittel, um uns selbst für das blind zu machen, was vor uns liegt. Als Gegengewicht steht unser Engagement da, unsere Absicht, wach zu sein und unsere Bereitschaft, ehrlich mit uns und mit anderen in Beziehung zu treten. So ausgeübt, ist Achtsamkeit heilend.

In der Praxis liegt eine scharfe und unerbittliche Qualität und gleichzeitig Barmherzigkeit. Die Achtsamkeitspraxis, die zunächst verschleiert war und sich uns dann langsam enthüllt, indem wir die Fähigkeit entwickeln, ohne Manipulation, Streben oder Selbstverurteilung präsent zu sein, erlaubt es dem Geist und dem Körper, die Fülle des Lebens, wie immer es sich darstellt, mit allmählich wachsender Freude und Vollständigkeit in uns aufzunehmen.

Als Menschen, die in helfenden Berufen tätig sind, lassen wir uns häufig von dem äußeren Anschein blenden – den Trümmern der Person vor uns. Der

Geist fängt an, von einem Gedanken zum anderen zu springen. Manchmal werden wir von Hilflosigkeit überwältigt und von Gedanken getrieben wie Was mache ich jetzt? Nichts anderes ist möglich. Wenn wir uns im Geiste der Praxis in diese Momente hinein zu öffnen beginnen, so schmerzhaft sie auch sein mögen, dann stellen wir vielleicht fest, daß in unserem Wunsch, uns selbst zu entkommen, ungeheuer viel Energie gebunden ist. Die Praxis fordert uns auf, uns leicht in das hineinzulehnen, was ist, und so mit dem ermüdenden Spiel aufzuhören, uns vor uns selbst zu verstecken oder große Teile unserer selbst zu verleugnen in dem vergeblichen Versuch, ganz, kompetent und fürsorglich zu erscheinen. Jedesmal, wenn wir bewußt unser Tempo verlangsamen oder inmitten eines geschäftigen Tages innehalten, egal, ob nun allein oder in der Gegenwart von anderen, so ist das ein Akt der Erinnerung an unsere grundlegende Fähigkeit, mit dem Mysterium und der Freude unseres Lebens, so wie sie sind, zu sein, loszulassen und uns zu öffnen.

Wenn wir beginnen, das für uns selbst zu tun, dann wächst unsere Fähigkeit, mit anderen präsent zu sein. Das ist nichts, was wir erwerben müßten, es ist vielmehr etwas, an das wir uns erinnern und das wir immer wieder in die Tat umsetzen können. Wenn wir mit einem anderen in diesen offenen Raum hineingehen, dann eröffnen sich enorme Möglichkeiten. Wir beginnen, ein eingehülltes Universum zu entdecken und unerschrockene Entwicklungsmöglichkeiten und wunderbare Chancen tun sich vor uns auf. In ähnlicher Weise fangen die Menschen, die unsere Fürsorge suchen, an, ein Strahlen, einen fast vergessenen Funken zwischen den Ruinen körperlicher Schmerzen, Krankheit und dem Gespenst des Todes zu entdecken. Menschen beginnen für die Möglichkeit zu erwachen, daß sie weniger unterjocht und von den Umständen gefangen sein können.

Und wenn diese Bewegung in Gang kommt, dann werden wir wieder einmal auf uns selbst zurückgeworfen. Unsere Annahmen, unsere Erinnerungen, unsere Wege, einander und uns selbst zu halten, dringen in ein Bewußtsein ein, das weniger von dem Ideen gebärenden Geist beherrscht wird, und wieder einmal zerbrechen unsere Vorstellungen von der Person, die wir sind, und von dem, was möglich ist. Das ist ein wechselseitiges Wunder. Eine Gelegenheit zur gegenseitigen Transformation. Tiefes Entzücken!

Obwohl der Wind
hier schrecklich bläst,
dringt das Mondlicht auch
durch die Dachbalken
dieses verfallenen Hauses.

IZUMI SHIKIBU
DER DUNKLE TINTENMOND

Sangha unter Kollegen

Meinen ersten eigenen Laib Brot habe ich im Jahre 1968 gebacken. Er war fest, ziegelsteinartig und nahezu ungenießbar, aber dennoch packte mich damals etwas und veranlaßte mich, in einer Reihe kleiner Bäckereien zu arbeiten. Mehrere Male in meinem Leben, insbesondere in Phasen intensiven Wandels und Übergangs, bin ich zu der Bäckerarbeit zurückgekehrt.

Die Atmosphäre in der Bäckerei ist durch Hitze, Feuchtigkeit, endloses Schrubben und Scheuern sowie durch Wachsamkeit geprägt. Spülsteine, Töpfe, Pfannen, Deckel und Gerätschaften erfordern allesamt ständige Aufmerksamkeit. Auch um Mixschüsseln, große Massen von gehendem Teig und Mahlwerke muß man sich unaufhörlich kümmern. Die Herstellung von Backwaren ist eine Aktivität, die von Wiederholung und Präzision geprägt ist. Die Wahl des richtigen Zeitpunktes ist entscheidend, auch wenn er weitaus weniger durch die Zeiger der Uhr als vielmehr durch das Sehen, das Fühlen und den Geruch von Teigen verschiedenster Art bestimmt wird.

Die Arbeit in der Bäckerei hat in mir immer sowohl Demut hervorgebracht als auch eine Befreiung bedeutet. Demut deshalb, weil die geringste Unaufmerksamkeit zu grobes oder zu feines Mehl produziert, den Brotlaiben eine unschöne Form verleiht, das Gebäck zu süß oder zu wenig süß werden läßt, es zu hart macht oder bei den abschließenden Verschönerungsarbeiten das mit Liebe hergestellte Nahrungsmittel ein schlampig plaziertes Etikett aufgesetzt bekommt. Jedesmal, wenn ich zu der Hitze und den Öfen zurückgekehrt bin, habe ich eine angesehene berufliche Stellung hinter mir gelassen. Wenn ich dann in die Welt des Schweißes zurückging, zurück zu den täglichen Brandmalen an Unterarmen und Fingern, zu den kittelbekleideten Begegnungen mit denjenigen, die ich in der sauberen Welt meines alten Berufes kennengelernt hatte, dann wurde in der Frühphase jenes Übergangs in mir das beunruhigende Gefühl wach, weniger zu sein als sie, einen Zacken aus der Krone verloren zu haben. Auf diese Weise hat mich das Backen immer in die Schattenwelt hineingeführt, während es mir gleichzeitig viel Raum gelassen hat, mit den rohen Bestandteilen meines Lebens zu arbeiten.

Die direkte Einfachheit der Arbeit mit den Händen und die Tatsache, daß ich eine Aufgabe vor mir hatte, die ich sowohl äußerlich als auch innerlich zu erfüllen hatte, sind immer befreiend gewesen. Von einem bestimmten Standpunkt aus könnte man sagen, daß ich ständig lerne, Bäcker zu sein. Von einem gleichermaßen präzisen Standpunkt aus ließe sich sagen, daß ich lerne, gebakken zu werden, der Hitze und Feuchtigkeit standzuhalten, mich dem alchemistischen Geheimnis der Verwandlung zu überlassen und von rohem Teig in gebackene Nahrung verwandelt zu werden.

Im Laufe der Jahre habe ich an dem gesamten Prozeß teilgenommen, vom Mahlen über das Mischen zur Herstellung, Verpackung und dem Verkauf der gebackenen Waren. Auch wenn ich jeden Aspekt des Prozesses erlernt habe, gab es ganz eindeutig Bereiche, in denen ich mich ausgezeichnet habe und andere, in denen ich die Hilfe und das Fachwissen anderer Menschen benötigte. Meinen Aufgabenbereich zu kennen und für ihn Verantwortung zu übernehmen, während ich gleichzeitig Seite an Seite mit anderen in einem kollektiven Bemühen gearbeitet habe, ist für mich außerordentlich lehrreich und transformierend gewesen. Von außen betrachtet war das Backen von Brot und Gebäck das offensichtlichste und am leichtesten verständliche Ziel unserer Bemühungen. Dennoch war in jedem Augenblick die stärkste Auswirkung unserer Zusammenkünfte die transformatorische Wirkung, die wir aufeinander hatten. Durch die Praxis und unsere gemeinsame Absicht wurden wir von einer ungleichartigen Gruppe von Arbeitern zu einer Gemeinschaft von Gefährten, die eine gemeinsame Vision in eine konkrete Realität umsetzten. Diese Arbeit war nie leicht. Wir rieben uns ständig aneinander. Die Bäckerei war ein Schmelztiegel – heiß, eingrenzend, von außen unter Druck gesetzt; heiß, eingrenzend, von innen unter Druck gesetzt. In der Mythologie und im Märchen wird dieser heiße, beengende Raum häufig als Küchenarbeit bezeichnet.

In der Klinik halten wir aus demselben Grunde wöchentliche Lehrertreffen ab. Auch wenn sich jeder einzelne von uns als Lehrer oder Lehrerin mit den Unterströmungen von Angst, Hilflosigkeit, Unsicherheit und Vieldeutigkeit auseinandersetzen muß, die unvermeidlicherweise in der Klinik-Gruppen-Situation auftreten, so wird doch unsere Fähigkeit, das zu tun, über alle Maße durch unsere Bereitschaft bereichert, diese Themen gemeinsam zu verstehen und anzugehen. Da die Unterströmungen universeller Natur sind, ist das Vorhandensein dieser Kräfte nicht besonders problematisch. Probleme entstehen aus unserer Unfähigkeit bzw. unserem Mangel an Bereitschaft heraus, direkt mit ihnen zu arbeiten.

Unsere Lehrertreffen sind für uns eine Zeit, um diese Arbeit gemeinsam zu tun, um einander herauszufordern und zu unterstützen. Eine Zeit, um manchmal zu bestätigen, manchmal zu widersprechen und uns meistenteils auf eine tiefere Erforschung einzulassen, die darauf ausgerichtet ist, unser Gefühl von Isolation und falscher Sicherheit aufzulösen, indem unsere Fähigkeit vergrößert wird, klar zu sehen und gesehen zu werden. Auf diese Weise trägt jeder von uns seine eigene Last, während er gleichzeitig den anderen zur Hand geht. Wir bezeichnen diese Art des Zusammenseins als *Sangha unter Kollegen.* Auf diese

Weise zusammenzuarbeiten, ist lebenswichtig für uns alle in der Klinik und in einem weiteren Sinne für uns alle in der Gemeinschaft, die wir als Zentrum für Achtsamkeit in der Medizin, Gesundheitspflege und Gesellschaft bezeichnen.

Genau wie das Backen, so erfordert auch die Achtsamkeitspraxis persönliche Disziplin und Engagement. Da wir aber unser Leben nicht als unabhängige, selbstgenügsame Inseln verbringen, stehen wir immer in Beziehung zueinander. Mit anderen über das Medium der Praxis zusammenzuarbeiten, kann eine kraftvolle Quelle sein, die uns nährt und inspiriert. Unsere Bereitschaft, all die erwünschten und unerwünschten Zutaten unseres Lebens auf das Knetblech mitzubringen, lohnt sich. Unsere Bemühungen, das zu tun, bergen das Potential in sich, unser Leben und unsere Arbeit zu transformieren, wenn sie von unseren Kollegen mitgetragen werden.

Genauso, wie die Kombination von alleinigem Bemühen und gemeinsamem Engagement für Patienten, die an dem Klinikprogramm teilnehmen, heilsam ist, wenn sie in den Kontext der Achtsamkeitspraxis gestellt wird, so ist diese Zusammenführung von Arbeit und Praxis für Menschen, die in helfenden Berufen arbeiten, äußerst wichtig. Wenn wir nicht aufpassen, dann kann unser wachsender Sachverstand leicht zu einem Gefängnis werden. Das gesamte Leben und unsere gesamten Erfahrungen können durch unsere Theorien hindurchgeschleust und gefiltert werden die Achtsamkeitspraxis eingeschlossen. Wenn das geschieht, dann werden wir auf irgendeine Weise blind und abgestumpft. Auch wenn wir in unserem Beruf geachtet bleiben oder von uns selbst eine hohe Meinung haben, so fangen doch die Frische und die kreativen Seiten unseres Lebens an zu schrumpfen, wenn wir uns immer weiter von den transformatorischen Energien wegbewegen, die in den groben Regionen unserer Seele wohnen, denen wir bisher kaum Aufmerksamkeit geschenkt haben.

So schmerzhaft und unerwünscht sie manchmal auch sind, Kommentare von Patienten, Kollegen, Freunden und Familienmitgliedern können uns dafür öffnen, uns mit unserer eigenen Unbewußtheit auseinanderzusetzen. Unsere Bereitschaft, um solche kritischen Einsichten zu bitten und sie anzunehmen, kann ein Weg sein, um alle Aspekte unseres Selbst zu verstehen, wieder die Verantwortung für sie zu übernehmen und aufrichtig zu bleiben. In der Klinik sehen wir das als Teil unserer gemeinsamen Verantwortung an. Dabei handelt es sich nicht einfach um Gruppentherapie unter Gleichen. Wir halten nicht nur nach psychologischen Einsichten Ausschau. Vielmehr versuchen wir, unserer Verpflichtung, die sich entfaltende Reise eines anderen zu unterstützen, gerecht zu werden. Wir besuchen die Gruppen der anderen, hören uns die Meditationskassetten der anderen an, sprechen uns gegenseitig Mut zu, begegnen uns, konfrontieren und kritisieren uns und sprechen über unsere persönlichen Stärken und Schwächen. Unsere Entscheidung, auf diese Weise zusammenzuarbeiten, soll dazu dienen, unsere psychologische Cleverness ebenso zu untergraben wie unsere Fähigkeit, das, was wir wissen, dazu zu benutzen, alles andere wegzuerklären.

Und, was am allerwesentlichsten ist, diese Art des Arbeitens soll uns weiter von der Welt wegbringen, in der wir uns sicher fühlen, und uns in die Welt des Nicht-Wissens hineinführen. Etwas als Beruf auszuüben und nicht zu wissen, scheint ein Widerspruch in sich zu sein. Nichts könnte jedoch weiter von der Wahrheit entfernt sein.

Die Last des Festhaltens am eigenen Selbst niederlegen

Die Essenz davon ist, dich selbst sehen zu lassen, ein wie großer Teil des Festhaltens an dem, wie du dein Leben haben willst, nichts anderes als ein Prozeß der Selbstquälerei ist. Laß es los und erlaube dir, das Leben offen und ungeschützt so zu lieben, wie es ist und mit allem, was es beinhaltet.

Ein Zitat, das mir von einem Teilnehmer an einem meiner Workshops zugesandt wurde.

Auch wenn Angst, Hilflosigkeit, Schmerz, Wut, Scham, Trauer, Eigendünkel, Schuldgefühle, Unsicherheit und Unklarheit Teil unseres kollektiven Erbes und unserer kollektiven Erfahrung sind, stellen sie doch für sich genommen kein Problem dar. Sie sind vielmehr Emotionen. Emotionen sind häufig in der Brutstätte unserer Trennung und unseres isolierten Selbst verwurzelt. Da das so ist, besteht vielleicht ihre Hauptaufgabe darin, uns dahin zu bringen, daß wir grundlegende Erkenntnisse darüber gewinnen, wie wir normalerweise versuchen, durch diese Welt zu gehen, und daß wir dessen schließlich überdrüssig werden.

Wenn wir bereit sind, aufrichtig mit uns selbst zu sein, dann müssen wir zugeben, daß ein großer Teil von dem, was wir als unseren Schatten, unsere dunkle Seite bzw. unseren emotionalen Schmerz bezeichnen, aus dem Eigendünkel heraus entsteht, auf den oben Bezug genommen wurde. In dem weiten, grenzenlosen Bereich des Herzens kommt dieses Gefühl des Eigendünkels einfach nicht vor. Dennoch wird fast jeder von uns in jedem wachen Moment seines Lebens von diesem Geisteszustand beherrscht. Vielleicht ist die Tatsache, daß dieses isolierende, verschanzte, differenzierte Gefühl des Ich kein Leben in dem strahlenden Herz hat, ein Schlüssel, um effektiv mit diesem dominanten Impuls zu arbeiten.

Können wir die Möglichkeit erforschen, daß unser Greifen danach, wie wir die Welt haben wollen und unser Wegschieben von dem, was tatsächlich ist, uns alle verrückt macht und im Grunde genommen die Hauptquelle für unser eigenes Leiden und das aller anderen ist? Durch unsere Verpflichtung, weniger glatt zu sein und uns selbst weniger zu täuschen, können wir allmählich erkennen, daß diese harte Nuß des Eigendünkels, des Gefühls von Trennung und des Wunsches, die Welt nach unseren eigenen Wünschen zu gestalten, fast unser gesamtes Leben beherrscht und auf eine stillschweigende und zunehmende subtile und zerstörerische Art einen großen Teil unserer Beziehungen formt. Vielleicht wäre es nützlicher für uns, die Quelle unseres Leidens zu verstehen, es bewußt anzunehmen und zu lernen, daß wir mit ihm zusammenarbeiten können, anstatt zu versuchen, es zu zerstören.

Einer meiner Lehrer hat immer sehr das Bild von Shiva, einem großen Weisen der hinduistischen Tradition geliebt, der manchmal tanzend mit einer Schlange dargestellt wird, die sich um seinen Hals herum windet. Dieser Lehrer interpretiert dieses Bild so, daß es besser ist zu wissen, wer und wo dein Feind ist, als es nicht zu wissen, und daß Shiva außerdem weniger daran interessiert ist, die Schlange – und all ihre vitalen Energien – zu zerstören, als ihre wilden, destruktiven Impulse zu bremsen. Desgleichen sagt er uns, daß unsere Praxis darin bestünde, es der Schlange unseres Eigendünkels zu erlauben, uns in kleinen Dosen zu beißen, so daß wir das Wesen dieser Quelle des Leidens identifizieren und verstehen und so Antikörper gegen das potentiell tödliche Gift des sich selbst wichtig nehmenden Ichs entwickeln können.

Ich vermute, daß wir alle uns an Momente in unserem Leben erinnern können, in denen der Selbstschutz und der Eigendünkel von uns abgefallen sind, und sei es nur für kurze Zeit. Vielleicht ist ein solcher Moment dann eingetreten, als wir uns verliebt haben, als wir in tiefer Sorge um jemanden waren, der gelitten hat, oder dadurch, daß wir uns auf irgendeine andere Weise verloren haben und in ein tiefes Gefühl von Verbundenheit und Einheit hineingetragen worden sind. In solchen Momenten löst sich das Gefühl von Trennung und der eigenen Wichtigkeit einfach auf. Wir sind zufrieden, in Frieden mit uns und der Welt und in der Lage, uns anderen zu schenken.

Natürlich ist es schön und gut, über all das zu schreiben, aber wir müssen uns dann immer noch damit konfrontieren, wie wir es in unserem Leben verwirklichen können, sofern wir das möchten. Uns unserem mitfühlenden Herzen gegenüber zu öffnen, wirkt sich heilsam auf unseren Eigendünkel aus. Die Zärtlichkeit und Leuchtkraft des Herzens sind Ausdruck der uns angeborenen

Fähigkeit, andere wertzuschätzen und uns um sie zu kümmern, da wir nun nicht mehr so stark von dem beengenden Gefühl eines gepanzerten, isolierten und unabhängigen Selbst beherrscht werden. Die folgende Reihe von Praktiken soll dazu dienen, Mitgefühl und Warmherzigkeit zu entwickeln, anstatt sie dem Zufall zu überlassen oder sie reines Lippenbekenntnis sein zu lassen. Sie können beginnen, mit diesen Praktiken in Ihrem Alltag zu arbeiten. Ich bin kein Experte darin, aber ich biete sie Ihnen als Weggefährte und Schüler des Herzens an.

Praxis

Mitgefühl entwickeln

1. Bewußtsein des beschützten Herzens

Wenn Sie sich das nächste Mal verletzt, elend oder verschlossen fühlen, dann nehmen Sie sich etwas Zeit, um im Bewußtsein des Atems und der Gefühle in Ihrer Brust – der Enge, dem Gefühl von Kontraktion und Härte – zu ruhen. Wenn Sie beginnen, in diesen Gefühlen zu leben, dann nehmen Sie wahr, wieviel Weichheit und Transparenz innerhalb ihrer scheinbaren Festigkeit liegen.

2. Die Herzenswärme erwecken

Erinnern Sie sich, nachdem Sie sich etwas Zeit genommen haben, sich im Bewußtsein Ihres Atems einzurichten, an eine Zeit, in der Sie sich geliebt oder von jemandem umsorgt gefühlt haben. Auch wenn das schon lange her ist, geben Sie sich selbst die Möglichkeit, die Qualität und Tiefe der Liebe zu spüren, die Ihnen von jemand anderem entgegengebracht worden ist. Ruhen Sie in dieser warmen Präsenz und fühlen Sie, wie Ihr Herz als Reaktion auf eine solche Liebe weich zu werden beginnt. Wenn Sie sich nicht auf diese Weise von einem Menschen geliebt gefühlt haben, dann haben Sie es vielleicht von einem Tier. Geben Sie sich selbst den Raum, um eine Zeitlang in dieser Präsenz zu ruhen.

3. Liebevolle Güte aussenden

Wenn Sie durch das Empfangen von Liebe mit dem Leben des Herzens vertrauter werden, dann können Sie damit beginnen, dieses Gefühl mit anderen zu teilen. Lassen Sie Ihr Herz von einem Gefäß zu einem Übermittler werden. Lassen Sie jemanden, der Ihnen am Herzen liegt, vor Ihrem inneren Auge und in Ihren Gedanken auftauchen, und lassen Sie die Liebe Ihres Herzens zu ihm bzw. ihr fließen. Es ist nicht notwendig, diesen Prozeß zu forcieren. Die natürliche Neigung des Herzens zu spüren, andere einzuschließen, ist schon ausreichend. Nehmen Sie, wenn sich dieses Gefühl vertieft und ausdehnt, wahr, daß Sie in der Lage sind, Familienmitgliedern, Verwandten, Freunden, Patienten oder Klienten, der Stadt, in der Sie leben und dem Platz, an dem Sie arbeiten, liebevolle Güte zu schicken. Nehmen Sie wahr, daß Sie im Laufe der Zeit in der Lage sind, sogar Fremde und vielleicht sogar diejenigen einzubeziehen, denen gegenüber Sie große Abneigung oder Feindschaft empfinden.

Das ist eine Form der Praxis, mit der wir für den Rest unseres Lebens immer wieder arbeiten können. Die Intention besteht darin, uns unserem warmen, strahlenden Herzen näher zu bringen und nicht darin, noch mehr Schuldgefühle zu bekommen oder uns dafür anzuklagen, daß wir eine starke Abneigung oder Feindschaft jemandem gegenüber empfinden. Ihr Erkennen solcher Gefühle und Ihre Intention, mit ihnen über längere Zeit zu arbeiten, spiegeln schon für sich genommen Ihr barmherziges Bewußtsein wider.

4. In jemand anderes Schuhen stehen

Sehr häufig ist es so, daß die Unterscheidungen und Unterschiede zwischen uns und anderen die Hauptlinse sind, durch die wir die Welt sehen. In dieser Praxis können wir versuchen, in jemand anderes Erfahrungen hineinzutreten. Als Menschen, die in Heilberufen arbeiten, ist unsere Fähigkeit, der Erfahrung des Patienten nahezukommen, eine besonders bereichernde Form der Achtsamkeitspraxis. Diese Praxis verwendet den bildhaften und den begrifflichen Aspekt des Geistes, um damit zu beginnen, ein Gefühl für gegenseitige Verbundenheit zu pflegen.

Schauen Sie, während Sie der Geschichte und den Symptomen eines Patienten oder einer Klientin zuhören und mit ihnen sitzen, ob Sie spüren können, wie es für Sie wäre, an seiner oder ihrer Stelle zu sein. Wir würde diese Krankheit Aktivitäten wie Gehen, Autofahren oder zum Abendessen ausgehen, die Sie als selbstverständlich ansehen, verändern? Wie würde sie den Tenor Ihrer Emotionen und Ihres Selbstgefühls verändern? Nehmen Sie die Qualität Ihres Atems wahr, die Empfindungen in Ihrem Körper und den Strom Ihrer Gedanken und Gefühle, während Sie gleichzeitig Ihre Verpflichtung aufrechterhalten, der Erfahrung nahe zu sein, die der Patient bzw. Klient Ihnen beschreibt. Nehmen Sie wahr, wie Ihre Intention und Ihre Verpflichtung diesem Prozeß gegenüber die Art, wie Sie zuhören und wie Sie Fragen stellen, beeinflussen, ebenso wie Ihre Fähigkeit, den Schmerz eines anderen zu fühlen und die Entfaltung von Empathie und Mitgefühl.

Achten Sie insbesondere auf die impliziten Annahmen, die Sie in Bezug auf die Realität getroffen haben. Sie können beginnen wahrzunehmen, daß die Realität, die der Patient wahrnimmt, sich häufig ziemlich von derjenigen des Arztes unterscheidet. Dies zu wissen und dann zu versuchen, diese normalerweise unausgesprochene Kluft im Verständnis zwischen Patient und Arzt zu schließen, beginnt, den gesamten Kontext der heilenden Beziehung auf eine andere Stufe zu heben. Denken Sie noch einmal daran, daß es sich hierbei um eine Praxis handelt, und zwar eine, die Ihnen in den Jahren Ihrer formalen Ausbildung wahrscheinlich nicht begegnet ist. Das im Auge zu behalten, könnte Ihnen helfen, einen Teil des Unbehagens aufzulösen, das in dem Gefühl besteht, etwas leisten oder perfekt sein zu müssen.

5. Nur ein Paar Schuhe

Nehmen Sie, während Sie miteinander sitzen, sei es nun bei einer Begegnung in der Klinik, zu Hause mit Familienmitgliedern oder mit Ihren Freunden, wahr, daß Sie mit Hilfe von Bewußtheit die unausgesprochene Realität Ihres gemeinsamen Menschseins berühren können. Auf eine grundlegende Weise sind das Du und der Andere hinter den Details und Variationen in Inhalt und Lebensgeschichte nicht so stark getrennt. Können Sie sehen, daß jenseits der Trennung etwas weitaus Größeres geteilt wird? Was würde geschehen, wenn Sie bei der Wahrheit dieser gemeinsamen Realität bleiben würden? Anfangs kann es ziemlich beängstigend sein, es diesem Gefühl zu erlauben, da zu sein und sich auszubreiten; nach einer Weile jedoch kann es selbst inmitten von Schwierigkeiten zu einer Quelle der Freude werden.

Kommentarlos so tief wie möglich all dem zuzuhören, was der Andere zu sagen hat, führt uns oft in diesen Bereich hinein. Jemand anderem in die Augen zu sehen und in der gemeinsamen Präsenz zu sitzen, reicht häufig aus, um jenseits aller Theorien und Begrifflichkeiten das Erkennen unseres Einsseins auszulösen.

6. Fernsehen sehen, Nachrichten lesen

Vor zwanzig Jahren bin ich einem Mann aus Montana begegnet, der sich die Nachrichten im Fernsehen anschaute und Zeitungen las, weil das seiner Aussage nach sein Herz zum Mitgefühl erweckte. Auch wenn er sich nicht besonders für die Nachrichten als solche interessierte, empfand er diese beiden Medien als reichhaltige Quellen, um sein wachsendes Gefühl der Fürsorge für und Verbindung mit Menschen, Tieren, Landschaften, Meeren, Wäldern und Ländern überall auf der Erde zu pflegen. Außerdem sagte er, er würde sich in sein Wohnzimmer setzen, eine Greueltat, die sich in irgendeinem Teil der Welt abspielte, sehen oder über sie lesen und seinen Schmerz fühlen, seinen Impuls, sich abzuwenden, und schließlich auch sein Gefühl der Verbundenheit mit all diesen Menschen. Er würde den Menschen, die er im Fernsehen sähe oder über die er in der Zeitung las, Wärme und liebevolle Güte schicken. Er war ein ganz normaler Mann von Ende fünfzig, mit einem ganz normalen Job. Mit einer großen Gürtelschnalle, Krawatte, Stetson und Stiefeln. Er sprach darüber, ohne irgendwie zu prahlen, zu heucheln oder fromm zu tun.

Dieser Mann war bereit, sich selbst die Erlaubnis zu geben, tief zu fühlen, sich inmitten alltäglicher Situationen unbefangen anrühren und öffnen zu lassen. Auf diese Weise benutzte er ein modernes Ödland, um eine Oase zu erschaffen. Wir haben weniger als eine Stunde miteinander verbracht, und ich habe ihn nie wieder gesehen und nie wieder etwas von ihm gehört. Dennoch habe ich nie vergessen, was er gesagt hat. Die Lehre ist zeitlos.

7. Inmitten des strahlenden Herzens sitzen

Ich vermute, Sie haben bemerkt, daß Sie tatsächlich in Ihrem Herzen sitzen können, während Sie sich auf einen anderen Menschen beziehen. Es ist so, als ob Sie beginnen würden zu entdecken, daß das Herz seine eigenen Sinnesorgane besitzt, die es Ihnen erlauben, Zugang zu Welten zu bekommen, die hinter dem scheinbar Offensichtlichen hervorleuchten. Das Herz ist sowohl ein empfangendes Organ als auch Übermittler. Wir lernen, diese beiden unsichtbaren, aber häufig fühlbaren Dimensionen menschlicher Existenz zu nutzen und sie zu kultivieren.

Erkennen Sie, daß Sie tatsächlich mit jemand anderem sein können und von Ihrem Herzen aus bewußt und ohne Worte einen Strom von Fürsorge und Freundlichkeit aussenden können. In einigen meditativen Traditionen wird dieser Strom der Fürsorge als grün oder golden visualisiert. Es macht keinen großen Unterschied, ob Sie ihn visualisieren oder einfach fühlen, wie diese Fähigkeit in Ihnen hervorsprudelt und sich auf einen anderen Menschen zubewegt. Es besteht keine Notwendigkeit, darüber zu sprechen, zu manipulieren, jemanden zu heilen oder ihn zu verändern. Es reicht aus, sich berühren zu lassen und schweigend auf ebensolche Weise zu antworten.

Woche Sechs

Elastische Ränder. So beginnen die Kursteilnehmer, ihr neu gewonnenes Selbstgefühl zu beschreiben. Für sie bedeuten elastische Ränder: Ich probiere neue Wege des Seins und des Reagierens inmitten von Situationen aus, die sich häufig wiederholen, und es funktioniert! Ohne dazu ermutigt werden zu müssen, sprechen die Teilnehmer offen von Schichten, die wegfallen, davon, mehr ich selbst zu sein, über das Gefühl von Zerbrechlichkeit inmitten dieser bewußten Anstrengungen, davon, sich ihrer Fähigkeit, auf den Höhen und Tiefen des Lebens zu surfen bewußter zu werden.

Wir beginnen mit fünf Minuten Sitzpraxis und machen dann eine halbe Stunde lang Yoga-Standhaltungen. An einem bestimmten Punkt während der Yoga-Übungen praktizieren wir eine Haltung, die langsame, kontinuierliche, sich wiederholende Bewegungen beinhaltet. Irgendwann auf dem Weg sage ich „Die Haltung ist nie fertig, und wir machen einfach weiter." ... Später sagt Denise: „Dieses ‚nie fertig sein' ist so frustrierend und schwierig für mich. Ich möchte, daß Dinge erledigt und abgeschlossen sind, und mir wird bewußt, daß ein großer Teil meines Stresses damit zu tun hat, daß ich das will daß ich mich sehr unter Druck setze, um Dinge fertigzubekommen, sie aus dem Weg zu haben und abzuschließen und oft ist das Leben einfach nicht so."

Yoga ist ein kraftvolles Handwerkszeug. Es ist eine Metapher für einen so großen Teil unseres Lebens. Unsere Fähigkeit, an den Rändern zu arbeiten, in die scheinbaren Grenzzonen unseres Körpers hineinzugehen und bei diesem Unterfangen sowohl sanft als auch ausdauernd vorzugehen, ist eine Herausforderung und weist auf eine weitaus größere Dimension unserer Existenz hin als einfach nur der Übung unseres Körpers. Die Teilnehmer machen diese Erfahrung Stück für Stück; sie schmecken die Realität, die sie sich selbst geschaffen haben. Das sind die elastischen Ränder, über die gesprochen wird und die direkt erlebt werden. Vom Yoga gehen wir zu dreißig Minuten stillem Sitzen über. Nicht aus dem Fenster schauen. Keine Worte. Einfach nur sitzen.

In den letzten zwei Wochen habe ich die Teilnehmer gebeten, neben den regulären Aufgaben für zu Hause genau auf die Art und Weise zu achten, wie wir ständig an Erfahrungen festhalten bzw. sie wegschieben. Diese Aufgabe hat sich aus einer Diskussion heraus ergeben, die wir in der vierten Unterrichtseinheit hatten. Ich habe ihnen klargemacht, daß sie, anstatt zu glauben, daß es so ist, weil ich es gesagt habe, es in ihre tägliche Praxis integrieren und die Bestätigung in ihrer persönlichen Praxis finden müssen oder eben nicht.

Als das Sitzen endet, sagt ein Mann, er sei schockiert über die unzähligen Momente, in denen er mit der Realität des Festhaltens oder Wegschiebens von anderen Menschen, Situationen und inneren Vorgängen beschäftigt sei. Viele der anderen nicken zustimmend. Dieser Schock wirkt wie ein Schrei nach Aufmerksamkeit, der uns weiter in die Unterhaltung über die Praxis hineintreibt anstatt von ihr weg. Einige Teilnehmer sagen, daß sie mit dem Versuch begonnen hätten, innezuhalten, mit ihren üblichen Reaktionsmustern zu arbeiten und tatsächlich zu sehen, was geschieht, indem sie lernen, genau hinzuschauen und dann zu wählen, was in manchen Fällen auch heißt, auf eine andere Art zu reagieren. Andere sagen, daß sie sich in ähnlicher Weise mit Ereignissen und Bewegungen des Geistes auseinandersetzen. Sie machen deutlich, daß diese Aktivität uneben ist, und daß der Prozeß selbst ein großes Maß an Vergessen und Erinnern beinhaltet – Lücken in der Erinnerung –, und ebenso besteht ein großer Teil darin, den langjährigen, unerwünschten, aber dennoch vertrauten Gewohnheiten und Mustern ins Auge zu sehen, denen wir häufig auf dieselbe alte Weise begegnen, bevor wir es gewahr werden.

Es ist offensichtlich, daß sie sich sehr stark dafür engagieren, aus den Rillen und eingefahrenen Bahnen langjähriger Konditionierungen aufzuwachen. Einige Teilnehmer äußern sich überschwenglich über positive Veränderungen bei ihren medizinischen Symptomen und in der Qualität ihres Alltagslebens. Andere sind frustriert, weil sie meinen, keine Fortschritte gemacht zu haben, wenn sie sich mit den anderen Gruppenteilnehmern vergleichen. Ich erinnere sie an zwei Dinge. Erstens, daß wir diese Methoden noch nicht sehr lange praktiziert haben, und es sich schließlich um eine Praxis handelt; und zweitens, daß das, was sie über sich selbst lernen und woran sie arbeiten, dieselben Dinge sind, an denen auch ich in mir arbeite. Ich bemerke, daß ihr Gefühl von Isolation – das Gefühl, ein schwieriger Fall zu sein – in dem Anerkennen unserer gemeinsamen Erfahrung dahinzuschmelzen scheint. Was sich so angefühlt hat, als ob es alleine meines wäre, wird allmählich durch das Erkennen unserer miteinander geteilten Realität aus den Angeln gehoben.

Andere sprechen davon, daß sie Motoren in sich entdeckt hätten, nämlich starke, lebendige Impulse, die sie antreiben, die sich jedoch vorher an den Grenzen des Unbewußten befanden und daher von ihnen noch nicht entdeckt worden seien. Jetzt sagen sie, daß sie diese Impulse in all ihrer Subtilität erkennen, während sich die Grenzen dessen, was sie sehen, erweitern und zunehmend elastisch, biegsam und deshalb enthüllend werden. Ich bin sehr erstaunt darüber, wie die Teilnehmer mit dem, was sich ihnen offenbart, umgehen. Während sie sich früher durch solche Einsichten vollkommen geschwächt oder besiegt gefühlt haben, fühlen sich jetzt die meisten herausgefordert und in der Lage, mit ihnen zu arbeiten. Sie gewinnen immer mehr Zuversicht und Selbstvertrauen. Das bedeutet nicht, daß die Arbeit einfach wäre. Aber es beginnt sich so anzufühlen, als ob sie sich in der Lage sähen, mit allem, was ihnen begegnet zu arbeiten, das heißt, sich ihm zu nähern. Das sagen sie zumindest. Francine ist zum ersten Mal seit fünf Wochen nicht verheult und sie zappelt auch nicht herum. Sie sitzt aufrecht und ruhig da, beteiligt sich an der Diskussion und lächelt bisweilen.

Die Unterhaltung wendet sich einer anderen Thematik zu. Gene sagt, er empfinde eine gewisse Traurigkeit darüber, ein wie großer Teil seines Lebens an ihm vorübergegangen sei, ohne daß er sich dessen bewußt geworden ist. Er weiß, daß er, obwohl er begonnen hat, einen neuen Abschnitt in seinem Leben zu beginnen, das Gefühl hat, den Verlust vieler Jahre zu betrauern. Andere stimmen zu. Jemand sagt: Ich wünschte, ich hätte das vor zwanzig Jahren gemacht. Eine Frau mit kleinen Kindern sagt: Meine Kinder sollten das in der Schule lernen.

Anhand von kleinen Dingen bekommen wir alle einen Geschmack davon, daß wir unser Leben wieder in die Hand nehmen, daß wir die Ruderpinne unseres Lebens ergreifen und unser Schiff auf neue Weise navigieren. Wir alle sind damit konfrontiert, das wählen zu lernen, was Entwicklungspsychologen als Reaktionen höherer Ordnung bezeichnen. Wir alle erkennen die Möglichkeit, effektivere Reaktionen in einer Reihe von gewöhnlichen Situationen, ebenso wie in ungewöhnlichen Momenten, die voller Ladung stecken, zu wählen. Das wirkt sich für jeden von uns anders aus. Dennoch ist die Möglichkeit vorhanden, sich vom Potential zur Realität hinzubewegen, denn wir arbeiten mit einer Methode, mit einem Weg, um überschäumende Möglichkeiten in konkrekte Realitäten umzuwandeln.

Ich bringe zu jeder Unterrichtseinheit einen Ordner voller Gedichte, Zitate, Geschichten und anderen Dingen zum Vorlesen mit. Normalerweise plane ich nicht im voraus, was ich verwenden will, sondern lasse es aus dem Moment heraus entstehen. Was die Teilnehmer heute großzügig in den Unterricht eingebracht haben, spiegelt ebenso wie alles, worüber wir gesprochen haben, die Möglichkeit wider, die in Mary Olivers Gedicht *Der Sommertag* widergespiegelt ist. Ich frage sie, ob sie das Gedicht gerne hören möchten und sie bejahen das.

Wer hat die Welt geschaffen?
Wer hat den Schwan geschaffen, und wer den schwarzen Bären?
Wer hat die Heuschrecke geschaffen?
Diese Heuschrecke, meine ich –
die, die sich aus dem Gras erhoben hat,
die, die Zucker aus meiner Hand frißt,
die ihren Kiefer vor und zurück, statt auf und nieder bewegt –
die sich umschaut mit ihren riesigen, komplizierten Augen.
Jetzt hebt sie ihre blassen Vorderarme und wäscht sich gründlich ihr Gesicht.
Jetzt klappt sie ihre Flügel auf und schwebt weg.
Ich weiß nicht genau, was ein Gebet ist.
Ich weiß nur, wie man aufmerksam ist, wie man hinfällt
ins Gras hinein, wie man sich im Gras niederkniet,
wie man müßig und gesegnet ist, wie man durch die Felder streunt,
denn das ist es, was ich den ganzen Tag lang getan habe.
Sage mir, was hätte ich sonst tun sollen?
Stirbt nicht alles zu guter Letzt, und viel zu schnell?
Sage mir, was hast Du vor
mit Deinem einen, wilden, kostbaren Leben?

Die beiden letzten Zeilen, die verführerisch und verlockend sind, dringen tief ins Innere ein. Sie richten sich kompromißlos an jeden von uns, sie gehen unter die Haut, sie berühren uns in der Tiefe. Alle sitzen in der bedeutungsschwangeren Stille und stellen sich Fragen über ihr eines wildes, kostbares Leben und die Möglichkeiten, die sich überall um uns herum öffnen, wenn wir lernen, aufmerksam zu sein.

In ein paar Tagen steht der Ganztagesretreat auf dem Programm. Für heute ist der Unterricht fast vorbei, und alle möchten wissen, wobei es bei dem Retreat-Tag eigentlich geht. Ich erkläre die Details, so gut ich kann und werde mir bewußt, daß sich die eigentliche Realität erst in der Direktheit der Begegnung offenbaren wird. In ihrer Beklommenheit liegt Bereitschaft. Wir folgen der Schwungkraft unserer Bemühungen, jeder auf seine eigene Weise. Diejenigen, die tief in die verbundene Stelle hineinschauen, entdecken, wie dort Licht eindringt!

Weg der Heilung

Im Jahre 1976 sah mir mein Sufilehrer mit der eindringlichen Nüchternheit eines Falken direkt in die Augen und sagte: „Um Heiler zu sein, mußt du bereit sein, die Krankheit des Patienten als deine eigene anzunehmen." Ich fühlte mich entwaffnet, vollkommen entblößt und dennoch auf seltsame Weise gehalten. Beruhigt und dennoch angeschlagen wie ein Gong. Aus der Reserve gelockt und dennoch davon überzeugt, daß ich nicht in der Lage wäre, diese Aufgabe auszuführen. Dann saß er ruhig da, neigte seinen Kopf leicht nach links, so als ob er auf etwas lauschen würde, was in der Ferne läge und dennoch absolut greifbar wäre. Sein Gesicht wurde sanft angesichts eines tiefen, zärtlichen Wissens; er wandte sich mir zu und sagte mit ungeheurem Mitgefühl: „Das schließt 99% von uns aus." In jenem Augenblick wußte ich, daß er sich ohne jeden Zweifel selbst zu diesen 99% zählte, und daß er mich wie jeder gute Lehrer gerade an eine Schwelle geführt hatte und mir die Wahl ließ, entweder über sie zu gehen oder beiseite zu treten. Im wesentlichen sagte er mir: „Wenn das dein Weg ist, dann wirst du ihn gehen." Lange Zeit tanzte ich um die Türöffnung herum. Ich ging nicht hindurch, bis ein ziemlich gewöhnlicher Moment kam, an dem ich wußte, daß ich es nicht länger vermeiden konnte hindurchzugehen. Ich wurde nie gezwungen, aber es gab keine Wahl.

In jenem Moment lud er mich ein, das eigentliche Wesen dieses Weges zu sehen. Er half mir zu sehen, daß diese Aufgabe nicht besonders romantisch oder leicht sein würde, und, was am wichtigsten war, daß dies ebenso sehr seine Arbeit war wie meine. Ich erinnere mich daran, daß ich mit dem Kopf nickte, als ob ich verstanden hätte. Vielleicht stimmte das, zumindest irgendwo in meinem Wesen. Jetzt, dreiundzwanzig Jahre später, habe ich begonnen zu begreifen, was er wirklich meinte. Er erinnerte mich in unmißverständlichen Worten daran, daß diesen Weg zu gehen, diese Arbeit zu tun und sich vollständig für die heilende Beziehung zu engagieren, bedeutete, daß das Ich, das ich glaubte zu sein, gehen müßte. Es müßte verschwinden, verlorengehen, vollkommen weichgekocht werden. Seine Aussage ließ mir nicht viel Raum, um mich an dem Bild des Heilers festzuhalten oder aus der Illusion der Trennung heraus zu agieren. Im Laufe der Jahre habe ich eine Reihe kreativer Fluchtmöglichkeiten entwickelt, Ego-Angelegenheiten, die die eigentliche Arbeit zeitweilig verdunkeln. In Wirklichkeit sind sie, wie die meisten Affären, im wesentlichen unbefriedigend gewesen (und sie sind es immer noch), und sie lassen in mir einen leeren, ungestillten Hunger zurück.

Aber was bedeutet das, die Krankheit eines anderen als seine eigene anzunehmen? Ich habe nicht viel von dem erlebt, was die Menschen, mit denen ich arbeite, in Form von physischer Krankheit oder emotionalem Trauma in sich tragen. Ich habe es für mich im Laufe der Zeit so interpretiert, daß annehmen weitaus mehr mit der Bereitschaft zu tun hat, mit jemanden in das Leben dessen hineinzugehen, was ihn *hinter* der direkten Präsenz von Fleisch, Blut und Knochen beunruhigt und sich damit auseinanderzusetzen. Manche würden das die Seele nennen. Denn hier, hinter den Details der medizinischen Indikation, werden wir Menschen zusammengeführt.

Mein Herz ist angesichts der schieren Intensität des Dilemmas eines anderen Menschen gebrochen worden. Ich bin sicher, Ihnen ist das ebenfalls schon geschehen. Manchmal ist daraus aus der Weite des nicht-denkenden Herz-Geistes spontan das Gefühl entstanden, etwas davon zu übernehmen, ohne daß dabei die geringste Spur von Berechnung gewesen wäre. In solchen Momenten gibt es nichts, das übernehmen würde und niemanden, der irgend etwas nehmen würde. Dennoch ist ein unverwechselbarer Duft da, der gleichzeitig innig und universell ist, und bei dem jegliche Art von Trennung verschwindet. Die Welt hält inne. Das vorübergehende Gefühl für die Gegenwart verschwindet. Wenn das in Gegenwart von dreißig Menschen passiert, die an dem Kurs in der Klinik teilnehmen, dann hüllt uns alle Nähe ein. Manchmal sind wir in solchen Augenblicken sprachlos und werden in das Mysterium des Momentes hineingeworfen. Zu diesen Zeiten haben wir alle etwas von dem anderen übernommen.

Einer dieser Momente hat sich vor kurzem ereignet. Als ich in den Gruppenraum ging, näherte sich mir ein Mann, der mich praktisch aus dem Raum zog, und das ist nicht nur so dahergesagt. Er befand sich ganz offensichtlich in großem Aufruhr. Ich hörte ihm eine Zeitlang zu und war mir doch gleichzeitig der Tatsache bewußt, daß auf der anderen Seite der Wand die Teilnehmer darauf warteten, daß der Unterricht anfing. Er sagte mir, was ihm auf der Seele lag und teilte mir mit, daß er sich nicht sicher sei, ob er weiter an dem Programm teilnehmen könnte, aber daß er es versuchen wolle. Dann fragte er, ob er den Kurs wechseln könne, denn seine Arbeitsverpflichtungen hätten sich geändert und er befinde sich in einer familiären Krise. Er fühlte sich erleichtert und erfreut, als ich einfach ja sagte.

Wir gingen vom Gang in den hellerleuchteten Raum, in dem sich die Teilnehmer äußerst angeregt unterhielten, und er setzte sich neben die Tür. Genau in diesem Moment hörte ich das hohe, sich wellenförmig ausbreitende Wehklagen einer jungen Frau hinter mir. Kathy weinte herzzerreißend und machte ihren Schmerz und ihre Hilflosigkeit so deutlich, daß alle sie hören konnten. Sie schrie ihren Kummer heraus, ihre privatesten und schmerzhaftesten Symptome, Ängste, Qualen, Verwirrung, Prognosen und letztlich ihr Gefühl, von ihrem Körper und ihren Ärzten verraten worden zu sein. Ich hörte ihr still zu, stellte mich dann an ihre Seite, wartete eine Weile und fragte sie schließlich, ob ich meinen Arm um ihre Schultern legen dürfte. Sie nickte und packte meine andere Hand; ihr Körper erzitterte in Flutwellen gegen meinen Brustkorb. Zusammen saßen wir wortlos und ohne zu wissen, was wir tun sollten, da, umgeben von einem Kreis von Sorge und gutem Willen. Wir flüsterten einander lautlos etwas zu, weniger, um etwas zu verbergen, als vielmehr, um die Kostbarkeit, die in der rohen, zarten Integrität dieses Menschen liegt, zu bewahren. Danach würde Zeit für andere Dinge sein.

Später, nach dem Unterricht, während des Treffens für Praktikanten im Gesundheitsbereich, die den Unterricht in der Klinik als teilnehmende Beobachter besucht hatten, richtete sich die Unterhaltung schnell wieder auf diesen Vorfall. Auch wenn die Praktikanten während dieses Vorfalls und danach eine große Bandbreite an Reaktionen zeigten, so bestand mit einer Ausnahme Einstimmigkeit in bezug auf das Flüstern. Sie sagten:

Warum haben Sie geflüstert?
Ich habe mich so hilflos gefühlt.
Ich wußte nicht, was ich tun sollte.
Das Flüstern hat mein Gefühl von Hilflosigkeit verstärkt.
Ich habe mich isoliert gefühlt.
Was haben Sie zu ihr gesagt?
Warum haben Sie geflüstert?

Aus der gewohnten Verankerung der Sprache und der diskursiven Vernunft herausgehoben zu sein, löste bei den meisten Praktikanten ein ziemlich großes Unbehagen aus. Während ich immer noch das Echo, das Kathys flüsterndes Herz in meinem eigenen auslöste, spüren konnte, erschien es mir so, als ob die Stille die einzig vernünftige Reaktion auf sie sei und der einzige Weg, um das Geschenk ihres rohen und zarten Schmerzes zu würdigen.

Praxis

Sein eigenes Selbst mit dem eines anderen vertauschen

Als ich siebenundzwanzig Jahre alt war, habe ich von den Sufis die Praxis des Vertauschens des eigenen Selbst mit dem eines anderen gelernt. Ich arbeite seit Jahren damit. Ich brauche viel Zeit, um etwas zu lernen und jetzt, im Alter von neunundvierzig Jahren, beginne ich gerade erst, einen Geschmack von den tieferen Implikationen eines solchen Bemühens zu bekommen. Meines Wissens nach haben die Sufis keine technische Bezeichnung für diese Praxis. Die tibetischen Buddhisten nennen sie *tonglen.* Die Hauptprämissen sind einfach und zunächst für unser normales Gefühl von Selbstsicherheit beängstigend:

1. Berühren Sie die lebhafte Realität des Schmerzes ebenso wie die offene Weite des Herzens, das in der Lage ist, sich direkt auf das zu beziehen, was ist.
2. Ziehen Sie all das auf sich, was unerwünscht ist.
3. Nehmen Sie den Schmerz und das Leiden der Person, der Sie helfen möchten, (oder des Tieres, dem Sie helfen möchten) in den Schmelztiegel Ihres Herzens hinein.
4. Schicken Sie der Person oder der Situation Freundlichkeit und Fürsorge.
5. Weiten Sie diesen Wunsch bzw. dieses Gefühl auf alle Wesen aus.

Es gibt komplexe Varianten dieser Praxis; dem Kern nach sind sie jedoch alle Möglichkeiten, um das Leiden in sich aufzunehmen, Leben zurückzugeben und Erneuerung herbeizuführen.

Da wir den größten Teil unseres Lebens damit beschäftigt gewesen sind, für unser eigenes Glück und unsere eigene Sicherheit zu sorgen, hat der Geist eine ganze Reihe von Methoden entwickelt, um nach Vergnügen zu greifen und Schmerz wegzuschieben. In den Kursen in der Klinik arbeiten wir damit so, daß wir die Teilnehmer bitten, tief in die Wurzeln von Streß hineinzuschauen, indem sie aufmerksam darauf achten, einen wie großen Teil unseres Lebens wir zubringen, an Angenehmem festzuhalten und das Unangenehme wegzuschieben. Durch die Praxis und die bewußte Intention angefeuert, sich diese Sache anzuschauen, sind die Betreffenden meist schockiert über das, was sie in bezug auf diese weitgehend unbewußte reaktive Gewohnheit und die Art, wie sie ständig ihr Leben bestimmt, entdecken.

Das eigene Selbst mit dem eines Anderen zu vertauschen, ist eine kraftvolle Möglichkeit, um den Herz/Geist anzuleiten, seine Gewalt über den Eigendünkel zu lösen und ein ganz direktes Wissen davon zu erlangen, daß jeder von uns die Fähigkeit besitzt, am Selbst und den Anderen teilzuhaben und auf immer geschicktere Weise mit ihnen zu arbeiten. Wenn wir eine solche Möglichkeit erforschen, dann ist es am besten, bei uns selbst anzufangen. Sonst ist es leicht, der Illusion anheimzufallen, daß andere Hilfe brauchen, wir jedoch nicht. Sich der Wahrheit unseres eigenen Lebens zu beugen, ist keine leichte Sache. Zu würdigen, wer wir sind und was tatsächlich in unserem Leben geschieht, ist der beste Anfang. Auf diese Weise bleiben wir mit uns selbst verbunden, während wir uns ganz unmittelbar mit der allen leidenden Wesen gemeinsamen Menschlichkeit verbinden.

Wenn wir bereit sind, uns auf diese Weise zu öffnen, dann haben wir nicht nur ein akutes Empfinden von Schwere oder Schmerz, sondern dieses ist recht häufig noch von einem unverwechselbaren Empfinden von Geräumigkeit beziehungsweise Offenheit begleitet. Es ist Leichtigkeit vorhanden, eine Fähigkeit, in dieser Welt zu sein und mit einem weniger eingeschlossenen, zärtlicheren Herz in ihr zu leben. Wir fangen an, unsere Weite zu entdecken. Wenn wir uns nicht länger so hartnäckig an unserer Panzerung und unserem Verschlossensein festklammern müssen, dann kehren wir tatsächlich die eingefleischte Gewohnheit des Eigendünkels um. Indem wir lernen, unseren eigenen Schmerz und unsere Schwierigkeiten ohne so viel Festhalten zu berühren, können wir beginnen, uns selbst wegzugeben. Eine dermaßen radikale Vorgehensweise kann den gesamten Mechanismus umkehren, der unser Gefühl von Leiden und Trennung erzeugt. In ähnlicher Weise wird diese Umkehr fortgesetzt, wenn wir unsere Gefühle von Freude oder Glücklichsein, von Lebensfreude oder Fülle weggeben, denn wir sind dazu erzogen worden, in emotionaler Armut zu leben, und auf diese Weise werden all unsere Fixierungen und Neigungen, das festzuhalten und zu horten, was uns am kostbarsten ist, aufgelockert.

1. Geben und mit sich nehmen

Beginnen Sie damit, daß Sie einfach die Pendelbewegung und den Rhythmus Ihres Atems spüren. Das wird es Ihnen erlauben, die verschiedenen Phasen der Praxis mit der Unmittelbarkeit des Atems zu verbinden. Erlauben Sie sich, während Sie sitzen oder liegen, Kontakt mit einem schwierigen oder schmerzhaften Aspekt Ihres Lebens aufzunehmen. Jetzt stellen Sie sich in der Mitte Ihrer Brust eine große Öffnung oder ein Tor vor und ziehen Sie in diese Öffnung all Ihren Schmerz und Ihr Leiden *hinein*. Es kann bisweilen hilfreich sein, sich das in Form einer schweren, rauchigen Substanz vorzustellen. Nehmen Sie dann mit der Einatmung diesen Schmerz in seinem vollen Ausmaß in sich hinein und stellen Sie sich mit der Ausatmung vor, daß er in der Schmiede Ihres Herzens verbrannt und in ein strahlendes Licht verwandelt wird, das sich durch Ihr Wesen verbreitet. All die nicht akzeptablen Elemente Ihres Lebens in Ihrem Herzen zu akzeptieren, es dem Herzen erlauben, durch seine angeborene Fähigkeit zur Offenheit darauf zu antworten und sich dann selbst mit Gesundheit, Freude und Frieden zu füllen, das ist die Essenz der Praxis.

Richten Sie Ihre Aufmerksamkeit auf Ihre Atemzyklen. Das Leiden einatmen, Erleichterung ausatmen. Dunkelheit und Schwere einatmen, Leichtigkeit ausatmen. Ganz ähnlich wie in der Geschichte von Shiva, der Schlangengift nimmt, geht es darum, das Ungewollte einzuatmen und Erfrischung und Leichtigkeit auszuatmen. Nachdem Sie eine Zeitlang auf diese Weise praktiziert haben, erlauben Sie es den Phasen des Hereinnehmens und Nach-außen-Gebens über die Brust hinauszugehen, so daß Sie jetzt das Ungewollte durch Ihren gesamten Körper aufnehmen und Erleichterung über Ihren gesamten Körper ausatmen.

2. Sein eigenes Selbst mit dem eines anderen vertauschen

Nachdem Sie eine Zeitlang mit der Praxis gearbeitet haben, Ihr eigenes Leiden in sich aufzunehmen, können Sie anfangen, damit zu arbeiten, den Schmerz von anderen aufzunehmen und Leichtigkeit und Leben zurückzugeben. Den Wellen von Einatmung und Ausatmung zu folgen und die verschiedenen Phasen der Praxis mit dem Atem zu koordinieren, erzeugt ein Gefühl von Präsenz und Prozesshaftigkeit, das stärker im Körper verankert ist. Anstatt zu versuchen, jemanden zu manipulieren, besteht die Absicht darin, das Leiden eines anderen zu übernehmen. Nehmen Sie, um diese Intention zu erzeugen, bei der Einatmung in sich selbst das Leiden eines anderen auf. Vielleicht sind es der körperliche Schmerz von jemandem, Depressionen oder ein Gefühl von Isolation. Erlauben Sie sich, all das als dunkel und rauchig zu fühlen und schicken Sie mit der Intention, Leiden zu lindern und anderen Erleichterung zu bringen, die Ausatmung als ein strahlendes, klares Licht, als Freude, Frieden oder was immer Sie spüren, was für den anderen am hilfreichsten wäre.

3. Alle Wesen einbeziehen

Genauso wie wir mit dem Selbst und einem *spezifischen* Anderen gearbeitet haben, können wir unsere Wünsche nach Glück und Erleichterung auf alle Wesen ausweiten. Die Vorstellung besteht hier darin, unsere eigene Erfahrung tief genug zu berühren, daß sie zu einer Brücke wird, die uns mit dem Rest der

Welt verbindet. Schließlich weiß jeder Mensch, wie es ist, von Wut, Wünschen, Trauer oder Not beherrscht zu werden. Sich unserer eigenen Schwierigkeiten bewußter zu werden, führt nicht von sich aus zu Narzißmus, sondern macht es uns leichter, uns mit der Situation eines anderen zu verbinden und letzten Endes unsere Verwandtschaft mit allen Wesen zu spüren.

Wenn Sie üben, Ihr eigenes Selbst mit dem eines anderen zu vertauschen, dann beziehen Sie in Ihren Wunsch nach Erleichterung jeden ein, der auf der Erde in dieser spezifischen Weise leidet. Zuerst könnte das süßlich, entkräftend oder gar unmöglich klingen. Geben Sie sich dennoch den Raum, Ihre Intentionen nach Wohlbefinden und Glück auf alle Wesen auszuweiten, denn auf diese Weise wird die gesamte Dynamik von Eroberung und Niederlage, von Selbst und Anderem untergraben. Auch wenn das begrenzende Ich-Gefühl nicht genau weiß, wie es sich auf ein solches Territorium beziehen soll, so könnten Sie feststellen, wie sich seine fixen Grenzen, die über harte Kanten verfügen, aufzulösen beginnen.

Vielleicht werden Sie nie irgendwelche deutlichen Zeichen von Erleichterung in einem anderen erkennen. Darum geht es nicht. Unsere Bereitschaft, auf diese Weise zu arbeiten, ist nichts Geringeres als die Neuformung einer lebenslangen Konditionierung ebenso wie einer angeborenen, über Generationen weitergegebenen Art und Weise, sich auf uns selbst und auf die Welt zu beziehen. Es ist also eigentlich eine Methode des Vergessens. Es ist eine evolutionäre Umerziehung der eigenen Person, die allmählich unseren Geist und unser Herz transformieren kann, und so eine Grundlage für mitfühlendes Handeln schafft.

Gelübde und Bescheidenheit

Heute hat Lucille sich selbst und dem Rest der Gruppe gegenüber verkündet, daß sie diese Woche keine Wut gespürt hat. Sie sitzt zum ersten Mal still und solide auf dem Boden in einem Kleid mit leuchtendem Blumenmuster. Mit weit aufgerissenen Augen und sichtbar erstaunt schaute sie jeden in unserer Runde an und sagte: Das ist die erste Woche in meinem Leben, an die ich mich erinnere, in der ich nicht wütend gewesen bin. Mir ist das Geschenk der Hoffnung gemacht worden. Dann erklärte sie nach einem Moment des Schweigens: Diese Streßreduktion bringt mich um. Sie ist das schwierigste, was ich in meinem ganzen Leben gemacht habe.

Niemand hat Lucille Hoffnung *gegeben*. Sie beginnt vielmehr, sie in sich selbst zu entdecken. Ich wies sie spielerisch darauf hin, daß sie, obwohl sie meinte, der Kurs bringe sie um, recht lebendig und gesund aussähe. Sie hielt inne und sagte dann ruhig und mit unerschütterlicher Überzeugung: Dies ist ein Anfang, und ich habe noch einen langen Weg vor mir. Sie hatte recht und auf ihre eigene Weise hatte sie erkannt, daß sie ein Gelübde abgelegt hatte – das Gelübde, ihr Leben auf eine andere Art zu führen.

> GELÜBDE: Ein feierliches Versprechen … einer Gottheit bzw. einem Heiligen gegenüber.
>
> GELÜBDE: Ein Gelübde ablegen … um in einen religiösen Orden einzutreten.

Diese beiden Definitionen entsprechen unserem normalen Gefühl und Gebrauch des Begriffes Gelübde. Nur selten ziehen wir die Möglichkeit in Betracht, daß die Verpflichtungen, die wir in unserem täglichen Leben eingehen, kaum weniger sind als Gelübde. Wir sind mit Ehegelübden vertraut, durch die wir uns verpflichten, den anderen zu lieben und zu ehren und ihn in den Höhen und Tiefen des Lebens zu unterstützen. Wir wissen, daß Ärzte den Eid des Hippokrates oder den Eid des Maimonides schwören, ein Gelübde, welches das Versprechen beinhaltet, das Leben zu ehren und niemandem und nichts Schaden zuzufügen. Wir wissen auch, daß Priester und Mönche bzw. Nonnen ein Gelübde ablegen. Aber wie häufig denken wir darüber nach, daß unser bereitwilliges Eingehen der heilenden Beziehung einem Gelübde in nichts nachsteht? Das Prinzip des Gelübdes ist wesentlich, wenn wir unserem Leben Absicht und Richtung geben wollen. Das Gelübde ist eine Ausdrucksform für die Seinsweise, die wir Achtsamkeit nennen.

Wenn wir JA zum Dienen sagen, dann sagen wir eigentlich: Das ist mein Weg – ein Weg, das im täglichen Leben zu verwirklichen, indem wir uns um die Welt so kümmern, wie wir uns um uns selbst kümmern würden. Wir erkennen Handlungen an und bekräftigen solche Handlungsweisen, die die Erkenntnis zum Ausdruck bringen, daß sich um sich selbst zu kümmern bedeutet, sich um andere zu kümmern, und sich um andere zu kümmern bedeutet, sich um sich selbst zu kümmern. Auf eine solche Weise zu leben, erfordert Richtung, Engagement und ein erweitertes Gefühl für das Sein, welches über das Selbst als sauber abgepackte, eng definierte Wesenheit, die wir Ich nennen, hinausgeht. Vielleicht klingt das verrückt. Vielleicht sind wir weder verrückt noch zärtlich genug, um den Versuch zu unternehmen, auf diese Weise zu leben. Das zu tun, wird dazu führen, daß wir aufbrechen. Und dennoch ist es gleichzeitig so, daß wir nicht besonders viel Hilfe geben können, wenn wir noch nicht aufgebrochen sind.

Mit der Tatsache, daß diese beiden Dinge nicht voneinander zu trennen sind, werden wir ständig konfrontiert. Ständig sind wir aufgefordert, uns in die

Realität hinter dem Denken und Objektifizieren als absoluter Quelle für Informationen und persönliche Identität zu begeben. Wenn wir etwas gesagt haben, von dem wir uns wünschten, wir hätten es nicht gesagt, weil wir jemanden damit verletzt haben, nagt das dann nicht ebenfalls an uns? Unsere Worte verletzen nie einseitig. In ähnlicher Weise haben unsere mangelnde Aufrichtigkeit und auf der anderen Seite unsere Bereitschaft, die Wahrheit zu sagen, natürliche Auswirkungen, die uns über die scheinbare Trennung unserer gegenwärtigen Position in Zeit und Raum hinaus verbinden.

Das Ablegen eines Gelübdes hat nichts Romantisches an sich. Es zeigt lediglich an, daß wir uns in das Territorium von Fürsorge und Aufmerksamkeit hineinbegeben. Es erreicht nie einen Höhepunkt und ist immer wieder ein Neuanfang. Es ist harte Arbeit, die immer ein JA und ein NEIN als voneinander untrennbare Pole einbezieht. Ein JA zu unserer Bereitschaft, mit unserem engen und begrenzten Verständnis von dem, was es bedeutet, sich zu kümmern, zu arbeiten und absichtlich darüber hinauszugehen. Ein NEIN in unserem entschiedenen Eintreten dafür, unser Leben jenseits der Begrenzungen des konditionierten Denkens und der verschiedenen Ausprägungen der durch die Gesellschaft gefilterten und von der jeweiligen Kultur konstruierten Realität zu führen. Auch wenn das Ablegen von Gelübden häufig mit viel Pomp und öffentlichen Ankündigungen verbunden ist, so spricht doch die stille, bestimmte Entscheidung, das ruhige sich Entfalten eines Lebens aus dieser Entscheidung heraus für sich selbst. Ohne Gelübde ist keine Richtung vorhanden. So einfach ist das. Die rauscherzeugende Schwungkraft des Lebens und des Geistes fegen uns weg, bevor wir es mitbekommen.

Wir alle brauchen Ballast, etwas, auf das wir zählen können, auf das wir zurückgreifen können, wenn wir Unterstützung brauchen; etwas, das uns auf eine ähnliche Weise im Gleichgewicht hält, so wie der Kiel eines Segelschiffes für Stabilisierung sorgt. Wir brauchen etwas, das uns im Wasser hält, so daß wir durch unwägbare Gewässer hindurchsegeln können. Praxis *ist* Ballast – eine stabilisierende Präsenz, die sich unterhalb der Wasserlinie befindet. Aber es ist nicht ausreichend, nur deshalb JA zu sagen, weil es eine gute Idee zu sein scheint. Wir müssen das JA leben. Darin besteht unsere Arbeit, und sie ist nicht leicht. Die Meditationspraxis selbst ist der Ausdruck eines Gelübdes und ein Mittel, um diese Intention im täglichen Leben zu pflegen und zum Tragen kommen zu lassen. In jedem Moment, in dem wir loslassen, jedesmal, wenn wir über den trennenden, zersplitternden Lärm des uns in Besitz nehmenden Gedankens als letzter Wahrheit unserer Existenz hinausgehen, bringen wir unser Gelübde zum Ausdruck. In der kompliziert gewobenen Sprache der Sufis heißt es, daß jeder von uns bereitwillig in der Vorewigkeit – vor der Zeit – ein Gelübde dahingehend abgelegt hat, in der Welt der Vielfalt und der Form die

Einheit und Untrennbarkeit des Lebens zu manifestieren und auszudrücken. Im Bereich des Heilens hat der Sufimeister Hazrat Inayat Khan diese Art des Seins als *Erwachen der Mutterqualität im Herzen des Heilers* bezeichnet. Damit meinte er, daß unsere Fürsorge in der Welt derjenigen einer Mutter entspricht, die sich um das Wohlergehen ihres Kindes kümmert; sie kümmert sich, ohne daß sie dafür eine Entschädigung braucht. Sie erwartet als Gegenleistung nichts anderes, als daß das Leiden des Kindes gelindert werden möge.

Das bedeutet, daß wir versuchen, alles – all unsere Begegnungen mit Menschen, Situationen, Vorfälle – als nichts anderes als unser eigenes Leben anzusehen. Auf diese Weise bedeutet das sich Kümmern um unser eigenes Leben, daß wir uns um die Welt kümmern. Das ist das grundlegende Element der Praxis, das Übung erfordert. Es erfordert, daß wir in jedem Moment zum Atem zurückkehren und zu unserer Bereitschaft, uns für diesen Moment, für diese Person, dieses Unbehagen und diese Unsicherheit zu öffnen. Es erfordert, daß wir bereit sind, uns in die ausgedehnte Wildnis hineinzubegeben, die diese Wegmarkierungen enthält. All das sind lebendige Ausdrucksformen unseres Gelübdes.

Es ist unmöglich, dem gerecht zu werden.

Ich versage ständig darin und werde ständig mit dieser Wahrheit konfrontiert. Was für eine Gnade! Wenn es nicht so wäre, dann wäre ich entweder ein Fanatiker oder ein Künstler, der in einem Ausmaß betrügt, wie ich es mir in meinen kühnsten Phantasien nicht ausmalen könnte. Demut zu empfinden, ist ein Akt der Versöhnung, ein Weg der Ehrlichkeit und der Anerkennung, der nicht mit dunkler Scham behaftet ist, sondern mit Erkenntnis und Selbstvergebung. Anstatt, daß uns diese Momente, die in dem Umarmen gehalten werden, das Bedürfnis fühlen lassen, weiterhin den Kopf in den Sand zu stecken und besiegt zu bleiben, erlauben es uns unser Gelübde und unsere Demut, wieder von vorne zu beginnen. Weiterzumachen, einfach die Nische in der Welt bearbeiten, wo das, was unsere Aufgabe ist, sich entfalten kann, wo es gestärkt und durch Übung erhalten werden kann. Das geschieht durch eine Methode, die darauf ausgerichtet ist, mit dem Unmöglichen zu arbeiten, mit Leichtigkeit, ohne Drama und ohne die Verbissenheit, die entsteht, wenn man sich über Gebühr belastet fühlt.

Das ist lebensspendend. Ich glaube, daß ein großer Teil von dem, was wir das Burnout-Syndrom nennen, mit unserer Absicht zu helfen und unserem Wunsch nach spezifischen, vorhersagbaren, kontrollierten Ergebnissen zusammenhängt. Das ist ein Ding der Unmöglichkeit und es schafft mit Sicherheit Suchttendenzen oder Depressionen. Es gibt keinen Weg, auf dem wir etwas wissen könnten oder die Dinge auf eine vollkommen vorherbestimmte Weise geschehen machen könnten. Das Leben ist zu mitfühlend, zu wild und zu frei dafür. Unsere Arbeit besteht darin, zu *sein* und aus dieser Stille heraus zu handeln. Eine innere Einstellung, eine innere Haltung zu entwickeln, die es uns erlaubt, unsere Arbeit über längere Zeit in der Welt aufrechtzuerhalten.

Nach dem Ende des Kurses hatte ich Lucille ein Jahr lang nicht gesehen und auch nichts von ihr gehört. Dann rief sie an und teilte mir mit, daß sie dabei sei, den Beruf, den sie schon lange Zeit ausgeübt hatte, aufgrund der Krankheit, die der Anlaß für ihren Klinikaufenthalt war und die sie möglicherweise arbeitsunfähig machen würde, aufzugeben. Sie bat mich als Ergänzung zu ihrem Krankenblatt einen Brief zu schreiben, in dem ich darauf hinweisen sollte, daß trotz ihrer Versuche, ihren Zustand zu ändern, er während des gesamten Programms fortbestanden hätte. Wir sprachen über ihre Situation, und ich fühlte mich schlecht damit, daß sie gezwungen war, die Arbeit aufzugeben, die sie so sehr liebte. Sie war jedoch heiter. Ihr Ballast war offensichtlich. Es gab keine falschen Hoffnungen, keine Entschuldigungen, keine Rechtfertigung und keine Notwendigkeit, ihre Lage zu erklären. Nach außen hin war kein Bedauern sichtbar. Sie sagte, daß es in der Tat ein Verlust sei und daß sie Monate gebraucht hätte, um an diesen Punkt zu gelangen und sich die Wahrheit einzugestehen, nämlich wie sehr ihr Zustand ihre Fähigkeit beeinträchtigte, so zu arbeiten, wie sie es sich wünschte und wußte, daß sie es vermochte.

Sie sagte, daß sie für einige Zeit wohlverdienten Urlaub machen würde und daß sie plane, einen Studienkurs zu belegen, der sie in die Lage versetzen würde, eine Reihe von beruflichen Möglichkeiten zu erforschen, um von da aus langsam weiterzumachen. Sie erzählte, daß das, was sie während des Kurses in der Klinik gelernt habe, sowie ihre weiterbestehende Verpflichtung zu praktizieren, ihr in dieser schwierigen Zeit Kraft gegeben habe. Ich bemerkte bei mir ein vages Gefühl von Enttäuschung und den Wunsch, daß es doch anders sein möge – daß ich es vermocht hätte, eine größere Veränderung herbeizuführen, und ihr erzwungener Berufswechsel dann nicht geschehen wäre. Sie muß das gespürt haben, weil sie recht entschieden sagte: Saki, es ist wirklich in Ordnung. Ich lebe mein Leben; ich habe das Gefühl, daß es sinnvoll ist, und ich verwende das, was ich während des Kurses gelernt habe. Ja, eigentlich ist es sogar so, daß ich jetzt mit der Situation auf diese Weise umgehen kann, *weil* ich im letzten Jahr solche Dinge gelernt habe.

Keine Scham. Keine Verstellung. Lucille hat mir das zurückgegeben, von dem sie sagte, daß ich es ihr gegeben hätte. Ich fühlte mich durch ihren Mut beschämt. Unerwartet gab mir ihr Gelübde die Kraft, zu meinem eigenen Gelübde zurückzukehren.

Komm, komm, wo immer du gerade bist!
Wanderer, Andächtiger, Liebhaber des Abschieds.
Es spielt keine Rolle.

Unsere Karawane
ist kein Ort der Verzweiflung.

Komm,
komm, selbst wenn du
deine Gelübde
schon tausendmal gebrochen hast.

Komm,
komm trotzdem wieder,
Komm!

INSCHRIFT AUF DEM
GRAB VON JELALUDDIN RUMI

Hingabe

Es gibt noch eine andere Art von Hilflosigkeit, deren Ursprung weder Angst noch Passivität ist. Diese Hilflosigkeit ist heftig und intensiv. Sie ist voller Sehnsucht; einer Sehnsucht, die aus der Erkenntnis geboren wird, daß es überhaupt nichts gibt, was wir tun können, um die Realität einer Situation zu verändern. Diese Art von Hilflosigkeit erfordert, daß man sich der Situation überläßt, daß man sich in die ungeheuren Tiefen von Traurigkeit, Mysterium und der anscheinend unerträglichen Wahrheit hineinbegibt. Wenn ich mit jemandem zusammen bin, der sich in einer solchen Situation befindet, dann erlebe ich das häufig wie eine lange, wortlose Umarmung. Manchmal wirken meine Furcht und mein Unbehagen als Barriere, und wir sind voneinander getrennt. Wenn ich in der Lage bin, über die Angst hinauszugehen, dann wird das zu einer Umarmung, die nicht sagt: „Ich verstehe", sondern eher so etwas wie „Mein Herz tut weh angesichts dieser Situation. Ich verstehe nicht, wie oder warum das geschehen ist, und auch wenn die Bedingungen anders sind, weiß ich, daß das irgendwo jenseits der Dinge, die uns voneinander unterscheiden, auch meine Situation ist."

In solchen Momenten entfaltet sich die Sehnsucht zu helfen wie eine Flagge im Wind. Es ist die Intensität dieser Sehnsucht – die Hingabe an unseren angeborenen Impuls zu helfen –, die die Hilfe bewirkt, und nicht wir. Diese Sehnsucht zu suchen oder eigentlich eher, von ihr aufgesucht zu werden und sie zu umarmen, erfordert unsere Hingabe. Das ist anspruchsvoll und unnachgiebig. Es erfordert Disziplin. Es erfordert einen starken Körper, eine klaffende Brust und eine neugierige Bereitschaft, nicht zu wissen. *Diese Hilflosigkeit ist hilfreich.* Sie ist erneuernd und voller Gnade und sie bewirkt tiefe Ruhe. Das Tun liegt im Sein. Die Arbeit wird durch uns, aber nicht von uns getan. Es erfordert enorme Fähigkeiten, uns selbst nicht im Weg zu stehen und einfach miteinander zu sein. Als Diener der Heilkünste ist genau das unsere *Aufgabe.* Es ist eine lebenslange Reise.

Wer ist es, der helfen möchte? Was in uns möchte dienen, möchte sich nützlich machen? Ich bin sicher, ja, ich habe nicht den geringsten Zweifel, daß ich diesen Weg nicht *gewählt* habe. Dieser Weg hat mich gewählt. Klingt das seltsam für Sie? Empfinden Sie eine unangenehme oder widerhallende Vertrautheit, wenn Sie das lesen? Das bedeutet nicht, daß es leichter wäre. Aber im Laufe der Jahre habe ich begonnen, bei dieser Aktivität etwas weniger von mir zu erfahren – weniger Arroganz, weniger Scham, weniger Romantik mehr Wohlbehagen, Ehrfurcht und Leben.

Der Impuls zu helfen, ist älter als die Menschheit selbst. Ich nehme an, daß es früher leichter war, etwas darüber zu lernen, weil es viel eher ein Teil des Alltagslebens war. Das Leben in Stämmen, in Großfamilien, mit Menschen in allen Phasen des Lebenszyklus, die Fürsorge für verletzte, alte und sterbende Menschen waren ausreichendes Lehrmaterial. Die Sorge für die Großmutter oder den Großonkel war einfach ein Bestandteil des Lebens. Vielleicht haben auf diese Weise Menschen entdeckt, wo ihr Platz im Kreis der Fürsorge war – wo und wie sie dienen konnten, und wo ihre Fähigkeit, etwas zu *tun*, endete, nämlich dort, wo das Dienen und sich um einen anderen Menschen kümmern, in Tod und Übergang endete. Ist es möglich, diese Wahrheit zu umarmen? Der denkende Geist wehrt sich gegen einen solchen Unsinn. Wir alle sind dazu trainiert worden zu helfen. Ich leugne die Bedeutung dessen nicht. Sie ist ein Teil des Zyklus. Dennoch verzerrt dieses Training auf nahezu unvermeidliche Weise unsere Wahrnehmung, es verengt unsere Sichtweise und treibt uns in das Tun hinein. Dieses Tun ist häufig notwendig, aber immer unvollständig. Tun muß durch *Nicht-Tun* in Balance gebracht werden, damit, daß wir uns mit dem einrichten, was ist, und damit, daß wir begreifen, daß wir letztendlich nicht die Kontrolle darüber haben. Das Leben ist zerbrechlich. Es gibt keine Garantie. Wir sind aufgefordert, unser Bestes zu geben und dann im Mysterium des Lebens zu ruhen. Das zu wissen, muß nicht zu Zynismus und Handlungsunfähigkeit führen, sondern dieses Wissen kann letztendlich Freude hervorrufen, weil es befreiend ist. Darin liegt eine große Schlichtheit.

Wir zahlen einen Preis für den Verlust an Kontrolle, für diese Befreiung vom Kämpfen. Der Kontrollverlust ist ein großer Schlag für das Ego, für das Gefühl des Selbst, das sich als kraftvoll, in Kontrolle und getrennt von den anderen erlebt hat. Er untergräbt unser Gefühl von verbissener Individualität, unsere Arroganz hinsichtlich dessen, wer wir sind, und was wir wissen bzw. können. Dennoch taucht, indem wir uns dafür öffnen, die Möglichkeit für tiefe menschliche Verbundenheit auf. Zunächst ist es schwer, das hinzunehmen; später ist es eine willkommene Erleichterung. Es ist wie an einem Nachmittag im Sommer im Gras zu liegen und es der Erde zu erlauben, einen zu halten.

Auf der ganzen Welt
Gibt es nichts Weicheres und Schwächeres als das Wasser.
Und doch, in der Art, wie es dem Harten zusetzt,
kommt nichts ihm gleich.

Das Schwache besiegt das Starke,
das Weiche besiegt das Harte.
Jeder weiß, daß dies wahr ist,
doch wenige vermögen danach zu handeln.

Aus diesem Grund bleibt der Meister
klar und ruhig inmitten der Trauer.
Das Böse kann sein Herz nicht einnehmen.
Weil er es aufgegeben hat, zu helfen,
ist er die größte Hilfe der Menschen.

Wahre Worte erscheinen widersprüchlich.

LAOTSE
Tao te king, KAPITEL 78

Im offenen Raum stehen

Meine Kollegen und ich sagen häufig: Das Lehren entsteht aus der Praxis heraus. Aber was meinen wir eigentlich mit dieser Aussage? Die Frage verlangt eine aufrichtige Untersuchung, deren Ausgang offen ist. Ich möchte sie mit Ihnen zusammen durchführen. Zu diesem Zweck würde ich Ihnen gerne eine Methode vorstellen. Zunächst werde ich aus meiner subjektiven Sicht den inneren Verlauf einer Sitzung aus meiner Sitzpraxis der letzten Zeit mit Ihnen teilen. (Sie ist *kein* Modell für das, was bei der Meditation passieren oder nicht passieren soll.) Dann werde ich über eine Begegnung berichten, die ich mit einer Patientin aus meinem Kurs hatte. Und schließlich werde ich versuchen, diese Erfahrungen zu einem kohärenten Ganzen zusammenzubringen. Ich habe vier Bewegungen wahrgenommen:

1

Der Körper richtet sich ein. Bin mir der Steifheit im rechten Knie bewußt, die sich langsam in das vertraute Wohlgefühl und die vertraute Stabilität auflöst. Gedanken schwimmen wie ein dichter Schwarm Fische stromabwärts in mein Bewußtsein hinein. Der Geist ist verschwommen. Es gibt einige Stellen, an denen das Wasser aufgewühlt ist – Wirbel im Strom, schäumendes Wasser und kleine Stromschnellen. Der Geist durchleuchtet sie. Es erscheinen Gedanken als gehäufte, zusammengebündelte, sich schnell bewegende, kaum voneinander zu unterscheidende Objekte. Es ist kein offensichtlicher Reim oder Rhythmus vorhanden, wie weißes Rauschen sind sie weder besonders interessant noch besonders störend. Das geht eine Weile so weiter, bis sich allmählich Stille einstellt.

2

Das Sehen bewegt sich ganz tief in den Brustkorb hinein. Wie ein riesiges Auge hat sich die Brust weit geöffnet. Das kenne ich als das Herz. Dieses Sehen ist immens. Der Fischschwarm driftet auseinander. Zwischen den Objekten ist mehr Wasser, mehr offenes Meer vorhanden. Die Gedanken lassen sich klarer voneinander abgrenzen. Die Bewegung verlangsamt sich. Das Sehen wird klarer. Die Bewegungen erscheinen sowohl geordnet als auch willkürlich. Die Willkür äußert sich eher in der Art und der Menge an Wellen, die im Geist auftauchen. Die Ordnung zeigt sich eher in dem Prozeß selbst anhand der Art, wie diese Wellen im Strom auftauchen. Alles wird langsamer. Das Auge des Herzens nimmt all das in sich auf ohne auszuwählen. Es ist viel Raum da. Die Emotionen sind wechselhaft und stark – sie ähneln großen, langsamen Wellen und langsameren, stärkeren Gezeiten.

3

Die Weite in der Brust breitet sich aus. Es ist mehr offener Raum da. Besorgnis taucht auf. Ich habe das in letzter Zeit nicht so wahrgenommen wie heute. Die Grenzen im Brustkorb – so weit sie auch sind – lösen sich auf. Die Empfindung, im Herzen zu sitzen, verblaßt, und statt eines örtlich begrenzten, altvertrauten Terrains entsteht ein eher panoramaartiger Bereich ohne Grenzen. Angesichts dieser Grenzenlosigkeit zögert der Geist. Das ist die Quelle der Besorgnis, das unausgesprochene Gefühl: Was wird aus *mir* werden? Während ich diese Besorgnis und das Einströmen der sie begleitenden Gedanken beobachte und fühle, bemerke ich eine unwillkürliche Bewegung der Hand, einen plötzlichen Wunsch, mein Bein zu bewegen. Der Geist blinzelt, flackert, zögert, zieht sich zusammen – er will nicht länger hier sein. Angst kündigt sich an. Es ist genug Stetigkeit vorhanden, daß ich mich daran erinnern kann, mit diesen Gefühlen zu sein und mit ihnen in Kontakt, ja in tiefen Kontakt zu treten. Als ich mich diesen Wellen des Geistes zuwende, wird die Besorgnis stärker. Sie äußert sich in einer Reihe von unangenehmen Empfindungen: Gedanken, Gefühlen, Verkrampfungen der Muskeln im Darm. Diese Angst ist die Angst davor, sich zu verlieren. Durch beständiges Hinschauen – diese Festigkeit berühren und durchdringen – zerstreut sich die Wucht der Empfindungen. Die Angst löst sich langsam auf und es entsteht ein Fließen.

4

Ein Hund, der auf der hinteren Treppe bellt, das Geräusch von Füßen, die über den Flur über uns gehen, die Toilettenspülung – all das ist jetzt innen. Eigentlich gibt es kein Innen und kein Außen mehr. Die Besorgnis als Gefühlszustand ist präsent, aber nicht länger vorherrschend. Vorübergehende, momentane Gedankenwellen, unter anderem in Form von Angst, tauchen auf. Gedanken wie „Okay … Es reicht!“ ziehen heute ohne weitere Umschweife vorüber. Das ist nicht immer so. Es ist offener Raum da; er ist kühl und klar wie Mondlicht auf einem gefrorenen See.

Cindy rief mich etwa eine Stunde vor dem Unterricht an, um mir mitzuteilen, daß sie nicht kommen würde. Sie habe zu starke Rückenschmerzen, die Fahrt sei zu lang, die Nacht zu dunkel und zu regnerisch. Heute beginnen wir den Unterricht mit einer Dreiviertelstunde Sitzen. Als ich meine Augen öffnete und mich im Raum umschaute, sah ich sie in einer Ecke sitzen. Ich war überrascht und froh, sie zu sehen.

Heute ist Trauer in diesen Raum eingedrungen. Wir haben die Hälfte des Kurses hinter uns, und diese Stimmung ist für diesen Zeitpunkt nichts Ungewöhnliches. Sie entsteht im Bereich des Sehens und man begibt sich nur selten aus eigenem Willen hinein. Oft wird sie durch intensive Praxis beschleunigt. Die Teilnehmer sprechen direkt und ohne Maske. Gefühle von Wut, Isolation, Abkapselung, Depression, Angst und körperlichen Schmerzen kommen an die Oberfläche. Zusammen begeben wir uns tief in diesen Aufruhr, diesen uns verbindenden Moment des Lebens hinein. Es ist eine große Bereitschaft vorhanden, die mich immer wieder in Erstaunen versetzt. Ich weiß, daß sie sich ganz natürlich aus anhaltender Aufmerksamkeit ergibt. Jemand im Kurs hat dieses Gefühl als „zum ersten Mal ans Leben angeschlossen sein" beschrieben. Manchmal ist es sehr direkt und heiß, wie eine starke elektrische Strömung, wie der Sog, den eine Motte verspürt, in die Flamme einer Kerze hineinzufliegen.

Die Teilnehmer fangen an, ihre wahren Gefühle herauszulassen und das Leben, so wie sie es erfahren, nicht länger zurückzuweisen. Der Raum hallt wider – jede Geschichte, die erzählt wird, läßt eine ähnliche Erfahrung in jemand anderem anklingen. Cindy beginnt zu schluchzen und zu sprechen: „Mein Leben ist so elend. Morgens komme ich nicht aus dem Bett." Wir schauen uns aus gegenüberliegenden Ecken des Raumes an. Es senkt sich Stille herab. Sie ist vertraut wie die Stille vor einem Sturm, wie die Stille, die den Moment der Geburt und des Todes begleitet – leer, offen, bedeutungsschwanger. Nach einiger Zeit frage ich sie: Würde es Ihnen etwas ausmachen, wenn ich mich neben Sie setze?

Nein.

Ich sage den Kursteilnehmern, daß ich etwas Zeit mit Cindy verbringen werde. Dann gehe ich quer durch den Raum, wo sie sitzt und eine aufgerollte grüne Yogamatte auf ihrem Schoß hält, die in der Mitte mit einer großen grünen Schleife zusammengebunden ist. Ich setze mich neben sie, aber nicht zu nahe. Ich habe keine genaue Vorstellung davon, was ich tun oder sagen werde. Diesen Platz kenne ich gut. Er erfordert Offenheit, die Bereitschaft zu reflektieren und alles genau so sein zu lassen, wie es ist. Das ist harte Arbeit. Ich bin aufgefordert, Cindy zuzuhören und ihre Erfahrung zu würdigen, während ich dasselbe für mich selbst tue. Ich bemerke, wie in meinem Geist etwas aufflakkert schnelle, vorübergehende Kontraktionen, die von Gedanken begleitet sind … Was ist jetzt zu tun? … Was soll ich sagen? Es sind kleine Wellen von Unsicherheit da, die sich so anfühlen, als ob ich in eine tiefe Spalte hineinsehen würde, die gerade unter der Türöffnung hindurch in den Raum gewandert ist. Heute abend lasse ich mich durch solche Reaktionen nicht aus dem Gleichgewicht bringen. Manchmal passiert mir das. Statt dessen bleibe ich geduldig und aufmerksam.

Wir stehen beide im offenen Raum. Es gibt keine Haltegriffe. Jedesmal, wenn sich die Unterhaltung in Stille auflöst, findet einer von uns einen Halt einen Platz, an dem wir einen Moment lang stehen und einen Schritt näher dorthin gehen können, wo sich die Geschichte entfaltet. Fünfzig Augen schauen in unsere Richtung. Ich bleibe bei Cindy und erkenne von Zeit zu Zeit die anderen an.

„Sie sagen, daß Sie Angst haben."

„Ja, ich habe Angst vor dem, was ich sehe, und wie ich mich fühle."

Sie weint leise vor sich hin. Ich gehe auf sie zu und frage ohne Worte, ob ich ihre Hand halten darf. Sie streckt sie mir bereitwillig hin. „Sie sagen, daß Sie sich elend fühlen. Können Sie ein bißchen darüber sagen, was ‚elend' bedeutet?"

„Mir gefällt die Beziehung nicht, in der ich gerade stecke. ... Ich mache mir Sorgen um meine Kinder. ... Ich wünschte, ich hätte alles besser unter Kontrolle. Mein Körper tut weh."

Es entsteht ein langer, offener Raum.

„Ich bin überrascht, Sie nach unserer Unterhaltung hier zu sehen."

„Es ist besser, als im Haus zu bleiben. Das Haus ist so verdammt deprimierend."

„Machen Sie irgendeine Therapie?"

„Ich habe gerade damit angefangen. Ich wußte, daß ich etwas tun mußte ... Ich versuche auch zu praktizieren. Manchmal geht es nicht ... manchmal hilft es mir."

Wir sprechen über ihre Praxis. Ich möchte mehr darüber wissen, was genau sie „hilfreich" findet und bitte sie, noch näher darauf einzugehen, weil ich ihren Erfahrungen nicht meine Annahmen überstülpen möchte. Während sie erzählt, hört sie auf zu weinen. Sie sagt, daß sie viel sensibler dafür geworden ist, wie überaus unglücklich sie ist, seit sie ihr Leben so viel klarer sieht. Sie sagt jedoch auch, daß sie Trost in der Meditation findet. Sie sagt, sie gebe ihr eine Methode an die Hand, um sich inmitten einer äußerst schmerzhaften und schwierigen Situation um sich selbst zu kümmern. Sie mag es, sich auf die Atmung zu konzentrieren, und wir sprechen über ihre Praxis im Zusammenhang mit ihrer Situation.

Wir haben uns jetzt zusammen über die Geschichte, über das Drama ihrer schwierigen Lage hinausbewegt. Wir stehen zusammen *hinter* dem tosenden

Wasserfall, hinter den kraftvollen Winden, die wir die Geschichte nennen. Wir haben noch kein einziges Problem gelöst, aber dennoch hat sich Cindys Standpunkt gegenüber ihrer Geschichte verlagert. Sie ist erstaunt. Ihre Brust erscheint nicht mehr so eingesunken; sie hält sich jetzt aufrecht. In diesem Moment sind keine Lösungen in Sicht. Dennoch lächelt sie mit dem völlig unbefangenen Lächeln der Dorothy, die im *Zauberer von Oz* gerade hinter dem Vorhang hervorgelugt hat. Es ist etwas – zumindest einen Moment lang – entlarvt und so gesehen worden, wie es ist, anstatt so, wie wir es uns vielleicht vorgestellt haben. Unsere Unterhaltung ist vorläufig beendet.

Es war Achtsamkeit, die es Cindy und mir erlaubt hat, uns *in* den Schmerz und das Unbehagen des Geistes hineinzubegeben. Das ist nicht besonders entspannend, aber häufig lernen wir etwas daraus und fühlen uns im Nachhinein befreit. Eine solche Bewegung hat sich sowohl beim formellen Sitzen vollzogen, das ich am Anfang dieses Kapitels beschrieben habe, als auch bei unserer Begegnung im Seminar. In beiden Fällen war es das Sehen an sich, das mit der Situation sein, welches eine transformatorische Wirkung hatte, und nicht das Tun.

Im Angesicht von Depression und Hoffnungslosigkeit hat Cindy ihren Schmerz berührt und dadurch hat sie gleichzeitig ihre Stabilität und Stärke berührt. Das ist nicht dadurch geschehen, daß ich ihn für sie benannt oder ihr gesagt hätte, daß sie tatsächlich stark ist, sondern dadurch, daß sie selbst mit den Gefühlen von Verzweiflung und Trauer in Kontakt gekommen ist und sich auf sie eingelassen hat. In jenem Moment im Seminar hat Cindy in ihren Schmerz ein offenes, nicht urteilendes Bewußtsein hineingebracht. Das hat es ihr erlaubt, dieses Gefühl in besonderer Weise zu halten. In jenem Moment war sie in der Lage, ihre Erfahrung zu sehen und zu *berühren*, anstatt die Welt *durch* diese Geisteszustände *hindurch* zu *sehen*. Vielleicht war das ihr erster Vorstoß in dieses Gebiet.

Genau der gleiche Prozeß hat sich für mich vollzogen. Ich beschreibe die Praxis häufig als ein lebendiges Labor. Wenn man sie auf diese Weise sieht, dann entwickelt sich aus dem, was in der formellen Praxis auftaucht und der Art, wie wir uns darauf beziehen, ein Selbstverständnis, das uns Informationen darüber geben kann, wie wir in Beziehung zu denselben Geisteszuständen stehen, wenn sie im Alltagsleben auftreten. Aus dieser Sicht sind das Sitzen mit mir selbst und das Sitzen mit Cindy identisch. Ihre Bereitschaft, unsere Bereitschaft, in Wahrheit miteinander ein Wagnis einzugehen, hat etwas von ihrer Angst und ihren Reaktionen aufgelöst. Nicht deshalb, weil ich etwas aufgelöst hätte, sondern weil uns die Bewegung dort hinein, die wir lange genug aufrechterhalten haben, es uns erlaubt hat, zu der Weite zu gelangen, die sich hinter den Gedanken und Emotionen befindet. Die Emotionen gehen nicht weg. Man bekommt jedoch einen direkten Geschmack von dieser Weite. Als Folge davon hat sich unsere tief verwurzelte Gewohnheit zu reagieren, verringert bzw. aufgelöst.

Wenn wir das für uns selbst oder miteinander tun, dann werden alle Vorstellungen davon, wer wir glauben zu sein, durcheinandergebracht. Wenn wir unsere Ängste und wahrgenommenen Begrenzungen in der Tiefe und mit Achtsamkeit berühren, und sei es auch nur einen Moment lang, dann treten wir hinter ihre scheinbare Festigkeit – wie Sonnenlicht, das durch die Wolken hindurchbricht, leuchtet unser essentielles Wesen hervor. Das ist keine Magie, aber es grenzt an ein Wunder.

Der Ganztagesretreat

Es ist Sonntag. Es schneit. Der herumwirbelnde weiße Schnee, der vor meinen Augen tanzt, fegt mich weg und ernüchtert mich gleichzeitig, während einhundertundzwanzig von uns schweigend sitzen und in den grauen Hof aus Granit blicken, der dieses verlockende, klangvolle Schauspiel preisgibt. Es ist 14.20 Uhr und heute, in der sechsten Woche des Kurses an der Stress-Reduction-Clinic, halten wir unseren Ganztagesretreat ab. Wir sind seit dem frühen Morgen zusammen gewesen, haben gesessen, sind gegangen, haben gestanden, gegessen und uns in dem kollektiven Schweigen bewegt, das sich in dem Konferenzraum der Fakultät, der sich neben dem Büro des Kanzlers im ersten Stock der Medizinischen Fakultät der Universität von Massachusetts befindet, gesammelt hat.

Aus der Luft kommend sinkt der Schnee Flocke für Flocke hinunter. Er hüpft, gleitet, wirbelt und gibt dem Wind und der Wand nach. Jede Flocke strebt auf den Boden zu und folgt irgendeinem verborgenen Mysterium, einem unsichtbaren Weg, um dann zeitweilig zur Ruhe zu kommen und sich mit den übrigen Flocken zu verbinden. Schneeflocke für Schneeflocke. Miteinander verbunden. Allmählich bilden sich Dünen und Strömungen, deren sich anhäufendes Weiß die Steinmetzarbeiten zudeckt, die auf dem Boden des Hofes Jahrzehnte zuvor von Menschenhand geschaffen wurden. Heute hat sich jeder von uns wie diese Schneeflocken durch die sich verändernden Strömungen des Tages bewegen lassen, und wie bei diesem Schnee ist unsere Individualität zur Ruhe gekommen – sie ist nicht verringert worden, sondern hat sich in der größeren Gemeinschaft sowohl aufgelöst als auch ausgeweitet.

Wenn Sie jetzt in diesen Raum hineingingen, würden Sie zunächst einmal über die schiere Anzahl von Menschen, die hier versammelt sind, und das ganze Drum und Dran erstaunt sein. Wenn Sie dann noch eine Weile blieben, würde das Gefühl der individuellen Körper in den Hintergrund treten und einem unendlich weiten Gefühl für das Einssein weichen. Sehen Sie, wir sind gemeinsam damit beschäftigt, tief in unser Leben hineinzuschauen. Das ist ein lebhaftes Gemeinschaftsgeschehen, das in der gemeinsamen Intention verwurzelt ist, zu erwachen! Heute ziehen sich Ärzte und Patienten ähnlich an, sie sitzen oder liegen in ähnlicher Weise und sie praktizieren dieselben Methoden in ähnlicher Weise. Damit wollen wir nicht unsere jeweiligen Rollen verleugnen, jede unserer einzigartigen Verkörperungen des Menschseins verdecken oder automatenähnliche Karikaturen schaffen. Diese Ähnlichkeit ist ein Ausdruck unseres gemeinsamen Engagements, eine Verkörperung und ein Anerkennen des grundlegenden Wesens der Beziehung, die wir zueinander haben. All das spielt sich in einem Krankenhaus ab, in einem Krankenhaus, das Teil eines größeren akademischen Klinikkomplexes ist. Ein Klinikkomplex, der Teil eines staatlichen Bildungssystems ist, welches seinerseits Teil eines Bezirkes ist, der eine der höchsten Versorgungsraten mit professioneller Pflege im ganzen Land hat, und das wiederum Teil eines nationalen Gesundheitswesens ist, das im Wandel begriffen ist. Das ist Medizin, die sich auf dem Weg ins 21. Jahrhundert befindet.

Meine Kollegen Melissa Blacker, Fernando de Torrijos und ich sind um sieben Uhr morgens da, um einhundertundzwanzig Stühle im Raum aufzustellen, Matten in Wägen und Kissen in klappernden Postkörben von einem Gebäude zum anderen zu tragen, die Stereoanlage aufzubauen und die Wanduhr mit einem Schild zu überdecken, auf dem JETZT steht. Wir sind ziemlich laut und haben viel Spaß dabei, den Raum für unsere Gäste, die Kursteilnehmer, vorzubereiten.

Um 8.15 Uhr treffen die ersten Teilnehmer ein; sie sind mit Decken, Kissen, Lunchpaketen und Kühltaschen bepackt. Einige bringen auf unseren Vorschlag hin auch Gartenstühle mit, um Rücken-, Bein- und Nackenschmerzen zu lindern. Andere rollen ihre Matten aus, ziehen sich die Schuhe aus, setzen oder legen sich auf den Boden und richten sich für den Tag ein. Außer den Teilnehmern an unserem jetzigen Lehrzyklus kommt eine Reihe von vertrauten Gesichtern in den Raum. Sie haben den Kurs bereits abgeschlossen. Wir schicken ihnen regelmäßig Briefe, in denen wir den Jahrsplan mit Unterrichtsstunden, Programmen und Wochenendsitzungen ankündigen. Die Ganztagessitzungen sind immer umsonst, und viele Menschen nutzen diese Tage zur Auffrischung.

Für mich ist es wunderbar, Menschen durch die Tür gehen zu sehen, die ich zum ersten Mal vor fünfzehn Jahren gesehen und in meinen Kursen gehabt habe. Sie haben – jeder auf seine eigene Weise – weiter praktiziert und sich entschieden, sich wie gewöhnlich einen Tag freizunehmen, um an dem Retreat teilzunehmen. Die Art, wie sie hereinkommen, ihr Gesichtsausdruck, die Dinge, die sie in der Hand halten, scheinen alle sagen zu wollen: Ich bin schon einmal hier gewesen! Sie sind ein willkommener Anblick und als die dreißig auf die Frage: „Wie viele Kursabsolventen gibt es hier?" die Hand heben, verbreitet sich eine sichtbare Mischung aus Erleichterung und Staunen auf den Gesichtern derjenigen, die zum ersten Mal hier sind. Wenn man davon ausgeht, daß die meisten Menschen in diesem Raum in ihrem ganzen Leben noch keinen Tag in Stille verbracht haben, dann ist die Tatsache, daß sie dreißig Menschen in ihrer Mitte haben, die für eine weitere Runde zurückkehren, sowohl beruhigend als auch irgendwie faszinierend.

Um 8.30 Uhr kehren wir drei in das Büro der Klinik zurück, überprüfen kurz den Tagesplan und sitzen fünfzehn Minuten lang in Stille zusammen. Wir legen unsererseits einen anderen Gang ein und bereiten uns selbst auf dieses komplexe Geschehen, auf die Stille, auf den Retreat-Tag vor. Wir drei sitzen im Keller, ebenso wie die 120 Menschen, die sich einen Stock über uns befinden und für mehrere Stunden ihre letzten Worte sprechen, um dann den Retreat zu beginnen. Wir schaffen nicht einfach nur einen Retreat für andere, sondern machen selbst dabei mit. Dann machen wir die Runde im Raum und begrüßen die Teilnehmer am Klinikprogramm und die Absolventen, die jeder von uns kennt. Um neun Uhr läutet Melissa eine Messingglocke, die uns in die Stille führt. Die Stille umhüllt den Raum, als wir beginnen. Als Kursleiter werden wir abwechselnd sprechen und im Laufe dieses Tages Führung geben. Wir werden jedoch unser Bestes tun, um die Redezeit möglichst kurz zu halten, indem wir das, was wir sagen, möglichst klar und präzise ausdrücken. Dabei vertrauen wir darauf, daß uns die durchdringende Stille, aus der diese Worte aufsteigen, daran erinnern wird, worin unsere Aufgabe besteht und worin nicht.

Sechs Stunden lang praktizieren wir verschiedene Formen der Meditation, inklusive einer längeren Phase von ausdauerndem, sanften Yoga. Wir essen zusammen in Stille und machen eine Reihe von Bewußtheitsübungen, die die Absicht verfolgen, das zu vertiefen, was wir praktiziert haben, und außerdem die Fähigkeit zu kultivieren, auf das, was wir in den letzten sechs Wochen gelernt haben, zurückzugreifen und es zu üben.

Erstaunlicherweise ist es jetzt bereits 15.00 Uhr. Das Glockenläuten kündigt einen weiteren Übergang an. Wir werden aus der Stille heraus und in das Sprechen hineingehen. In der verbleibenden Stille bitten wir die Teilnehmer, sich einer anderen Person zuzuwenden und zu *flüstern* ... der reinen Erfahrung des Tages nahe zu bleiben, einander zuzuhören, zu *flüstern*... Wir lassen sie wissen, daß sie in jedem Moment mit dem Sprechen aufhören können, daß sie immer wieder in die Stille zurückkehren können, wenn sie möchten: um sich zurechtzufinden, um der Wirklichkeit ihres Leben nahezubleiben, während sie sich zwischen Stille und Sprechen, zwischen Sprechen und Stille hin- und herbewegen. Als die Lautstärke im Raum anschwillt, läuten wir die Glocke, um die Teilnehmer daran zu erinnern, beim *Flüstern* zu bleiben... Nach einer Viertelstunde gehen wir alle eine Zeitlang in die Stille zurück und lösen die etwa sechzig Zweiergruppen auf. Wir schaffen einen größeren Kreis, so daß wir alle miteinander sprechen können. Die Unterhaltung ist lebhaft und tiefgehend.

Um 16.00 Uhr sitzen wir alle noch einmal in Stille zusammen. Der Schneefall ist soweit zurückgegangen, daß man nur noch gelegentlich eine Flocke fallen sieht. Die Wolken klären sich, während sich die Farbe des Himmels von Schiefergrau in Rosenrot verwandelt. Streifen von Lachsrosa, Pink und Lila vermischen sich mit der überraschenden Ankunft der Nachmittagssonne, als sich alle zum Aufbruch bereit machen. Bis 17 Uhr haben Postkörbe, Matten, Kissen, die Stereoanlage und das Zeichen auf der Uhr ihren Weg zurück auf die ihnen zugewiesenen Plätze angetreten. Fernando, Melissa und ich kommen für eine kurze Nachbesprechung des Retreats zusammen. Wir gehen den Tag noch einmal durch und geben einander Feedback. Diese Treffen sind immer eine große Herausforderung und Offenbarung. Wir halten nichts von dem zurück, was wir als unsere eigenen oder eines anderen Stärken und Schwächen wahrnehmen. Das Gefühl für die Praxis durchdringt diese Diskussion. Wir versuchen, einander aufrichtig und offen im Geiste von Kameradschaft und Engagement für die Arbeit anzusprechen und kommen zu dem Ergebnis, daß der Tag gut verlaufen ist.

Am Montag werden wir unser reguläres Lehrertreffen haben. In jenen zwei Stunden werden wir zu siebt diese Wochenendsitzungen in größerer Tiefe und größerem Detail besprechen. An diesem Wochenende haben 220 Menschen an den Retreattagen teilgenommen. Einige sind an beiden Tagen gekommen. Die meisten sind zum ersten Mal dagewesen. Andere sind bereits zum achten, neunten oder zehnten Mal hierher gekommen. Als Lehrer sind wir immer noch erstaunt über die Tausende von Menschen, die in den letzten zwanzig Jahren zum ersten Mal durch diese Türen gegangen sind, ebenso wie auch über diejenigen, die über Jahre und Jahrzehnte hinweg zwei- oder dreimal pro Jahr zurückkehren.

Als wir durch die große Drehtür in der Haupteingangshalle gehen, erwarten wir, von den angehäuften Schneemassen begrüßt zu werden. Zu unserer Überraschung sind die Straßen und Gehwege jedoch fast schneefrei. Die beherrschende Präsenz und das Verschwinden des Schneesturms erfüllen uns mit Ehrfurcht und bringen uns zum Lachen, während wir uns verabschieden und zum Parkplatz gehen.

Als ich an jenem Abend Ende Februar nach Hause fahre, ist offensichtlich, daß der Sonnenzyklus, der sich in der Zeit, die wir Winter nennen, so lange hält, seinem Ende entgegenschreitet. Es ist noch nicht dunkel. Die Dämmerung ist mein Weggefährte. Als ich über die Hügel nach Westen fahre, erfreue ich mich an einer Reihe kleiner Täler, die vom letzten Tageslicht erleuchtet werden. Auch wenn ich nie genau weiß, was mich erwartet, wenn ich den ganzen Tag weg gewesen bin, freue ich mich darauf, zu meiner Familie nach Hause zu fahren.

Der Helfer zu Hause 2

Diese Woche dreimal zu spät gekommen. Zweimal versäumt anzurufen, entschlossen, heute pünktlich zu sein! Noch eine Person, mit der ich ein Treffen vereinbart habe, genügend Zeit dafür und um rechtzeitig zum Abendessen zu Hause bei meiner Familie zu sein. Seine Geschichte ist lang und ich habe das untrügliche Gefühl, daß es Probleme geben wird. Er ist desorientiert und kaum präsent, als ich ihm die Frage stelle, von der ich weiß, daß sie uns beide in einen langen, gewundenen Nebenfluß führen wird, dem wir für kurze Zeit gemeinsam werden folgen müssen – längere Zeit wird er jedoch damit zubringen müssen, ihn eigenständig zu überqueren.

Er ist voller Reue und legt eine Art verzweifelter Hilflosigkeit an den Tag, die sich aus seiner Brutalität gegenüber seiner Frau entwickelt hat. Und er fürchtet sich vor den Auswirkungen seiner Handlungen auf seine kleinen Kinder. Sie hat ihn aufgefordert, ihr Haus zu verlassen, weil es sonst keinen anderen Weg mehr gibt. Nach monatelangen Verhandlungen und einem Versöhnungsversuch weiß er, daß sich seine Beziehung zu seiner Frau und sein tägliches Leben mit seinen Kindern für immer verändern wird. Die Arbeit ist sein Rettungsanker und sein Fels in der Brandung gewesen. Jetzt hat er auch diesen Halt nicht mehr. Er ist aus seiner Verankerung herausgerissen worden. Es ist in seinen Augen abzulesen. Sein Gefühl dafür, ein Heim, eine Aufgabe und eine Identität zu haben, ist weggeschwemmt worden, es ist in der Springflut seines Lebens zerstreut worden.

Und ich weiß jetzt, daß ich – wieder – zu spät kommen werde.

Wir reden langsam. Unsere Stimmen sind deutlich zu hören, aber dennoch gedämpft. Er hat Angst davor, daß er sich das Leben nehmen könnte. Er sagt, er habe keinen Plan, aber er sei sich nicht sicher, was er sich heute abend antun würde, wenn er dieses Krankenhaus verläßt. Ich frage ihn, ob er Hilfe braucht, und er nickt und sagt: „Ja, ich brauche Hilfe. Ich habe Angst um mein Leben.“

Nach zwei Telefonanrufen gehen wir zusammen zur Notaufnahme der Psychiatrie. Wir sitzen zusammen, während er aufgenommen wird. Wie Magneten sind wir an der Schulter miteinander verbunden, jeder von uns beugt sich leicht in Richtung des anderen. Dann werde ich gebeten zu gehen. Das ist sehr schwierig. Wir blicken uns noch einen Moment lang in die Augen, während die Tür aufgeht und die vibrierende Endgültigkeit der Tür, die ins Schloß fällt, zwischen uns tritt. In dem sich schnell verengenden Raum der sich schließenden Tür sehe ich, daß seine Augen feucht und ängstlich sind. Ich spüre eine hohle Leere in meinem Bauch. Ich will bleiben. Auch wenn das nicht rational ist, so habe ich dennoch das Gefühl, ihn im Stich zu lassen. Ich frage mich, ob er dasselbe empfindet. Die hohe, solide, mit Stahl eingefaßte Tür, die sich vor meinen Augen schließt, gibt diesem Gefühl Solidität und ein nicht zu leugnendes Gewicht.

Ich wende mich ab und gehe den langen Gang entlang, steige dann die Stufen in den Keller hinab und rufe seine Frau an. Sie weint herzzerreißend in den Telefonhörer hinein. Sie spricht davon, es aus Liebe zu ihm immer wieder versucht zu haben; sie sagt, wie leid es ihr tut, daß sie jedoch ganz genau weiß, daß die Sicherheit ihrer Kinder – und auch ihre eigene – Vorrang haben. Wir verabschieden uns und sie bedankt sich bei mir. Ich bin erschüttert und schätze die Tatsache, daß sich in ihr Trauer und der unerschütterliche Entschluß, einen Standpunkt einzunehmen und durch diese Situation hindurchzugehen, vermischen, und mir das hilft, dasselbe zu tun. Nach einem langen, deutlichen Seufzer und nachdem ich mich einige Minuten lang ausgeruht habe, rufe ich zu Hause an. Chalice, meine ältere Tochter, antwortet und ich bitte sie, Rachmana, meine Frau, ans Telefon zu holen.

Sie ist einkaufen gegangen, Papa.

Ich werde spät nach Hause kommen. Ich mußte mit einem Mann arbeiten, der besorgt war und Angst hatte, er könnte sich selbst Schaden zufügen oder sich sogar das Leben nehmen. Ihm war klar, daß er Hilfe brauchte. Bitte sage das Rachmana.

Geht es ihm gut?

Ich hoffe es.

Es ist in Ordnung, Papa. Mach dir keine Sorgen, weil du zu spät kommst, es ist keine große Sache. Zumindest geht es ihm gut!

Eine solche Weisheit aus dem Mund dieser heranwachsenden Frau. Eine solch süße, unerwartete Wiedergutmachung, die direkt den Kern der Angelegenheit berührt, mich aus dem manchmal unvereinbaren Sog zweier Welten befreit und mich in die kühle Umarmung der Nachtluft und der beruhigenden Einsamkeit der Heimfahrt hineinführt.

Sein lassen

Sie hätte schon längst da sein sollen. Sie war überfällig. Er wurde immer rasender und panischer, während die Stunden vorüberkrochen. Die Polizei wurde gerufen. Da die Polizeibeamten nicht in der Lage oder nicht bereit waren zu helfen, schlugen sie eine Reihe von Orten vor, wo er anfangen sollte zu suchen. Er fand sie auf dem Dach ihres Apartmenthauses. Sie war ermordet worden. Er sagte, ihre letzten Worte zu ihm an jenem Morgen seien „ich liebe dich" gewesen. „Wenn wir keinen weiteren Tag unseres Lebens mehr zusammen verbringen sollten, dann wäre dies genug."

Mit enormem Mut und ein paar stillen Tränen erzählte uns Ted Cmarada seine Geschichte. Er sagte, daß das, was ihm geholfen habe, dort durchzugehen, seine Weigerung gewesen sei, vor der Verwirrung, Verzweiflung, Wut und Trauer zurückzuweichen. Er erzählte uns von seiner Scham, von der ausbrechenden Intensität des Geistes, der so schnell nach ihrem Weggehen nach der Intimität mit einer anderen Frau gegriffen habe, von der Ruhelosigkeit, die durch diese unerwartete Trennung ausgelöst wurde.

Inmitten des Schocks rief er Eltern, angeheiratete Verwandte und viele Freunde an, da er für sich die Notwendigkeit sah, sich um jeden Aspekt der Begräbnisvorbereitungen und der Gedenkfeier selbst zu kümmern. Im Laufe der folgenden Wochen und Monate nahm er sich Zeit und lebte weiterhin in ihrem gemeinsamen Apartment, während ihm seine Freunde und seine Familie rieten: „Zeit umzuziehen ... Zeit, deinen eigenen Platz zu finden... nicht nötig, mit all den Erinnerungsstücken zu leben ... mit all den Erinnerungen in allernächster Nähe." Er blieb. Mit anderen Ohren dem Murmeln seines eigenen Herzens lauschend, hielt er sich selbst fest, bis er seine Einheit wieder fühlen konnte. Er sagte, daß für ihn das Loslassen nur durch eine Geduld, die er sich selbst gegeben hatte, möglich gewesen sei und die eine tiefe Qualität von Aufmerksamkeit in die winzigen Momente seines täglichen Lebens hineingebracht hatte.

Seine Worte entstanden aus der Erkenntnis heraus, die viele im Raum an jenem Nachmittag hatten, nämlich, daß die Achtsamkeit uns einfach bittet zu sehen, uns uns selbst gegenüber zu öffnen und uns, indem wir das tun, der Welt zu öffnen und zu lernen, mit dem zu sein, was immer sich uns zeigt. Und so erzählte uns Ted davon, daß er gelernt hatte, mit etwas zu sein, es *sein zu lassen*, und von seiner Bereitschaft, zu Hause und bei sich selbst, bei seinem eigenen gebrochenen Herzen anzufangen.

Ganz allmählich bringt uns alle diese Lektion, wenn wir sie wieder und wieder – Tausende von Malen – gelernt haben, an den Ort der Praxis zurück.

Mit etwas zu sein, statt damit zu arbeiten. Nähe und Intimität, die des vorsätzlichen Kampfes und des inneren Krieges beraubt sind. In den großen Raum hineingehen, der die Wirklichkeit von Ereignissen mit einbezieht und umfaßt. In diesem sein lassen, diesem mit etwas sein, *versuchte* Ted weder loszulassen noch *arbeitete er daran.* Seine eigene tiefe Weisheit führte ihn in diese Aktivität hinein. Diese entstand aus seiner Bereitschaft, langsam zu machen, das Aufsteigen von Handlungsimpulsen abzuwarten, Dingen zu erlauben aufzutauchen, anstatt sie dem Gefüge der zerfransten Ränder seines Lebens aufzuzwingen. All das geschah aus seiner Bereitschaft heraus, sich in die Intensität des Verlustes und der Einsamkeit hineinkatapultieren zu lassen, ebenso wie durch das allmählich erinnerte Vertrauen, in der Lage zu sein, auf offenem Grund zu stehen – auf dem festen Grund seines Seins. Das nennt man Hingabe.

Hingabe ist vielen von uns verdächtig. Sie löst Angst vor Verlust, vor Resignation, Passivität und dem Aufgeben aus. Sie ist nichts von alledem. Hingabe fordert uns heraus, uns ganz in etwas hineinzubegeben. Etwas aufzugeben, das uns teuer ist. Das ist schmerzhaft und notwendig. Unsere Befürchtung ist, daß wir für immer verloren sein werden. Es liegt Wahrheit in dieser Befürchtung, und irgendwo in uns wissen wir das. Wir werden für immer verloren sein. Aber *wer* und *was* verloren sein wird – und das Konzept *verloren* an sich – sind willkürliche Vorstellungen des von Angst beherrschten Geistes. Was verloren sein wird, sind Falschheit und Trennung. Sich hinzugeben bedeutet, sich in das Zentrum dessen hineinzubegeben, was ist, sich in die Weite hineinzubegeben, die *hinter* den Gedanken und Emotionen existiert. Der gesamte persönliche Verlust, das bequeme, endlose Verweilen im Drama der Erfahrung werden zurückgelassen, und wir finden uns selbst dabei vor, wie wir einfach mit der Traurigkeit, dem offenen Herzen und dem Sosein des Menschseins leben.

In unserer Zeit hat der Begriff Loslassen einen dynamischen Prozeß im wesentlichen auf eine Technik reduziert: „Oh, ich werde einfach loslassen." Oder schlimmer noch, eine Ermahnung: „Warum läßt du nicht einfach los?" Können Sie den Widerstand, den Verlust des Persönlichen, die Ungerechtigkeit und das sich zum Opfer machen in dieser Verwendung des Begriffs spüren? Ich kenne das gut, da ich es mehr als genug in meinem eigenen Leben verwendet habe. Heute, als ich dasaß und Ted zuhörte, verlangte er nichts. Keine Ratschläge. Keine Rettung. Kein Glätten. Einfach nur ein offenes Ohr, ein freundliches Zuhören. Und in jenem Beisammensitzen, in jenem sich Öffnen, jenem dünnen Riß im Tuch der Trennung, lernte ich ihn gründlicher kennen als durch irgendeinen Austausch über die vorübergehenden Details unseres Lebens.

Es gibt untröstliche Momente von Trauer, die nicht repariert werden können und müssen. Vielleicht tragen sie dazu bei, die Falten in unseren Gesichtern zu bilden, den sich verändernden Glanz des Auges, die Art, wie wir unseren Körper halten. Sie sind weder gut noch schlecht. Sie sind einfach. Sehr häufig kann es in solchen Momenten – wenn wir innehalten und es uns erlauben, vorübergehend in der Luft zu hängen und ohne jeden Plan vollkommen mit jemand anderem präsent zu sein – passieren, daß wir den Duft der Gnade einfangen, der uns aus einem entfernten Bereich jenseits von Trauer und Freude zugetragen wird. Ist es nicht letztendlich das, was wir alle wollen? Unser Ohr an die Grenzen des Herzens zu legen, unseren eigenen Puls zu berühren, vollkommen von einem anderen gehört zu werden und in jenem Moment genau als die Person erkannt zu werden, die wir sind.

Über die persönliche Geschichte hinausgehen

Marty bin ich zum ersten Mal in einem Krankenhausbett begegnet. Es war während der ersten Kurseinheit, im siebten Stock des Krankenhauses, genau gegenüber der Intensivstation. Jemand klopfte an die Tür. Sie schien sich wie von selbst zu öffnen, und ein Bett rollte in den Raum. In dem Bett befand sich Marty, vollständig ausgestattet mit Gitterstäben, Tropfapparat und Monitor. Eine schmächtige Krankenschwester setzte das Bett rasch und mit der Leichtigkeit einer Rennfahrerin ab, trat hinter einem Apparat hervor und sagte: „Ich werde um halb zwölf zurück sein." Dann verschwand sie so spurlos, wie sie gekommen war.

Das Bett war *groß*. Im Kreise der dreißig Stühle befand sich in der Nähe der Tür eine kleine Öffnung und das Bett wurde genau an den freien Platz gerollt. Es stach diagonal heraus, trat aus dem Durchmesser des Kreises hervor und plazierte Marty so in der Mitte unserer Runde. Ich ging hinüber, gab ihm die Hand und stellte mich vor. Marty, der erhöht in seinem Bett lag, lehnte sich nach vorne und schaute sich um. Er sah uns alle mit seinen dunklen, kindlichen, uns willkommen heißenden Augen und seinem Zweitagebart an, so als ob er von einem großen, liegenden Thron aus sein Territorium überblicken würde. Dann legte er sich wieder zurück und nahm mit allen anderen seinen Platz ein.

Seine Gegenwart hatte, gelinde gesagt, eine kraftvolle Wirkung auf uns alle. Das entfernte Gespenst eines Krankenhauspatienten, der einen gestreiften Krankenhauskittel trug, an diverse Apparate angeschlossen war und in der Horizontalen lag, stand direkt vor uns und blickte uns an, für jeden präsent. Er erinnerte uns augenfällig daran, wo wir uns befanden, und was mit jedem von uns zu jeder Zeit passieren konnte. Was das Ganze noch krasser erscheinen ließ, war die Tatsache, daß Marty noch jung war, vielleicht fünfunddreißig. Er litt an einer schmerzhaften und schwächenden Krankheit in den Beinen, die die Folge eines schweren Autounfalls war. Er hatte seit zwei Jahren nicht mehr gearbeitet.

In der folgenden Woche wurde er aus dem Krankenhaus entlassen und kam von da an im Rollstuhl zum Kurs. Er schloß das Programm ab, und während der nächsten drei Jahre sah ich ihn nur gelegentlich in der Cafeteria oder auf dem Gang des Krankenhauses, oder dann, wenn er spontan an meine Bürotür klopfte und wir einige Zeit zusammen verbrachten.

Fünf Jahre nach unserer ersten Begegnung beschloß Marty, noch einmal an dem Klinikprogramm teilzunehmen. Die Amputation eines seiner Beine stand bevor. Ich erinnere mich, daß er zu mir sagte: „Saki, es ist nicht mehr länger eine Frage von ob, sondern von wann." Er hatte Angst und war gleichzeitig hoffnungsvoll. Ich spürte, daß es bei seiner Teilnahme dieses Mal darum ging, diese Hoffnung als Vorbereitung auf die unbekannte Zukunft zu stärken. Marty war klar, daß er präsent sein mußte. Er arbeitete dieses Mal mit einem anderen Lehrer zusammen, aber aufgrund von Stundenplanüberschneidungen, die sich aus seinen endlosen Terminen im Krankenhaus ergaben, besuchte er nahezu die Hälfte meiner Stunden. Während der vierten und fünften Kurswoche kam er nicht zu meinen Mittwochmorgen-Stunden, und ich sah ihn zum ersten Mal nach drei Wochen während des Ganztagesretreats wieder. Er kam in seinem Rollstuhl, hatte eine große Kühltasche für das Mittagessen dabei und schien erschöpft und nicht ganz auf der Höhe zu sein. Ich fragte mich, wie sich wohl dieser Tag für ihn entwickeln würde.

Am folgenden Mittwoch kam er um etwa 9.00 Uhr ins Klassenzimmer. Er saß in seinem Rollstuhl, war glatt rasiert, hatte seine Krücken auf dem Schoß liegen, und es war offensichtlich, daß er seiner Kleidung heute besondere Aufmerksamkeit gewidmet hatte, was für ihn ungewöhnlich war. Etwas an seiner Erscheinung war bemerkenswert anders. Dann kündigte er uns allen in seiner rauhen Baßstimme an, daß er uns etwas zeigen wolle. Er stand aus seinem Rollstuhl auf, legte seine Krücken weg und ging aus eigener Kraft durch den ganzen Raum. Die anderen waren erstaunt, und als er sich umdrehte, um auf seinen Platz zurückzugehen, brach spontan Applaus aus.

Dann sprach Marty: „Ihr habt wahrscheinlich alle gedacht, daß ich während des Retreats geschlafen habe oder abgedreht war, aber das stimmt nicht. Ich habe viel gearbeitet. Ich war während der Meditationen an einem anderen Ort. Und so bin ich, als der Tag vorbei war, in die Parkgarage gefahren, um meine Frau zu treffen. Als ich in der Nähe des Autos war, habe ich nicht wie sonst meinen Rollstuhl zusammengefaltet, ihn in den Kofferraum gelegt und mich neben ihr auf den Beifahrersitz gesetzt, sondern zu ihr gesagt, sie solle rüberrutschen und mir den Schlüssel geben, denn ich würde heute fahren. Meine Kinder saßen auf dem Rücksitz ... sie waren still ... und dann wurden sie richtig aufgeregt ... Papa wird fahren ... Papa wird fahren ... Und dann fuhren wir ins Restaurant zum Abendessen, und dann bin ich nach Hause gefahren. Das war das erste Mal, das ich seit fünf Jahren Auto gefahren bin."

Im Raum war es still und lebendig. Die Teilnehmer empfanden Ehrfurcht angesichts von Martys Präsenz; sie waren berührt davon, daß er sich über die Tyrannei der äußeren Umstände erhob. Nicht so sehr deshalb, weil er Auto gefahren oder durch den Raum gegangen war, sondern weil er sich selbst gefunden hatte; weil er seine Ganzheit inmitten eines langen Gebrochenseins dadurch fand, *daß er sich selbst verloren hatte,* indem er das begrenzende Gefühl von Selbst als rein persönlicher Geschichte verloren hat. Und heute saß er hier vor uns, für uns alle ein lebendiges, atmendes Zeugnis für die Möglichkeit, das in uns selbst zu entdecken, unabhängig von unseren Umständen, unabhängig von der Rolle, die wir spielen.

Dann sagte Marty weiter: „Während des Retreats ist mir bewußt geworden, daß ich fünf Jahre lang darauf gewartet habe, daß etwas passiert. Ich habe mit vielen Dingen aufgehört, aus Angst um meine Beine. Am meisten Angst hatte ich davor, mein Bein zu verlieren, daß es amputiert werden würde, und auch davor, was mit dem Rest meines Lebens passieren würde, mit meiner Familie, mit meinen Kindern. Und ich habe eben beschlossen, daß ich von heute an, egal, was geschieht, aufhören würde zu warten und mein Leben leben würde."

Woche Sieben

Bevor heute morgen der Kurs beginnt, unterhalten sich die Teilnehmer vorwiegend über den Ganztagesretreat. Diejenigen, die daran teilgenommen haben, berichten überschwenglich. Diejenigen, die sich – aus welchen Gründen auch immer – entschieden haben, nicht teilzunehmen, oder die dazu nicht in der Lage waren, hören zu, stellen Fragen und sind erstaunt über das, was sie hören. In allen Winkeln des Raumes sprechen die Teilnehmer darüber, was sie fast acht Stunden lang zusammen gemacht haben und wie es dem entsprach, was wir zusammen die letzten sechs Wochen praktiziert haben beziehungsweise wie es sich davon unterschied.

Manchmal nehme ich den Schwung dieser Energie auf und beginne den Kurs damit, daß wir über den Retreat sprechen. Heute schlage ich allen vor, daß wir mit einer Phase der formellen Praxis beginnen, da wir in den letzten beiden Wochen mit dem Thema Kommunikation gearbeitet haben und uns nicht vom Strom dieser Diskussion forttragen lassen wollen. Danach werden wir uns dann die Verbindungen zwischen der Praxis und Beziehungen ansehen, und gegen Ende des Kurses noch einmal auf den Retreat zu sprechen kommen. Die Teilnehmer scheinen damit einverstanden zu sein. Also beginnen wir mit zehn Minuten sitzen, gehen dann zu fünfzehn Minuten Yoga-Standhaltungen über und sitzen noch einmal eine halbe Stunde lang. Beim Sitzen ist es absolut still! Als wir fertig sind, fangen die Leute an zu witzeln und zu lachen. Sie sind heute ziemlich aufgekratzt und sagen Dinge wie:

„Nach dem Sonntag ist eine halbe Stunde wie ein Stück Kuchen."

„War das wirklich eine halbe Stunde? Es hat sich wie fünf Minuten angefühlt."

„Nach dem Sonntag fühlt sich alles so an, als ob es lange wäre. Ich war erschöpft, als ich nach Hause kam."

„Ich auch. Ich bin um acht Uhr auf dem Sofa eingeschlafen und erst am nächsten Morgen wieder aufgewacht."

„Der Sonntag war hart. Ich war stolz auf mich und bin froh, daß ich hier wieder mit allen anderen praktiziere."

Die Energie will sich in diese Richtung bewegen. Wir alle lachen sehr viel. Darum wird darüber gescherzt, warum Nichtstun eine so große Anstrengung erfordert. Wir richten uns ein und genießen es, daß wir einander so nah sind; wir erkennen, was wir geleistet haben und wieviel Unbekanntes noch vor uns liegt. Bald wird all das, zumindest in der Form, wie wir es bisher gekannt haben, vorüber sein. Chris erwähnt es, und im Raum breitet sich eine neue Stimmung aus, die durch unsere kollektive Erkenntnis geprägt ist, daß das Ende des Kurses naht. Er fragt sich, ob und wie er ohne die Struktur der wöchentlichen Stunden weitermachen kann. Er sagt, daß er glaubt, das erforderliche Handwerkszeug zu haben, um weiterzumachen, aber daß er uns alle schmerzlich vermissen wird. Mehrere Leute bringen ähnliche Gefühle zum Ausdruck. Jemand sagt, er habe das Gefühl, daß es bald an der Zeit sei, daß er selbst losfliege und schaue, was dann passiert.

Es gibt so viele Meinungen und Gefühle in bezug auf den bevorstehenden Abschluß des Kurses, wie Menschen im Raum sind. In diesem Durcheinander holt Janet ihr Arbeitsbuch hervor und sagt, sie wolle über Kommunikation sprechen, über schwierige Gespräche und darüber, was sie bei sich selbst in solchen Situationen beobachtet habe. Die Teilnehmer greifen ihre Bitte auf und holen ebenfalls ihre Arbeitsbücher hervor.

Die Gruppe beginnt, sich selbst zu leiten. Die Teilnehmer richten ihre Aufmerksamkeit auf verschiedene Interessensgebiete und warten dabei nicht länger auf mich. Dabei zu sein, ist ein Privileg. Für mich ist das der Höhepunkt der Ausbildung, der Höhepunkt dessen, was das Lehrersein eigentlich bedeutet. Die Teilnehmer *bringen sich selbst voran.* Sie tun dasselbe für ihre Kameraden. Ich bekomme das Geschenk, daß ich mich zurücklehnen und dieses Aufblühen beobachten darf. Das liebe ich. In den letzten vierzehn Tagen haben sich die Teilnehmer tastend auf eine Lernumgebung hinbewegt, in der sie ihr Lernen zunehmend selbst steuern. Jetzt bekommen sie noch mehr Schwung. Ich bin froh, daß ich sie aus meiner Führung entlassen kann.

Ich frage mich, was einige Gruppen letzten Endes in diesen Bereich hineintreibt. Wieviel tun sie und wieviel tue ich dazu? Was bewirkt die Chemie zwischen uns? Ein wie großer Teil – denn ich habe das schon Dutzende von Malen beobachtet – ist dieses Verhalten das Ergebnis davon, daß sie allmählich ein Gefühl von Kraft, Zuversicht und Selbstvertrauen entwickeln, die irgendwie im Laufe des Kurses, der Intensität regelmäßiger Praxis und der Strenge des Ganztages-Retreats aufblühen? Ich vermute, daß ich das nie genau wissen werde, und es ist mir auch nicht wirklich wichtig, alles auf eine einzige Variable zurückzuführen.

Es liegt ein Zauber im Raum. Es ist so, als ob all das *Ablegen von alten Dingen*, das wir individuell und kollektiv angegangen sind, Früchte trägt, und wir alle lernen, wie man lernt. Das ist kein leichtes Unterfangen. Meistenteils hat man uns nicht ermöglicht, das Lernen zu lernen, sondern vielmehr beigebracht, wie man etwas glaubt, wiederkäut und dann Informationen an andere weitergibt. Ich sehe hier Menschen vor mir, die beginnen, ihren Gefühlen zu vertrauen, nicht in dem Sinne, daß sie es ihren Gefühlen erlauben, sie vollkommen zu beherrschen, sondern indem sie allmählich mit den tieferen Schichten ihres Herzens vertraut werden und ihnen zu vertrauen lernen. Darin liegt etwas Unerschütterliches, und auch wenn sich jeder von uns noch im Anfangsstadium befindet, und dieser Prozeß langsam und stetig heranreifen muß, so ist er dennoch offensichtlich und verfügbar. Die Teilnehmer sitzen in diesem Moment an diesem inneren Ort. Auch wenn jeder von ihnen tausend verschiedene Namen dafür findet, so ist der Beweis für ihre *Präsenz* unwiderlegbar!

Und sie fahren fort ... sie sprechen unverblümt miteinander, gehen vor und zurück, debattieren, fordern heraus, machen Vorschläge und erzählen ihre Erlebnisse vom Sonntag und den Tagen, die auf den Retreat folgten. Die Gesprächsthemen erstrecken sich vom Umgang mit Chefs bei der Arbeit bis hin zu Söhnen und Töchtern zu Hause, vom Fahren auf der langsamen Spur bis hin zur Ungeduld am Mauthäuschen, von dem schon früher erwähnten Gefühl, man schliefe, bis hin zu dem Gefühl, wacher zu sein als je zuvor. Schließlich auch noch von dem Gefühl, verloren und im persönlichen Leiden isoliert zu sein hin zu dem Anerkennen dessen, was ein Teilnehmer als das universelle Leiden bezeichnet, als er sagt, er fühle sich nicht länger ausgesondert, sondern als Teil eines größeren Ganzen; von dem Gefühl ständiger Wut und Gereiztheit in bezug auf die Welt und andere zu einer sich vertiefenden Erfahrung des Gleichmutes und Verständnisses. Eine Frau sagt, daß *Das Gasthaus* nach dem Ganztagsretreat für sie sehr viel lebendiger geworden sei, und daß sie beginne, dieses Gefühl des Willkommen heißens auf hundert verschiedene Arten zu erleben und damit zu arbeiten.

Als all diese Wogen sich glätten, ist es 11.20 Uhr. Wir haben weder Körperübungen gemacht, bei denen wir durch unsere Körperhaltung Emotionen zum Ausdruck bringen, noch Rollenspiele oder Aikidoübungen, die wir häufig einsetzen, um ein bis in die Eingeweide reichendes Gefühl für die verschiedenen Arten von Kommunikation zu bekommen, die uns zur Verfügung stehen. Vielleicht werden wir nächste Woche zu all dem zurückkehren, vielleicht auch nicht. Aus der Sicht des Lehrplans gibt es vieles, was wir nicht gemacht haben. Dennoch haben wir das erreicht, was am wichtigsten ist. Wir haben den ganzen Morgen lang miteinander kommuniziert und sind in eine tiefe *Verbundenheit* hineingeführt worden. Der Kurs hat sich aus sich selbst heraus geordnet und zum Abschluß gebracht. Ich habe einen Teil meiner Aufgabe dadurch erfüllt, daß ich den Unterricht für heute geplant hatte. Meine Planung war durchdacht und klar, jedoch ist mein Plan angesichts der leuchtenden Weisheit und der Schöpferkraft, die von den Menschen in diesem Raum ausstrahlte, einfach verblaßt.

Zuhören

Als ich mich heute morgen nach der Sitzpraxis zum Schreibtisch begebe, bereit, den Computer einzuschalten, schaue ich hoch und werde vom Südfenster aus von einem blauschwarzen Himmel und schweigend dastehenden Weisen begrüßt: Nordamerikanische Kiefer und Fichte, Eiche und Ahorn. Der Boden ist weiß, rein und bisher noch nicht von Zwei- oder Vierbeinern berührt worden. Die Steingärten sind zugedeckt. Tiefer Schnee liegt kristallin im heller werdenden Licht. Aber es ist mehr noch als das – ich werde von meiner Spur abgebracht und verliere mich einen Moment lang in der Schönheit des Mondes. Hinter und über den Eichen schwebt ein dünner, zarter Bogen aus Silber. Jetzt, wo ich dies schreibe, verwandelt er sich in eine blasse, kaum mehr sichtbare Scheibe. Dieser Mond spiegelt an diesem frühen Morgen die Quelle unsichtbaren Lichts wider. Dieser Himmelsgefährte ruft mich auf, mich daran zu erinnern, daß hinter aller Aktivität diese empfangende, spiegelnde Qualität liegt, die das Zuhören hervorbringt und aufrechterhält.

Es ist unmöglich zu sprechen, zu sagen, was ist, die Wahrheit zu berühren, die ohne dieses leuchtende, empfangende Gestirn wie tausend Sonnen brennt. Warum? Weil alle und alles verbrannt würden. Es gäbe keine Weichheit. Keine Rezeptivität. Keine kräftigenden Zyklen des Erhitzens und Abkühlens, die das langsame, zarte Vermischen von ungleichen Elementen bewirken, das wir als Heranreifen bezeichnen. Es ist dieses lange Lauschen, daß das Sonnenlicht der Sprache entstehen läßt. Dieser Mond ist eine Gnade. Er ist selbstlos in seiner Fähigkeit, in gleicher Weise auf alle Wesen zu scheinen. Vielleicht werde auch ich wie dieser Mond weiterhin daran denken zuzuhören, zu empfangen, zu dienen und gebraucht zu werden.

PRAXIS

Zuhören

Versuchen Sie, für den Rest des heutigen Tages dem *Beginn* Ihrer Unterhaltungen mit anderen Menschen besondere Aufmerksamkeit zu schenken. Nehmen Sie die Intention wahr, den ersten Impuls zu sprechen und versuchen Sie, wenn dieser Impuls auftaucht, bewußt *innezuhalten* und einen Atemzug oder vielleicht auch zwei zu nehmen. Überprüfen Sie, ohne sich selbst zu kritisieren, den ersten Impuls, etwas zum Ausdruck zu bringen oder das anzubringen, worum es Ihnen geht. Nehmen Sie wahr, was im Geist passiert. Nehmen Sie die Empfindungen in Ihrem Körper wahr und geben Sie sich selbst den Raum und die Offenheit, die Botschaften, die in Ihrem Inneren auftauchen aufzunehmen, während sie gleichzeitig schweigend zuhören.

Sprache

Das Sonnenlicht ist prachtvoll! Der Himmel zeigt sich jetzt in tiefem Blau. Die weiße Schneedecke hat sich in einen Hang aus glitzernden, vielfarbigen Edelsteinen mit zahlreichen Facetten verwandelt. Die Umrisse des Hügels, der Gartenanlagen und des Straßenrandes sind klar umrissen. Sie sind deutlich zu sehen. Überall ist viel Licht. Die Quelle ist präsent. Nichts Subtiles. Keine Bedürfnisse. Einfach nur Helligkeit, Strahlen und unerschrokkenes Selbstvertrauen. Unbedeckt und präsent wie Michelangelos *David*.

Das Thermometer zeigt minus fünf Grad an. Dennoch tropft jetzt hinter der Fensterscheibe vor mir gefrorenes Wasser herunter und wird wieder in Flüssigkeit verwandelt. Von seiner Knechtschaft befreit. Im Fluß. Durch das Wesen und die Aktivität dieses Strahlens wieder verflüssigt. Wie seltsam, daß dieses Licht auch den Tanz von Schatten hervorbringt. Jetzt sehe ich auf dem weißen Boden das Spiel der Bäume, die vom Wind bewegt werden, und deren Schatten sich verbinden und wieder voneinander trennen. In dieses blendende Licht hineinzuschauen, ist atemberaubend. Rohe, unverfälschte Präsenz ohne jeglichen Zusatz. Einfach nur belebend. Wie der Mond, so ist auch die Sonne *hier drinnen* und nicht einfach nur *da draußen*. Das ist wie ein nach Hause kommen. Es erinnert mich immer wieder an die Kraft des klaren Ausdrucks.

Ein Teil meiner eigenen Reise ist nach wie vor die Entdeckung der Stimme. Das ist der strahlende Ausdruck, dem durch Mund, Atem und tiefes Lauschen Form gegeben wird. Sich immer wieder an das artikulierte Leuchten und Gefühl von Wachsamkeit erinnern. Ich weiß nur zu gut, daß Patienten auf diese Präsenz reagieren auf den durchdringenden Charakter und die Großherzigkeit ihrer *eigenen* intrinsischen Wachsamkeit. Ich bitte die Teilnehmer, ihre Aufmerksamkeit auf die Landschaft zu richten ... auf das Wetter, und zwar nicht nur darauf, was für eine Art von Wetter ist, sondern auf ihre Beziehung zum Wetter. Nach einigen Wochen Übung beginnen sie zu erkennen, ohne daß ich ihnen das gesagt hätte, daß das Wetter eine Reflektion und ein Hinweis auf ihre innere Biosphäre ist.

Das ist eine echte Enthüllung! Wenn das geschieht, ändert sich alles. Das Wetter bewegt sich nach *innen*. Die Landschaft bewegt sich nach *innen*. Berge, Mondlicht, Morgen- und Abenddämmerung und die Sonne bekommen eine neue Frische, die schon für sich genommen erhellend ist. Gedanken, Annahmen und das Spiel der Emotionen werden als vorübergehende Erscheinungen angesehen. Vielleicht gibt es Tage oder Wochen, in denen Nebel oder sintflutartiger Regen vorherrschen; solche Zustände werden jetzt in einem größeren Kontext gesehen. Die Menschen beginnen für die Realität zu erwachen, daß diese Geisteszustände – wie eine Wolkendecke – ihr ständig präsentes und immer zugängliches Strahlen nicht negieren. Sie schmecken und erwachen unmittelbar für dieses Strahlen, die angeborene Wachsamkeit des Menschen. Das ist großartig. In jedem von uns ist dieses innere Strahlen angelegt. Es ist lebensspendend, erhellend und sehr nah. Es muß erinnert und sorgsam gehegt werden. Das ist weder metaphorisch gesprochen noch eine bloße Laune. Wir sind leuchtende Wesen.

Der Helfer zu Hause 3

Häufig haben sich unsere Unterhaltungen beim Abendessen um die Wogen schlagende Welt des sozialen Gewissens gedreht. Wir haben mit unseren Kindern über Krieg, Rassismus, Scheinheiligkeit, Ungerechtigkeit und Gerechtigkeit ebenso gesprochen wie über Cliquen, Isolation und die Möglichkeiten von Freundschaft und menschlicher Gemeinschaft. Es ist klar, daß diese jungen Frauen dabei sind, Einsichten und Meinungen auf diesem Gebiet zu entwickeln, Unterhaltungen zu initiieren und zunehmend einen Standpunkt zu beziehen und ihn in der Familie zu behaupten.

In all den Jahren, in denen wir über solche Themen gesprochen haben, hat sich Felice, unsere jüngere Tochter, besonders durch das Thema Obdachlosigkeit anrühren lassen, aber sie hatte sie nie aus nächster Nähe miterlebt. Als sie sechs Jahre alt war, machten wir während der Schulferien im Dezember einmal einen Ausflug nach New York City. Das war das erste Mal, daß sie und ihre Schwester durch New York gingen. Meine Mutter, ihre Großmutter Rosie, begleitete uns auf unserem Weg zum Rockefeller-Center. Wie üblich wurde dort überall gebaut, und wir waren gezwungen, zwei Häuserblocks lang unter der Sperrholzüberdachung zu laufen, die eine der Baustellen umgab. Als wir uns in der Mitte dieses langen, mit Graffitis bemalten und mit Postern beklebten grauen Tunnels befanden, trafen wir auf ein kleines Mädchen. Es war etwa acht oder neun Jahre alt, saß auf einem Milchkarton und hielt schweigend eine leere Tasse von Wendys vor sich. Auf einem Schild, das sie um ihren Hals trug, stand zu lesen:

Mein Name ist Katy. Meine Eltern können nicht arbeiten.
Ich habe nichts zu essen. Bitte helfen Sie mir.
Können Sie mir etwas Geld geben? Gott segne Sie.

Katy und Felice schauten sich direkt in die Augen. Felice blieb einfach stehen und starrte sie an. Sie las das Schild, ließ meine Hand los und stand einfach da. Ich wollte sie vor dieser Wahrheit schützen. Ich streckte meine Hand aus und griff nach ihrer. Ich begann, sie wegzuziehen. Sie leistete Widerstand und zog in die andere Richtung und dann, nach einigen Momenten, drehten wir uns um und gingen schnell weg. Während wir uns alle geradeaus zu einem ganz bestimmten Ziel hinbewegten, drehte Felice immer wieder den Kopf, und ihre Augen hefteten sich auf diese verkörperte Realität im Tunnel, solange sie sie sehen konnte.

Nachdem wir die Eisläufer am Rockefeller-Center beobachtet hatten, nach Radio City gefahren waren, um die Rockettes zu sehen (wonach sich die Mädchen schon seit Jahren gesehnt hatten), und einen Happen gegessen hatten, machten wir uns in der sich verdichtenden Dunkelheit der Stadt zurück auf den Weg zur Endhaltestelle unseres Busses. Aufsteigender Rauch, Zuhälter, Prostituierte und Prediger an jeder Straßenecke, tragbare Stereo-Radios, von Neonlichtern erleuchtete Menschen, die in der Gosse herumlagen, ein kalter Nieselregen und endlose, unbekannte Gerüche trafen meine Töchter frontal, während Felice darauf bestand, daß wir Katy finden sollten – wir sollten denselben Weg zurückgehen, den wir vorher gegangen waren. Wir fanden Katy jedoch nicht. Felice sprach danach noch wochenlang von jenem kleinen Mädchen.

Im letzten Winter, fünf Jahre nach Katy, verbrachten wir alle einen Tag in Cambridge. Felice und ich saßen auf einer Couch im Ausstellungsraum eines Möbelgeschäftes, von dem aus wir auf die Massachusetts Avenue in der Nähe von Harvard Square schauten. Ihre Mutter und ihre ältere Schwester studierten Stoffmuster, während wir vor uns mehrere obdachlose Männer sahen, die an einem kalten Nachmittag im Januar in der Sonne schliefen. Felice schaute mich an und sagte mit außerordentlichem Interesse und großer Einsicht: „Woher kommt es, daß einige von uns obdachlos sind und andere nicht?" In jenem Moment wußte ich, daß sie etwas Unerklärliches wußte – etwas, das so dünn und transparent war, wie die Glasscheibe vor uns, die im Grunde genommen der ganze Unterschied war, den es gab. Wir schauten einander einfach an und schauten dann wieder mehrere Male auf die Männer, die auf dem mit Pappe ausgelegten Bürgersteig saßen oder lagen, ohne daß wir viel sagten. Ich sah ein ihren Augen das Aufblitzen von Verblüffung gemischt mit Entrüstung, die schließlich in Traurigkeit und unausgesprochenes Mysterium übergingen.

Sie war wieder einmal mit Katy verbunden, mit diesen Menschen vor uns, mit sich selbst und mit mir. Auf eine Weise, die nicht länger um dieselbe Art von Schutz und Obdach bat. Ihre zarte, offene Traurigkeit war ungeschminkt und ich wußte, daß meine Beziehung zu ihr dabei war, sich zu verändern. Sie führte mich in eine neue Zeit ein – eine Zeit, in der ich es ihr erlauben würde, den Wind zu fühlen, der durch ihr Herz blies; einen Wind, der manchmal süß und manchmal rauh sein würde. Ich kannte diese Bewegung gut von den Menschen her, mit denen ich arbeitete. Sie jedoch in jemandem zu erkennen, dem ich geholfen hatte, das Licht dieser Welt zu erblicken und den ich vor dieser Härte geschützt hatte, ist eine Offenbarung, die mit Ehrfurcht, einem langsamen, schmerzhaften Loslassen und unverhoffter Gnade verbunden ist.

Es liegt etwas Stürmisches in dieser Gnade. Und ich werde wieder einmal daran erinnert, daß Fürsorge häufig nach nichts anderem verlangt als einem offenen Raum. Einen solchen Raum zu schaffen, erfordert die ständige Auflösung von vorher nützlichen Vorstellungen und Identitäten in bezug auf uns selbst und andere, die sich im jetzigen Moment jedoch wie Ketten anfühlen; und das gilt unabhängig davon, ob wir nun Fürsorge geben oder entgegennehmen. Es gilt zu Hause und bei der Arbeit.

Woche Acht

Der Raum ist unglaublich voll. Er ist voller Menschen. Er ist voll von ihren Lauten und ihren belebten Gesichtern. Und noch stärker, und ohne jeden Zweifel sichtbar, ist er von ihrer *Präsenz* erfüllt. Ein kollektives Gemurmel entsteht aus dem unausgesprochenen Wissen heraus, daß wir einen langen Weg miteinander gegangen sind; daß wir jetzt zu unserem Ausgangspunkt zurückgekehrt sind und wieder einmal in diesem Kreis sitzen, jedoch irgendwie transformiert sind.

Heute ist der letzte Kurstag. Höchstwahrscheinlich werden wir heute zum letzten Mal alle zusammen zur selben Zeit im selben Raum sein. Als derjenige, der das Geschehen leitet, plane ich dieses Gruppentreffen nicht so, als ob er der letzte wäre. Sicherlich ist er genausogut ein Anfang wie ein Ende, und dennoch steht für mich das Gefühl des Anfangs mit all seinen faszinierenden Unwägbarkeiten im Mittelpunkt. Einige meiner Kollegen entwerfen wunderbare Rituale, um diesen Übergang zu markieren. Sie laden die Kursteilnehmer ein, nahrhaftes Essen, Gedichte, Geschichten oder Lieder und Lieblingsrezepte mitzubringen, um sie miteinander zu teilen. Ich habe ihre Gruppe oft besucht, und diese Form des Abschlusses kann sehr bewegend sein und sie rundet den Kurs ab. Aber ich habe einen anderen Weg gewählt, um diesen Übergang zu markieren.

Haben Sie die Geschichte von dem irischen Musiker und Liedermacher Tommy Sands gehört, der ein Lied über einen Moment geschrieben hat, als er mit einer Situation konfrontiert war, in die sich viele von uns hineinbegeben haben – als er nämlich seine Mutter in ein Pflegeheim gebracht hat, weil sie Alzheimer hatte? Nachdem er ihr geholfen hatte, sich in ihrem neuen Zimmer einzurichten, saß er neben ihr, hielt ihre Hand und wollte nicht gehen. Er wußte, daß es Zeit zu gehen war und wußte nicht, was er sagen sollte. Zusammen verweilten sie eine Zeitlang in dieser Stille. In jener gemeinsamen Stille fand er sich durch eine plötzliche Erinnerung, in die wir uns alle bisweilen hineingeworfen fühlen, in seine Kindheit zurückkatapultiert und zwar zu seinem ersten Schultag. Er saß wieder mit seiner Mutter zusammen, aber diesmal hielt sie seine Hand. Sie schaute ihm in die Augen, sah ihn liebevoll an und sagte zu ihrem kleinen Buben: „Auf Wiedersehen, mein Liebling, da ist niemand, der geht." Und so sagte er in dem Pflegeheim, inmitten all der Trauer, der Entscheidung und des Übergangs ruhig zu ihr: „Auf Wiedersehen, mein Liebling, da ist niemand, der geht" und ging dann aus dem Zimmer.

Für mich ist dieser letzte Kurstag immer so gewesen. Lange, bevor ich diese Geschichte gehört habe, war die achte Gruppeneinheit durch diese Erkenntnis geprägt. Ich fühle mich all diesen Menschen verbunden, einigen mehr als anderen. Dennoch sind meine Kollegen und ich unabhängig von dem Grad der Verbundenheit bereit, unsere Beziehung weit über die Grenzen dieses willkürlichen Endes hinaus auszudehnen. Es geht darum, einander nie aufzugeben. Und selbst dann, wenn sie mich aufgeben, versuche ich, mein Bestes zu tun, um sie nicht aufzugeben. Menschen sind zu wunderbar, zu sehr mit verborgenen Möglichkeiten und Potentialen ausgestattet, als daß man sie aufgeben sollte. Am allerwichtigsten ist, daß ich ihnen wünsche, daß sie sich selbst nicht aufgeben, genauso wie das Tommy Sands in jenem Moment im Pflegeheim wußte, und es seine Mutter viele Jahre zuvor gewußt hatte – niemand ist gegangen; niemand hat einen anderen inmitten einer schwierigen Phase aufgegeben. Und so sind diese letzten Stunden dadurch geprägt, daß sie *kein Ende* sind.

Wir beginnen mit dreißig Minuten Sitzen. Heute gibt es kein Herumrükken, kein angeleitetes sich Niederlassen, sondern nur den Eintritt in eine tiefe Stille. Der Moment selbst bringt die Fülle von wochenlanger engagierter, dauerhafter und auf Eigeninitiative beruhender Praxis zum Ausdruck. Für mich ist es eine Freude, in die gemeinsame Stille hineingezogen zu werden. Als wir aus der Stille herauskommen, gehen wir nahtlos zu Yoga-Standhaltungen über. Dann richten wir uns auf dem Boden ein und gehen noch einmal zum *Bodyscan* zurück. Hier haben wir vor zwei Monaten angefangen und jetzt sind wir dorthin zurückgekehrt. Wir haben zusammen neunzig Minuten lang praktiziert. Wie in fast jedem anderen Kurs haben wir mit einer langen Phase formeller Praxis begonnen und noch einmal die vorrangige Stellung der Praxis als einer Lebensweise hervorgehoben, die wir jetzt und für später, wenn wir diesen Raum verlassen, angenommen haben. Ob und wie sich diese Lebensweise im Leben eines Menschen entfalten wird, läßt sich unmöglich vorhersagen. Es ist nicht meine Aufgabe, Prognosen zu stellen, aber wenn wir jeden Tag so nehmen, wie er sich uns zeigt und uns mit uns selbst, mit anderen und der Welt so direkt und vollständig wie möglich verbinden, dann wird die Zukunft, die aus dieser Absicht heraus geboren wird, sich um sich selbst kümmern, weil wir uns um die Dinge gekümmert haben, die zu tun waren.

Jetzt treten wir in die Welt des miteinander Sprechens ein. Ich bitte die Teilnehmer, ihre Augen zu schließen und in fünf Worten oder weniger, ähnlich wie in früheren Zeiten Schiffskapitäne, die auf einem Fluß herumgeschippert sind, die Wassertiefe des Kanals gemessen haben, auszuloten, wo sie jetzt stehen und was sie in den letzten beiden Monaten in sich berührt haben, und dem eine Stimme zu geben. Das dauert nicht sehr lange. Fünf Worte begrenzen das Gesagte und geben ihm Schärfe, so daß die Sprache zu einem Präzisionsinstrument wird. Wir haben keine feste Ordnung in unserer Runde, sondern jeder, der für sich selbst weiß, daß die richtige Zeit zum Sprechen gekommen ist, ergreift das Wort. Unser Elan, der in der Bandbreite der Antworten enthalten ist, bringt uns in ein tieferes kollektives Wissen von dem hinein, was uns diese letzten beiden Monate gekostet haben, und was wir bei diesem Tauschhandel gefunden haben.

Von hier aus reiche ich Umschläge sowie unbeschriebenes weißes Papier und Stifte herum. Ich bitte alle, einen an sie selbst adressierten Umschlag vorzubereiten und sich dann selbst einen Brief zu schreiben, den sie gerne in den nächsten sechs bis zwölf Monaten zugeschickt bekommen möchten. Der Brief soll ihnen inmitten des Alltagstrubels als Erinnerungshilfe an das dienen, was sie im Laufe des Kurses in sich selbst berührt haben und nur allzu leicht vergessen könnten. Es wird still im Raum. Das vorherrschende Geräusch ist das Kratzen von Stiften. Die Teilnehmer erforschen den Rhythmus von Stille und Handbewegungen. Manchmal halten sie inne und schließen die Augen, manchmal schreiben sie in rasantem Tempo, manchmal greifen sie zu ihren Stiften und schreiben so langsam und überlegt, daß sich eine heitere Zufriedenheit ausbreitet, auch wenn sie nur wenig von dem Blatt ausgefüllt haben, als sie fertig sind. Manche schreiben Bände. Andere fragen, ob es in Ordnung ist, ein Bild zu malen, anstatt etwas aufzuschreiben und so schicken sie sich selbst Zeichnungen. Einige bitten um mehr Papier und einen weiteren Stift. Und so geht das Ganze weiter, bis der letzte Umschlag zugeklebt und in der Mitte des Kreises gestapelt worden ist.

Um 11.30 Uhr bricht eine spontane Unterhaltung aus. Die Teilnehmer sprechen darüber, was sie voneinander gelernt haben. Sie sprechen über die ungewöhnliche Mischung von Menschen, die hier zur selben Zeit am selben Ort versammelt waren; sie sprechen über den Mut, den Humor und die Stärke, die ihre Kameraden, die sie sich nicht selbst ausgesucht haben, jede Woche in diesem Raum an den Tag gelegt haben. Nach dem Ende des Kurses am heutigen Tag werden sie einander wahrscheinlich nicht mehr sehr häufig sehen. Ich werde jeden einzelnen von ihnen nach zwei Wochen für ein Abschlußgespräch wiedersehen.

Sie danken mir für meine Mühe, und ich nehme diesen Dank entgegen. Ich danke ihnen für das, was sie mir gegeben haben. Mein Leben ist durch das Privileg ihrer Präsenz in den letzten zwei Monaten sehr bereichert worden.

Dann sage ich ihnen, daß ich an der Tür stehen werde, wenn der Unterricht vorbei ist und ihnen zum Abschluß die Hand oder eine Umarmung geben werde, je nachdem, wie es ihnen lieber ist. Ich gebe der Frau rechts von mir die kleine Klangschale aus Messing, die ich in den letzten acht Wochen manchmal benutzt habe, um den Beginn und das Ende der Sitzmeditation einzuläuten. Sie sagt, daß sie diese Klangschale schon lange hat anschlagen wollen. Jetzt hat sie ihre Chance! Durch die Berührung ihrer Hände schickt die Klangschale noch ein letztes Mal ihren volltönenden Klang hinaus. Wir alle verweilen mit offenen Augen in diesem Klang; wir schauen uns noch ein letzes Mal in der Runde um. Zwei Monate lang hat jeder von uns im eigenen Saft geschmort; jeder auf seine eigene Weise. Dieser Lehrzyklus hat eine weitere wohlschmekkende Mahlzeit hervorgebracht. Eine Mahlzeit, die sich sehr wohl zu verzehren lohnt.

Epilog

Ich erinnere mich, daß ich als Kind sehr stark von einem Bild von Jesus angerührt wurde, der sein Herz, das in Dornen eingehüllt war, in seinen Händen hielt. Im Jahre 1959, als ich zehn Jahre alt war, saß ich in den Händen des großen Bronzebuddhas in Kamakura in Japan. Es war ein kalter Tag, und eine Schicht aus Schnee ruhte zusammen mit mir in den großen, offenen Handflächen und den langen Fingern. Diese Erfahrung veränderte mich für immer. Als ich Anfang zwanzig war, hatte ich die Gewohnheit, mich in eine Kirchenbank zu setzen, von der aus ich eine einfache Steinstatue von Jesus sehen konnte, der seinen rechten Arm ausgestreckt hielt, sein Herz in der rechten Hand und in der Brust eine offene Stelle, die hinter den Falten seines Gewandes kaum sichtbar war.

Ich erinnere mich am deutlichsten an sein Gesicht, das weder ernsthaft in Falten gelegt war noch lächelte. Es gab keine Anzeichen dafür, daß Jesus ein Märtyrer oder der Welt entrückt war. Einfach nur eine ruhige Präsenz. Warmherzig, mit traurigen Augen und dennoch von einer ruhigen Freude erfüllt. Während ich neben der Statue saß, fühlte ich mich manchmal von der in mir resonierenden Präsenz des universellen Herz-Geistes eingehüllt, der in der Lage ist, sich der Welt in einer solchen Weise zu öffnen. Für mich war die Statue nicht die Beschreibung irgendeines unerreichbaren Gottes, sondern vielmehr eine inspirierende Darstellung von Liebe: Wahr, radikal, offen, verborgen und dennoch die Möglichkeit in sich bergend, von allen Menschen gelebt zu werden. So war also die stehende Figur eine Erinnerungshilfe. Ein unscheinbares und schlichtes Sehen des menschlichen Herzens, das sich bedingungslos der Welt geschenkt hat.

Der zehntausendfache Impuls, sich hinter die Falten unserer steifen Kleidung und unseres zarten Herzens zurückzuziehen, liegt immer nahe. In unserem direkten Eintritt in diesen lebendigen Impuls liegen viele Schmerzen und Möglichkeiten verborgen. Unsere Bereitschaft, mitfühlend mit einer so tief verwurzelten Gewohnheit zu arbeiten, ist eine offene Einladung für die Entdeckung unseres einfachen, überschäumenden Strahlens. Die sich verbindenden Aktivitäten der Meditationspraxis und des Aufrufs, uns gut um uns selbst zu kümmern und der Welt zu helfen, fordern von jedem von uns, daß er die volle Verantwortung für das Wohlergehen und die Entwicklungsreise von Menschen übernimmt, und daß er außerdem diese Verantwortung in den Mittelpunkt seines Lebens stellt, unabhängig von seiner Rolle oder seinem Beruf. Eine solche Intention zu halten und zu versuchen, so zu leben, bringt Probleme mit sich und ist gleichzeitig ein Grund, um still zu feiern. Eine solch scheinbar unmögliche Aufgabe zieht Überheblichkeit und Niedergeschlagenheit, Versagen und erneute Verpflichtung sowie Zufriedenheit und große Freude nach sich. Was das Akzeptieren einer solchen Verantwortung möglich macht, ist die Kraft unserer universellen Sehnsucht nach Freiheit und Freude sowie unser Wunsch, einander auf dieser Reise zu begleiten.

Auf eine solche Weise zu leben, ist die Grundlage für einen radikalen Wandel in der Art, wie wir uns selbst, das Heilen und die heilende Beziehung sehen. Eine solche Suche aufzunehmen, birgt die Möglichkeit in sich, daß sich jeder von uns von kaltem Metall oder festem Stein in pulsierendes Leben verwandelt. Das Pulsieren solchen Lebens ist selbst Heilung, ist der sich entfaltende Tanz eines unberechenbaren Universums, das ständigen Reichtum für uns bereithält.

Der kleine Tod

Sie schenkt uns kein Lachen, die Liebe, wenn sie auf ihrer Reise den tiefsten Grund, auf ihrem Flug den höchsten Punkt erreicht: Tief unten, hoch oben läßt sie uns wimmern und stöhnen, schreien vor Schmerz wie vor Freude, was keinen verwundern darf: Auch die Geburt ist Freude und Schmerz. „Kleiner Tod" heißt in Frankreich der Gipfel der Umarmung, der uns vereint, indem er uns trennt, und der uns zusammenführt, indem er uns verliert, und der uns beginnt, indem er uns beendet. „Kleiner Tod" heißt er; aber groß, unermeßlich groß muß er sein, wenn er uns gebiert, indem er uns tötet.

EDUARDO GALEANO
Das Buch der Umarmungen, S. 89

Informationen über das Zentrum für Achtsamkeit in Medizin, Gesundheitsvorsorge und Gesellschaft

Die Stress-Reduction-Clinic ist Teil des Zentrums für Achtsamkeit in Medizin, Gesundheitsvorsorge und Gesellschaft (CFM), das in der Abteilung für Präventivmedizin und Verhaltensmedizin an der Medizinischen Fakultät der Universität von Massachusetts angesiedelt ist.

Grundsatzerklärung

Das Zentrum für Achtsamkeit in Medizin, Gesundheitsvorsorge und Gesellschaft bringt Menschen zusammen, die sich der Aufgabe gewidmet haben, Bewußtheit in der Welt und in ihrem eigenen Leben zu kultivieren und zu verbreiten. Diese Bewußtheit, Achtsamkeit genannt, ist wesentlich, universell und transformierend. Unser Auftrag besteht darin, die Praxis und die Integration der Achtsamkeit im Leben Einzelner, in Institutionen und in der Gesellschaft durch Gesundheitspflege sowie Bildungs- und Forschungsaktivitäten zu fördern.

Um diesen Auftrag zu verwirklichen, bietet die CFM eine Vielzahl von klinischen Dienstleistungen, professionellen Bildungs- und Fortbildungsprogrammen, Retreats für Unternehmensleiter sowie Vor-Ort-Programme für Organisationen im öffentlichen und privaten Bereich an. Außerdem engagiert sich die CFM in den in Entwicklung begriffenen Bereichen der Geist-/Körpermedizin sowie der integrativen Medizin. Für weitere Informationen schreiben Sie bitte an folgende Adresse oder rufen Sie an:

Umass Memorial Health Care, The Center for Mindfulness
Shaw Building, 55 Lake Avenue North
Worcester, MA 016554, USA
Tel: 001(508) 856-5493 • Fax: 001(508) 856-1977

Informationen zu Fortbildungsveranstaltungen im deutschsprachigen Raum erhalten Sie vom Arbor Verlag und im Internet:

Arbor Verlag, 79348 Freiamt, Fax 07645.91 30 55
www.arbor-verlag.de

Über den Autor

Saki F. Santorelli ist Leiter der Stress-Reduction-Clinic an der Universität in Worcester, Massachusetts. Zudem ist er Leiter der klinischen und pädagogischen Dienste im Zentrum für Achtsamkeit in Medizin, Gesundheitsvorsorge und Gesellschaft, sowie Assistenz-Professor an der Abteilung für Präventivmedizin und Verhaltensmedizin der medizinischen Abteilung der Universität von Massachusetts.

Er ist an der Entwicklung einer Reihe erfahrungsbezogener, auf Achtsamkeit beruhender Berufsaus- und fortbildungsprogramme beteiligt und hat außerdem Pionierarbeit für Initiativen in der medizinischen Ausbildung geleistet. Mehr als zehn Jahre lang hat er einen Kurs für Medizinstudenten geleitet, der die Erforschung der Rolle des kontemplativen Geistes in der Medizin und Gesundheitspflege zum Ziel hat. Während seiner Berufslaufbahn hat er Gruppen von Lehrern, Krankenschwestern, Managern, Ärzten, römisch-katholischen Priestern, Gefängnisinsassen und Gefängnispersonal ausgebildet. Er ist Mitglied des Fetzer-Instituts.

Zu seinen wichtigsten Forschungsinteressen gehören die klinische Anwendung der Achtsamkeitsmeditation auf Menschen mit chronischen Schmerzen und streßbezogenen Funktionsstörungen, die Auswirkungen der kontemplativen Praxis auf das Leben von Medizinstudenten, ebenso wie die Erforschung der Dynamik der heilenden Beziehung, die auf meditativem Bewußtsein aufgebaut wird.

Er lebt mit seiner Frau und zwei Kindern in West-Massachusetts.

Zum Weiterlesen

Jon Kabat-Zinn
Stressbewältigung durch die Praxis der Achtsamkeit

Dieses Buch mit CD enthält eine Anleitung zur Achtsamkeitsmeditation und zum Body-Scan, wie sie von Dr. Jon Kabat- Zinn in der Stress Reduction Clinic entwickelt wurden.

Die Praxis der Achtsamkeit ist ein wertvolles Hilfsmittel, uns zu regenerieren und unser inneres Gleichgewicht wiederzufinden. Sie befähigt uns, jeden Augenblick unseres Lebens mit größerer Wachheit, Klarheit und Akzeptanz zu leben. Gleichzeitig hilft sie, Ruhe und Lebensfreude, auch inmitten alltäglicher Stress-Situationen und im Angesicht körperlicher oder seelischer Schmerzen, wiederzufinden.

Den deutschen Text spricht Ulrike Kesper-Grossman, die mehrere Jahre an der Stress Reduction Clinic mitarbeitete und heute in freier Praxis in Freiburg tätig ist.

Myla & Jon Kabat-Zinn
Mit Kindern wachsen
Die Praxis der Achtsamkeit in der Familie

In diesem richtungsweisenden Buch zeigen Myla und Jon Kabat- Zinn, daß das Leben mit Kindern ein eigener Weg von ungeahnter Tiefe und Erfüllung sein kann.

Die behandelten Themen sind sehr vielfältig und reichen von grundsätzlichen Überlegungen bis hin zu vielen praktischen Beispielen und konkreten Hinweisen für ein harmonisches Leben mit Kindern. Das Buch kann Eltern schon während der Schwangerschaft eine wertvolle Hilfe sein, begleitet sie durch die Höhen und Tiefen der ersten Jahre, gibt wertvolle Hinweise, wie Kinder, die in die Schule gehen, unterstützt werden können, und zeigt, daß es selbst dann nicht zu spät sein muß, neue Wege zu gehen, wenn die Kinder erwachsen sind.

Joseph Goldstein
Vipassana-Meditation

Das grundlegende Handbuch zur buddhistischen Einsichtsmeditation – herausragend vor allem durch seine Klarheit, Menschlichkeit und Anwendbarkeit im täglichen Leben.

„Dieses Buch werden alle von Herzen willkommen heißen, die ihr Leben durch die Praxis der Achtsamkeit vertiefen und erweitern wollen.“
Jon Kabat-Zinn

Sharon Salzberg
Ein Herz so weit wie die Welt

Ein hilfreicher Wegbegleiter voller Einfühlungsvermögen und Mitgefühl. Sharon Salzberg, eine der bekanntesten weiblichen Dharmalehrerinnen im Westen, zeigt mit diesem Buch, wie uns Vipassana- und Metta-Meditation helfen können, unseren Geist kennenzulernen, mit uns selbst Freundschaft zu schließen und zu innerer Freiheit zu gelangen.

Besonders anschaulich wird dieses Buch durch zahlreiche eingestreute Anekdoten aus dem Leben der Autorin und anderen bekannten westlichen Meditationslehrern.

Informationen zu weiteren Veröffentlichungen aus dem Bereich Buddhismus und Vipassana-Meditation, zu Veranstaltungen und Retreats sowie zu unserer geplanten Zeitschrift Achtsamkeit als Weg, erhalten Sie direkt beim Verlag oder im Internet.

www.arbor-verlag.de
Leseproben, aktuelle Informationen, Links und Buchshop

Arbor Verlag • D-79348 Freiamt
Tel. 07645.91 30 50 • Fax: 07645. 91 30 55
info@arbor-verlag.de

arbor